Gertrud Hirschi

Innere Kräfte entdecken und nutzen

Gertrud Hirschi

Innere Kräfte entdecken und nutzen

Ein ganzheitliches Übungsbuch

Verlag Hermann Bauer
Freiburg im Breisgau

Die Deutsche Bibliothek – CIP-Einheitsaufnahme

Hirschi, Gertrud:
Innere Kräfte entdecken und nutzen : ein ganzheitliches Übungsbuch / Gertrud Hirschi. –
2. Aufl. – Freiburg im Breisgau : Bauer, 1998
   ISBN 3-7626-0524-6

Mit 260 Zeichnungen von Ito Joyoatmojo

2. Auflage 1998
ISBN 3-7626-0524-6
© 1996 by Verlag Hermann Bauer KG, Freiburg im Breisgau
Das gesamte Werk ist im Rahmen des Urheberrechtsgesetzes geschützt.
Jegliche vom Verlag nicht genehmigte Verwertung ist unzulässig.
Dies gilt auch für die Verbreitung durch Funk, Fernsehen,
photomechanische Wiedergabe, Tonträger jeder Art, elektronische Medien
sowie für auszugsweisen Nachdruck.
Lektorat: Dr. Sonja Klug
Einband: Ito Joyoatmojo, Zürich
Satz- und Bildbearbeitung: Fotosetzerei G. Scheydecker, Freiburg im Breisgau
Druck und Bindung: Wiener Verlag GmbH, Himberg
Printed in Austria

Gedruckt auf chlorfrei gebleichtem Papier

Inhalt

Dritter Teil
Innere Kräfte, die sich im Laufe unserer
Entwicklung aufbauen

Vierter Teil

Zu den Archetypen

Ein Stern wird geboren aus der Verdichtung von Gasen, flüssige
Mineralien erkalten in wunderschönen kristallinen Mustern, eine Knospe
erblüht zur Blume, eine Raupe wird zum Schmetterling, es scheint,
als gäbe es für jedes Ding, jedes Wesen einen Weg, eine Bestimmung;
sie werden, was sie bestimmt sind zu sein.   Piero Ferrucci

Vorwort

Die vielen mündlichen und schriftlichen Reaktionen auf mein erstes Buch *Yoga für Seele, Geist und Körper* haben mich ermutigt und angespornt, wieder zu schreiben. All diesen Menschen ein ganz herzliches Dankeschön!

Viele Themen wurden im ersten Buch absichtlich nur kurz angesprochen, denn ich wollte lediglich einen Anstoß geben zum Nachdenken, Hinterfragen und Ausprobieren. Durch das Buch zieht sich wie ein roter Faden die Aussage »auf die innere Einstellung kommt es an« oder »liebe das Leben, und das Leben liebt dich«. Das bedeutet, genauer ausgedrückt: »Bleibe in jeder Situation ruhig und gelassen, beurteile sie klaren Sinnes und handle danach; genieße dankbar alles Schöne und Gute, und öffne dich den göttlichen Kräften, die jederzeit bereit sind, dich zu führen, dich zu schützen und dir in allen deinen Unternehmungen zu helfen.«

Aber diese Ratschläge zu befolgen, ist gar nicht so einfach. Bald merken wir, daß wir mit inneren Widerständen und Blockaden konfrontiert werden. Oder wir denken, sprechen und handeln so, wie wir es gar nicht wirklich wollen, so daß wir oder andere darunter leiden. Wir merken, in uns wirken Kräfte, die oft mit dem Willen, dem klaren Verstand oder unserem wohlwollenden Herzen nicht vereinbar sind, und wir sind ihnen »hilflos« ausgeliefert.

Mit meinem neuen Buch möchte ich Sie, liebe Leserinnen und Leser, einladen, mit mir diese inneren Kräfte etwas genauer anzusehen, sich mit ihnen auseinanderzusetzen, sie wenn nötig zu zähmen oder aufzubauen, um sie zu unseren Verbündeten zu machen.

Wir wollen dabei nicht tierisch ernst vorgehen, denn sonst schaffen wir nur neue Spannungen. Wir erklären uns auch nicht den Krieg, sondern wir locken jede Kraft mit Liebe und Wohlwollen ans Licht. Sieht nicht alles im Licht freundlicher und weniger furchterregend aus? Unsere inneren Kräfte können wir auch mit wilden Tieren vergleichen, die ja an und für sich nicht böse sind, aber gefährlich werden, wenn sie Hunger oder Angst haben. Ist aber ihr Hunger gestillt und fühlen sie sich wohl in ihrem Terrain, dann können sie zu Freunden werden. Je vertrauter wir mit ihnen werden, um so mehr wird aus gegenseitigem Respekt Wohlwollen, Zuneigung und Liebe.

Lassen wir uns Zeit, und erwarten wir nicht zu viel oder sofort zu große Veränderungen. Vieles verändert sich in uns, ohne daß wir es vorerst äußerlich wahrnehmen. Und doch können wir beobachten, wie unsere Lebenseinstellung, unsere Stimmungen, unser Agieren und Reagieren sich langsam wandeln. Diese Wandlung erfolgt nicht im Marschtempo geradlinig nach vorn, wie früher die Soldaten in den Krieg zogen, sondern eher im Walzertakt, mit großen Schritten vorwärts, mit kleinen wieder etwas zurück – beschwingt und leicht, in spiralförmigen Kreisen.

So wünsche ich Ihnen, liebe Leserinnen und Leser, viel Spaß im Erforschen Ihrer reichen Innenwelt, eine große Portion Liebe zu sich selbst und je eine Prise Ehrlichkeit, Geduld und Mut.

Ihre

Erster Teil

Einführung

» Unsere Wünsche sind Vorgefühle der Fähigkeiten,
die in uns liegen,
Vorboten desjenigen, was wir zu leisten
imstande sein werden.« Goethe

Worum es in diesem Buch geht

Mit diesem Buch möchte ich auf das Wesen und Wirken innerer Kräfte eingehen. Wir haben Kräfte in uns, die uns hemmen oder antreiben; Kräfte, mit deren Hilfe wir die Herausforderungen des Lebens bewältigen können. Die gleichen Kräfte können andererseits auch zerstörerisch in uns und in unserem Leben wirken. Die Psychologie und verschiedene Richtungen der Esoterik nennen diese Kräfte »Archetypen«. Leider sind wir uns ihrer oft nur bewußt, wenn sie sich negativ bemerkbar machen.

Mußten Sie sich nicht auch schon eingestehen: »Jetzt habe ich mich wirklich kindisch oder kleinlich benommen.«? Oder kennen Sie das Gefühl, Arbeiten und Verpflichtungen, die anstehen, nicht in Angriff nehmen oder nicht beenden zu können? Es ist wie ein innerer Zwang, der uns bremst. Wir vertrödeln die Zeit mit Unwichtigem, und das Wesentliche schieben wir vor uns her. Oder wir fahren fluchtartig irgendwohin, um dann dort festzustellen, daß wir eigentlich am liebsten daheim wären; und wenn wir daheim sind, möchten wir wieder woanders sein. Oder wir treten ins Fettnäpfchen, indem wir trotz besseren Wissens etwas am falschen Ort oder zur falschen Zeit sagen oder tun. Manchmal sind wir auch unmotiviert und müde. Wir pflegen Bekanntschaften, die für uns unerfreulich sind. Wir lassen uns ausnützen, kleinmachen oder beherrschen. Wir sind unzufrieden und sehnen uns nach etwas und wissen auch nicht wonach. Wir sind ängstlich oder gehemmt. Wir ärgern uns über Dinge oder Verhaltensweisen von Mitmenschen, die andere gar nicht bemerken, geschweige denn, daß sie sich darüber aufregen. Möglicherweise unterliegen wir auch öfters großen Stimmungsschwankungen. Oder wir wundern uns, daß ein Bekannter, der Vieles und Großes leistet, dabei ruhig und gelassen bleibt, sogar noch Zeit übrig hat für seine Familie, Freunde, Interessen und Hobbys, während wir mit wenigeren und kleineren Verpflichtungen total gestreßt sind. Diese Liste von Problemen im Umgang mit unseren inneren Kräften könnte ich beliebig fortsetzen.

Kurzum: Wir fühlen uns oft ohne äußerlichen Grund nicht so wohl, wie wir möchten, oder werden zu Verhaltensweisen getrieben, die wir eigentlich nicht wollen. Zu unserer Rechtfertigung neigen wir oft dazu, den Grund unseres Verhaltens in der Umgebung zu suchen: Unsere Mitmenschen oder unsere Verpflichtungen sind schuld. Wie bequem diese Ausreden auch sein mögen, die Probleme unseres Lebens können wir damit nicht lösen.

All das muß nicht sein. Wir können und sollen unser Leben in die eigene Hand nehmen. Wie ich aufzeigte, sind es gewisse Charakterzüge und Gewohnheiten, die uns das Leben schwermachen. Mit diesem Buch ergründen wir die *Ursachen* unserer Verhaltensweisen, unserer Stimmungen und unserer eingeprägten Ansichten.

Unserem Denken und Fühlen liegt ein bestimmter Entwurf zugrunde. Einerseits ist dieses Grundmuster individueller Prägung, es ist unser ureigenes Sosein, andererseits ist es kollektiv, archaisch. D. h., es existiert in jedem Menschen, sogar in den Tieren und Pflanzen. Es sind Urkräfte, die von individueller, kollektiver und sogar kosmischer Prägung sind. Es sind die Archetypen – Urbilder – Grundmodelle.

Aus eigener Erfahrung – beispielsweise bei der Bewältigung der kleinen und großen Herausforderungen, die der Berufsalltag mit sich bringt, im Umgang mit den Mitmenschen und im Aufarbeiten negativer Stimmungen und Sorgen – weiß ich, daß sich die Auseinandersetzung mit den Archetypen, die unser Leben so maßgebend beeinflussen, lohnt. Über Tragisches, das in der Vergangenheit unser Leben schwermachte, können wir mit der Zeit sogar lächeln.

Bei näherem Erforschen wird uns bald klar, daß keine grundsätzlich schlechten Kräfte in uns wirken, sondern daß jede Kraft mindestens zwei Gesichter hat. Sie schaden uns nur, wenn wir sie verdrängen, ihnen zuviel Macht zugestehen oder wenn wir mit ihnen im Streit liegen. Wir werden also unsere Einstellung zu ihnen neu bestimmen und ändern. Ausgeglichen, zufrieden und glücklich sind wir, wenn die verschiedenen Kräfte harmonisch zusammenwirken. Dies erzeugt innere Freiheit und inneren Frieden, die unser Leben und unser Schicksal bestimmen.

Wir werden in diesem Buch auf drei Ebenen arbeiten:
- der geistigen, indem wir uns verstandesmäßig mit den einzelnen Kräften auseinandersetzen,
- der seelischen, indem wir Affirmationen und Meditationen miteinbeziehen, und
- der körperlichen, indem wir mit gezielten Körperübungen harmonisierend und stärkend auf den Körper und seine Systeme einwirken.

Dadurch beziehen wir unser ganzes Wesen mit ein, wir gehen ganzheitlich vor.

Die Übungsreihen habe ich einzelnen Körperbereichen oder Körperfunktionen zugeordnet, weil es heute schon fast als erwiesen gilt, daß sich innere Disharmonie auf den Körper krankmachend auswirkt. So haben beispielsweise Menschen, die meinen, daß sie im Leben festgefahren sind, oft Hüftprobleme; Menschen, die sich in der Fürsorge um andere überfordern, tendieren zu Problemen in den Händen, usw. Da ich selbst seit vielen Jahren Yoga praktiziere und lehre, weiß ich, daß andererseits ein starker und beweglicher Körper einem auch psychisch ein Empfinden der Stärke und Beweglichkeit vermittelt. Starke Arme drücken z. B. ein Gefühl des Sich-Wehren-Könnens aus, und kräftige Beine sind ein Zeichen dafür, daß man voll im Leben steht, auch zu sich selbst steht oder etwas durchstehen kann. Besonders die Gleichgewichtsübungen haben für mich einen hohen Stellenwert. Sie schulen nicht nur den Gleichgewichtssinn, sondern bewirken auch innere Ausgeglichenheit.

Die größten Hemmschuhe der Selbsterkenntnis sind die Selbstbelügung und das Selbstmitleid. So kann beispielsweise der Körper eine kämpferische Haltung einnehmen, und sein Bewohner behauptet cool, er sei ganz friedlich und zufrieden gestimmt, weil er seine wahren Gefühle bewußt oder unbewußt verdrängt. Kein Mensch ist so schlecht, daß er nicht zu sich stehen könnte. Schlecht für ihn sind höchstens seine übertriebenen moralischen Maßstäbe oder Ängste. Alles »Schlechte« und Unbequeme können wir freudig begrüßen, denn es zwingt uns, sich damit auseinanderzusetzen und es zu verarbeiten. Das läßt uns innerlich reifen und wachsen.

Auch das Selbstmitleid nützt uns nichts. Jeder Mensch hat seine Bürden zu tragen und seinen Weg mit vielen Hindernissen zu bewältigen. Wir können unsere Aufgaben mit Wehen und Klagen oder Zähneknirschen betrachten. Wir können sie aber auch freudig anpacken und wie ein Rätsel zu lösen versuchen – als Herausforderung und Gelegenheit, um unsere Kräfte zu messen und zu stärken. Eine der schönsten Freuden im menschlichen Leben ist sicher eine Leistung, die alle Kräfte mobilisiert und zum Sieg und Erfolg führt.

Vielleicht finden Sie durch dieses Buch auch die Gründe, warum Sie vieles, was anderen Menschen Probleme verursacht, gar nicht kennen. Es kann sehr gut sein, daß Ihre inneren Kräfte harmonisch und optimal im Einsatz sind. Dann können Sie anhand dieses Buches vielleicht das Verhalten Ihrer Mitmenschen besser verstehen und ihnen wegweisend helfen oder sie zur Selbsthilfe anspornen.

Vieles, was Sie eigentlich schon wissen, wird Ihnen durch meine Ausführungen bewußt werden. Allein schon dieses Bewußtwerden bewirkt, daß Sie Ihren inneren Kräften nicht hilflos ausgeliefert sind, sondern diese jederzeit in die richtigen Bahnen lenken können.

Lassen wir uns also ruhig auf das Abenteuer der Selbsterkenntnis und der Selbstverwirklichung ein, und nehmen wir die Geschenke freudig an: Ein sinnerfülltes Leben voller Freude, höhere Erkenntnisse, innere Freiheit, Frieden und Zufriedenheit, Lust und Liebe sind uns gewiß.

*Die Archetypen sind zu vergleichen mit dem Achsensystem eines Kristalls,
welches die Kristallbildung in der Mutterlauge präformiert, ohne selbst
stoffliche Existenz zu besitzen. Das Archetypische wird aus dem Effekt
erkannt. Das Kristallgitter bestimmt, welche Kristalle möglich sind. Die
Umwelt entscheidet, welche dieser Möglichkeiten verwirklicht werden.*

Friedrich Dorsch

Das Wesen der Archetypen

Um das Wesen der Archetypen zu beschreiben, möchte ich zuerst einen
kleinen Abstecher in die Vergangenheit, in die Urzeit, machen. Die ältesten Schriften der Menschheit sind die Mythen. Durch sie erfahren wir, was
in grauer Vorzeit die Menschen außer dem Art- und Selbsterhaltungstrieb
noch interessierte und beschäftigte. Diese Zeit ist auch die Geburtszeit der
Archetypen.

Versenken wir uns doch kurz in dieses archaische Zeitalter: Die Menschen
sind sich bewußt, daß ihr Leben und Überleben weitgehend von den Kräften der Natur abhängig ist. Welche Kraft wohnt in der lebenspendenden,
wärmenden Sonne; in Mond und Sternen; in Stürmen, Blitz und Donner, die
so viele Zerstörungen anrichten; im Wasser, das die Erde befruchtet oder
auch die Ernten zerstört; in der Erde, die bebt (Berge, Wüste); in den Pflanzen, welche heilen oder krank machen; in den Tieren, welche den Menschen
zugetan sind, oder sie bedrohen und ängstigen? Welche Kräfte heilen die
Wunden und Krankheiten der Menschen oder lassen die Frauen Kinder ge-
bären? Welche Kraft zerstört die Natur und das menschliche Leben? Die
Menschen der Urzeit erkennen, daß der Mensch nicht frei ist, sondern von
verschiedenen Kräften beherrscht wird, von Kräften, die ihm schaden oder
nützen. Diese Kräfte machen sie zu ihren Göttern und Dämonen. Sie wollen
sie für sich einnehmen, indem sie diese beschwören und ihnen Opfergaben
darbringen.

Man erkannte also, daß es neben den äußeren Naturkräften auch Kräfte
gab, die im Inneren des Menschen wirkten. Um jemanden zu heilen, galt es,
den Kontakt mit dessen inneren Kräften aufzunehmen: den guten, um die
heilenden Kräfte zu mobilisieren, und den bösen, um die krankmachenden
Kräfte zu schwächen oder gar auszutreiben. Oft erschienen den Menschen
diese Kräfte als furchterregende Gestalten oder helfende Wesen in den Träumen. Sie wirkten nicht nur im Körper, sondern auch im Geist und in der
Seele, indem sie das Leben maßgebend beeinflußten und bestimmten. Die
Medizinmänner und -frauen eines Volkes versuchten, auf der körperlichen,

geistigen und seelischen Ebene – auf allen drei Ebenen – auf die inneren Kräfte einzuwirken. Weiter erkannten sie, daß sich diese Kräfte auch in den Charakterzügen, Gewohnheiten und Wesenszügen der Menschen, sogar der Tiere und der Pflanzen, widerspiegelten. Sie zeigten beispielsweise kreative, mutige, zerstörerische, verletzliche, aggressive, fürsorgliche, hilfsbereite, verantwortungsbewußte oder sogar außersinnliche Züge.

Die inneren Kräfte des Menschen werden heute von der Psychologie als Archetypen bezeichnet. Sie sind »archaisch«, d. h., sie wirken in jedem Menschen, egal welcher Rasse oder Kultur er angehört.

In diesem Buch werde ich auf einige dieser Kräfte eingehen. Schon seit Jahren beschäftige ich mich mit ihnen – und nebenbei bemerkt, ist es mir fast unangenehm, daß ich dabei ausgerechnet auf 22 komme. Die Zahl finden wir auch im Tarot, aber meine Arbeit stützt sich nicht primär auf die Erkenntnisse des Tarot. Natürlich habe ich mich vor Jahren damit auch beschäftigt, und in bestimmten Angelegenheiten ist mir dieses System ein liebgewordener Ratgeber. Sicher sind einige Kenntnisse des Tarot, wie auch die Archetypenlehre C. G. Jungs oder die Forschungen über die Teilpersönlichkeiten Roberto Assagiolis, dem Begründer der Psychosynthese, und Carol S. Pearsons in meine Bücher eingeflossen. Das System jedoch, die Auswahl und Reihenfolge meiner beschriebenen Kräfte stammen aus meiner ureigenen geistigen und gefühlsmäßigen Auseinandersetzung mit ihnen und auch aus meinen eigenen Erfahrungen im Alltag, wenn ich diese Kräfte gezielt einsetze oder wenn sie mich beeinflussen. Meine Erkenntnisse sehe ich auch nicht als ein in sich abgeschlossenes Werk; es sind vielmehr Denkanstöße, Erfahrungen, die sich laufend etwas verändern und erweitern.

So wohnt in jedem Menschen beispielsweise eine *schöpferische* Kraft, die den Körper aufbaut und im Menschen auch den Drang erzeugt und Impulse setzt, im Leben etwas zu schaffen oder sich kreativ zu betätigen.

Der *Erhalter* verkörpert die Prinzipien der Stabilität und der Wandlung. Körper, Denkgewohnheiten (Erkenntnisse, Ansichten, Einsichten), Gefühle (Vorlieben, Abneigungen, Ängste) verändern sich im Laufe der Jahre. Es kann nur etwas Bestand haben, wenn es sich immer wieder verändert. Leid entsteht, wenn man versucht, den immerwährenden Wandel im Leben aufzuhalten.

Vor dem inneren *Zerstörer,* der ebenfalls in Körper, Geist und Seele am Werk ist, fürchten sich viele. Grundsätzlich meint er es gut, wie jede andere Kraft auch. Im Körper baut er laufend die verbrauchten Zellen ab und scheidet den Abfall aus. Leidvolle Erfahrungen läßt er vergessen und dunkle Gefühle verschwinden. Unangenehm zerstörerisch wirkt er, wenn der Mensch nicht bereit ist, sich von etwas zu trennen oder wenn er diese Kraft dominieren läßt oder verdrängt.

Auch den inneren *Treiber* und den inneren *Hemmer* bekommt der Mensch auf angenehme oder unangenehme Art zu spüren. Diese beiden Kräfte sind eng miteinander verbunden, wie zwei Waagschalen, die sich heben und senken, je nachdem, wie das Gewicht verteilt ist. Auch in Körper, Geist und Seele sollten sich Treiber und Hemmer »die Waage halten«. Einen direkten Bezug zu ihnen stellen im Nervensystem der Sympathikus her, welcher anregt, sowie sein Gegenspieler, der Parasympathikus, der hemmend wirkt. Ebenso wirken die Hormondrüsen, welche anregende und hemmende Hormone ausschütten.

Eine *ordnende* Kraft wiederum sorgt für die innere Balance. Sie bewirkt, daß jede Körperfunktion im Gleichgewicht ist und daß Denken und Fühlen harmonisch zusammenarbeiten.

Diese sechs Kräfte (Schöpfer, Erhalter, Zerstörer, Treiber, Hemmer, innere Ordnung) wirken im Menschen von seiner Zeugung an bis zu seinem Tod. Die folgenden Kräfte, beginnend mit der *unbewußten Vollkommenheit*, entwickeln sich im Laufe des Lebens und tauchen in gewissen Zeitspannen in neuem Gewand wieder auf.

In unserem Leben durchwandern wir verschiedene Bewußtseinsstadien. Das Bewußtsein eines Kindes unterscheidet sich beispielsweise von dem eines Jugendlichen, eines Erwachsenen oder eines älteren Menschen. In jedem Stadium werden verdichtende Energien aufgebaut, die uns nachher durch unser Leben begleiten und unser Fühlen und Denken maßgebend beeinflussen.

So nenne ich den Bewußtseinszustand im Säuglingsalter die *unbewußte Vollkommenheit*. Vielleicht fragen Sie sich nun: »Ist das eine Kraft?« Bitte schön, bringen Sie es fertig, einfach dazuliegen und lächelnd Ihre Gunst zu zeigen, um damit eine ganze Sippe um sich tanzen zu lassen? In den späteren Jahren gelingt das nur sehr starken Persönlichkeiten. Ein Baby verkörpert eine in sich ruhende Vollkommenheit und nimmt sich selbst, sein Leben und seine Umgebung nur unbewußt wahr. Es ist der Mittelpunkt seiner Welt, verletzlich, unbeholfen und ganz auf die Fürsorge seiner Bezugspersonen angewiesen. Dieses Bewußtsein macht sich im Leben auch später bemerkbar, z. B. in der Verletzlichkeit, der Unbeholfenheit, dem Gefühl, einer Situation ausgeliefert zu sein, oder dem Erahnen, daß etwas in der Umgebung nicht stimmt.

Eine weitere Bewußtseinsebene zeigt sich im Kleinkindalter als das sogenannte *innere Kind*. Jedes Kind entwickelt seine ureigenen Strategien, um sich in seiner Umgebung zu behaupten. Diese Verhaltensmuster übernimmt das Kind hauptsächlich von den Bezugspersonen oder anderen Kindern durch Nachahmung, und sie werden dann meistens im eigenen Erwachsenenalter fraglos weiterpraktiziert. Das kann erhebliche Schwierigkeiten bereiten, wenn die Verhaltensweisen der Vorbilder problematisch waren und diese mit dem eigenen Leben nur schlecht zurechtkamen. Auch die Vorbilder lebten nach den Verhaltensmustern ihrer eigenen Vorbilder – so kann sich durch viele Generationen eine unglückliche Verhaltensweise weiter »vererben«.

Prägend für das ganze Leben sind auch die ersten Kontakte mit den beiden Geschlechtern und das Erfahren der eigenen Geschlechtlichkeit. Der *weibliche* und der *männliche* Archetyp sind also auch weitgehend von der Umgebung geprägt und können neu hinterfragt und geordnet werden.

Auch das *Gewissen* entwickelt sich schon im Kindesalter. Ansichten der Bezugspersonen, wie Pflichten zu übernehmen sind und Verantwortung zu tragen ist, werden vorerst vom Kind vorbehaltlos übernommen. Unnötige Schuldgefühle und ein nie hinterfragtes Pflichtgefühl können dem Menschen ein »Höllenleben« bereiten.

Spätestens in der Schule wird der *Verstand* auf Hochglanz gebracht, und die *Gefühle* werden in die »rechten« Bahnen geleitet. Leider wird der Verstand in der heutigen Gesellschaft auf Kosten der oft unbequemen Gefühle, die am besten weggesteckt werden, überbewertet, was Menschen herzlos und unglücklich werden läßt.

Zwischen 15 und 25 verspüren die meisten Jugendlichen dann eine unerklärliche Lust und Sehnsucht, fremde Luft zu schnuppern. Diese Sehnsucht sollte ernst genommen werden, sonst kann sie den Menschen das ganze Leben verfolgen. Der innere *Wanderer*, der Suchende, macht sich bemerkbar, und sei es im schlimmsten Fall, daß die Suche zur Sucht wird.

Dann kommt die Zeit der *Liebenden*, des Nestbaus. Sicher eine wunderschöne Zeit, aber wie alles in der Welt hat auch sie ihren Schatten. Der Wunsch, eine Familie zu gründen, sitzt tief im Menschen, so tief wie in jedem gesunden Tier, das alle seine Kräfte und notfalls sogar sein Leben für seine Familie einsetzt. Die Kraft der *Fürsorge* kann sich als Wunsch nach eigenen Kindern oder als Berufung zu einem pflegerischen, therapeutischen oder heilenden Beruf ausdrücken. Der innere *Krieger* sorgt dafür, daß sich der Mensch ein Terrain aufbaut, worin er wirken und sich entfalten kann. Leider wird heute der Krieger viel zu oft eingesetzt, sogar gegen sich selbst, und viel Leid entsteht daraus.

Etwa um die 50 erreicht der Mensch den Höhepunkt seiner Karriere, oder die Erziehung der Kinder ist abgeschlossen, und sie sind flügge geworden. Viele fragen sich dann: War das alles? Sie ahnen aber, daß hinter der sichtbaren Welt noch andere Welten existieren. Der *Magier* oder die *Hexe* kommt zum Vorschein und kann dem Leben wieder neuen Sinn geben.

Mit dem Älterwerden wenden sich die Menschen oft vermehrt religiösen Themen zu. Sie treten mit dem *inneren Weisen*, dem Göttlichen, in Kontakt, um sich bei ihm Trost, Rat und Kraft zu holen. Die *innere Weisheit*, auch eine gewaltige Kraft, bereitet den Menschen auf das Sterben vor und läßt ihn zur gegebenen Zeit in die nächste Dimension hinübergehen.

Die *bewußte Vollkommenheit* ist das eigentliche Ziel des Lebens. Mit jedem neuen Tag, jeder Stunde, Minute, jedem Augenblick können wir diesem Bewußtseinszustand etwas näherkommen. Dieses Ziel sollten wir gelassen und doch beharrlich immer vor Augen haben. Dieser Bewußtseinszustand bedeutet auch inneren Frieden, Freiheit und Harmonie.

Zum Schluß habe ich noch den inneren *Narren* beschrieben. Diese Kraft läßt sich auf keinen bestimmten Platz in der Reihenfolge setzen, denn sie steht uns überall und jederzeit zur Verfügung. Und doch ist sie wie ein Hauch – nicht faßbar. Sie trägt das Geheimnis des unendlich Unfaßbaren in sich und sorgt für Überraschungen. Sie kann uns noch mehr helfen, wenn wir sie verstehen und ihr vertrauen.

Schon bei dieser kurzen Vorstellung unserer archaischen Kräfte wird uns bewußt, daß unser Innenleben von einem unvorstellbaren Kräftereichtum geprägt ist und daß es sicher ganz spannend, lustvoll und auf jeden Fall aufschlußreich sein wird, sich damit auseinanderzusetzen.

Wir integrieren unsere inneren Kräfte oft ungenügend ins Leben. Sie sind aber trotzdem vorhanden und wirken in uns, ob das nun erwünscht ist oder eben nicht. Wir können diese Kräfte zu unseren Helfern machen. Denn sie möchten uns auf alle Fälle helfen, darum sind sie da.

Die Art und Weise, in der ich hier die Archetypen behandle, ist nur eine der vielen Methoden, sich ihnen zu nähern. Wer sich mit der Deutung der alten Mythen, der klassischen Götterwelt oder der Volksmärchen befaßt und die verschiedenen Charaktere der Helden, Heldinnen und Gottheiten kennenlernt, setzt sich indirekt auch mit den archetypischen Kräften auseinander. In der Mythologie wimmelt es nur so von Kriegsgöttern und Fruchtbarkeitsgöttinnen, Sonnengöttern und Mondgöttinnen – Gottheiten des Himmels und der Unterwelt. Mit Leichtigkeit kann man beispielsweise jeden Archetyp einer indischen oder griechischen Gottheit zuordnen. Auch die Gottesnamen und Engel in der Kabbala, die Trümpfe der Tarotkarten und die Planetenkräfte in der Astrologie symbolisieren die Archetypen.

Wie bereits gesagt, ist mit diesem Buch meine Auseinandersetzung mit den inneren Kräften nicht beendet. Es stellt nur einen Ansatz dar, der ansport, weiter zu denken, weiter in sich zu spüren und weitere Erfahrungen zu sammeln. Es würde mich nicht wundern, wenn in den nächsten Jahren weitere Bücher zu den Archetypen auf dem Markt erscheinen. Jede Untersuchung ist für unsere Selbsterforschung und Bewußtseinserweiterung ein zusätzlicher Gewinn.

Die Welt um uns ist so bunt und lebendig,
wie wir sie machen.   P. H. Stevens

Wie Sie mit diesem Buch arbeiten

Wir befassen uns mit den Archetypen
- auf der *geistigen Ebene*, indem wir sie uns bewußt machen und über sie nachdenken,
- auf der *seelischen Ebene*, indem wir über sie meditieren und sie auch gefühlsmäßig in unser Leben integrieren,
- auf der *körperlichen Ebene*, indem wir sie konkret durch Körperübungen zum Ausdruck bringen und somit auch unseren Körper für unsere neue Lebenshaltung und Handlungsweise stärken.

Die geistige Ebene

Sicher wird Ihnen schon einiges über das Wesen der Archetypen und deren individuelle Bedeutung bewußt, wenn Sie in den folgenden Kapiteln einfach darüber lesen und nachdenken. Lassen Sie sich dabei auf alle Fälle Zeit. Lesen Sie ein Kapitel, und lassen Sie das Ganze einige Tage auf sich wirken. Der Umgang mit den Archetypen und ihre Ausdrucksformen hängen sehr von Ihrem Temperament ab, und dies sollten Sie berücksichtigen. So sollten beispielsweise temperamentvolle Feuerzeichen-Geborene nicht um jeden Preis versuchen, ihre dominierenden und sprühenden Kräfte zu unterdrükken, sondern diese in die entsprechende Richtung weisen. Introvertierte und ruhige Menschen sollten sich andererseits nicht zu exponierten Taten zwingen. So kann beispielsweise auch ein stiller Krieger, der ruhig und bestimmt zu einem klaren Nein steht, sein Terrain wahren.

Bringen Sie das Gelesene vorwiegend zu Ihrem eigenen Leben in Bezug. Wenden Sie es bei Ihren Mitmenschen nur an, um ihnen mehr Verständnis, Geduld und Wohlwollen entgegenbringen zu können.

Die seelische Ebene

Da die Archetypen hauptsächlich in unserem Unterbewußtsein wohnen, sie uns also meistens gar nicht bewußt sind, und wir sie nur spüren, wenn sie uns schaden, können wir sie mit Hilfe der *Meditationen* besser kennenlernen und auf sie einwirken. Während der Meditation haben wir Zugang zu unserem Unterbewußtsein. Wie bei einem Computer können wir alte Programme löschen und durch neue ersetzen. Wir treten während der Meditation mit unserem Überbewußtsein oder Höheren Selbst in Kontakt, das uns mit seiner Weisheit und Weitsicht gerne beisteht. Das Überbewußtsein ist identisch mit den letzten drei Archetypen: der Weisheit, dem Weisen und der bewußten Vollkommenheit.

Interessant ist für Sie zu wissen, was in einer gelungenen Meditation überhaupt mit Ihnen und in Ihnen geschieht. Die Forschungen der Naturwissenschaft und die ältesten Schriften der indischen Philosophie kommen dabei erstaunlicherweise zu ähnlichen Erkenntnissen: Die Vitalität, die seelische Ausgeglichenheit, das allgemeine Wohlbefinden, die Aktivierung der inneren Heilkräfte und die Erhaltung einer ganzheitlichen Gesundheit hängen weitgehend von den Hirnwellenfrequenzen ab. Sicher haben Sie auch schon vom EEG gehört, von einem Instrument, das die Hirnwellenfrequenzen mißt. Unangenehme Gemütszustände, wie beispielsweise Streß, heftige Erregungen, Ängste, Depressionen, Müdigkeit usw., können das Resultat von unausgeglichenen Hirnwellenfrequenzen sein. Sie schnellen zu weit nach oben oder sinken zu tief nach unten. Während der Meditation kann man mit Hilfe des Atems ausgleichend auf die Hirnwellenfrequenzen einwirken.

Die Wissenschaft unterteilt die Frequenz-Skala in vier Bereiche: Beta-, Alpha-, Theta- und Deltawellen. Im Deltabereich werden Hirnwellen von 0,5 bis 4 Hertz erzeugt. Das ist im Tiefschlaf der Fall. Dieser Bewußtseinszustand ist von der Wissenschaft bis jetzt nur wenig erforscht worden, aber man weiß, daß er für die Erholung des Menschen nicht förderlich ist. Im Thetabereich – der Schlaf ist erholsam und mit völligem Wohlbehagen verbunden – haben die Hirnwellen eine Frequenz von 5 bis 7 Hertz. Die Alphawellen liegen zwischen 8 und 13 Hertz. Sie werden im sogenannten Halbschlaf oder während der Traumphasen erzeugt. Im Betabereich, wenn sich der Mensch in vollem Wachzustand befindet, haben die Hirnwellen eine Frequenz von 14 bis 30 Hertz. Die Hirnwellen eines Menschen, der sich rundum wohlfühlt, liegen etwa bei 19 Hertz. Leider schnellen sie bei Streß, Nervosität, Angst, Aggressionen und anderen aufpeitschenden Gefühlen nach oben. Ist der Energieverbrauch, den das Gehirn für die Produktion der Hirnwellen braucht, zu groß, so sind andere Körperfunktionen, wie Nerven-, Verdauungs-, Hormon-

und Immunsystem, die alle von der gleichen Energie abhängig sind, unterversorgt. Man weiß heute, daß gelassene und innerlich ruhige Menschen, obwohl sie vielleicht ein großes Arbeitspensum erledigen, weniger anfällig sind für jede Art von Krankheit. Niedere Hirnwellen-Frequenzen begünstigen und unterstützen auch Regenerations- und Heilungsprozesse im Körper. Darum befinden sich Kranke oft in einem Dämmerzustand, der dem Alphabereich entspricht. Innere Ausgeglichenheit erlangt der Mensch, wenn das Pendel nicht zu weit von einem Ende zum anderen ausschlägt. Vielleicht kennen Sie das: Sie sind gestreßt und aufgewühlt und fallen nachts in einen bleiernen Tiefschlaf, von dem Sie morgens unerholt und müde aufwachen. Dann hat das Pendel zu weit auf beiden Seiten ausgeschlagen. Es ist heute erwiesen, daß es für Gesundheit, Ausgeglichenheit und Wohlbefinden des Menschen förderlich ist, wenn die Hirnwellenfrequenz zwischen 7 und 19 Hertz liegt. Während der Meditation kann sich die Frequenz mit dem Einsatz eines *verlangsamten und regelmäßigen Atems* in der Mitte, im Alpha-Bereich, stabilisieren.

Allgemein bekannt ist auch – und das ist nun für unsere Arbeit der springende Punkt –, daß der Mensch im Alpha-Zustand den besten Zugang zu seinem Unterbewußtsein hat. Muster, Bilder, Leitsätze, die im Unterbewußtsein gelagert sind, kommen am leichtesten an die Oberfläche, werden am ehesten bewußt. Der Mensch kann sie nun verarbeiten und durch neue ersetzen. Im Unterbewußtsein können alte, überholte oder gar negative Muster gelöscht werden, und es kann mit positiven Einprägungen und Zukunftsvisionen neu programmiert werden.

Vor einigen Jahren habe ich eine Meditationstechnik kennengelernt, die ich selbst noch etwas verfeinert habe, um innerhalb kürzester Zeit in den Alphazustand zu gelangen. Auch Sie können mit der Methode, die ich Ihnen im folgenden Abschnitt vorstelle, ohne großen Zeitaufwand einerseits tiefer in die Meditation kommen, damit Sie mehr Zugang in Ihre unterbewußten Regionen haben, und andererseits ausgleichend auf Ihre Hirnwellenfrequenzen einwirken.

So kommen Sie in wenigen Sekunden in den Alphazustand

1. Setzen Sie sich mit geradem Rücken auf einen Stuhl, die Fußsohlen sind flach auf dem Boden aufgestellt, und die Hände liegen locker auf den Oberschenkeln. Sie können sich aber auch in einen Meditationssitz mit der nötigen Kissenunterlage begeben. Morgens oder abends können

Sie auch im Bett liegend üben. Dann ist allerdings der Energiefluß durch die Körpermitte, vom Becken zum Kopf, nicht ganz so optimal, als wenn Sie aufrecht sitzen.

2. Heben Sie nun das Kinn leicht an, und richten Sie den Blick nach oben zur Stirnmitte. Bleiben Sie so einige Atemzüge lang, und schließen Sie die Augen.

3. Sie atmen nun tief ein, halten den Atem einen Augenblick an und lassen die Luft langsam wieder herausströmen. Während der Ausatmung sprechen Sie im Geiste dreimal die Zahl Drei: *drei – drei – drei.*
Wiederholen Sie den Vorgang mit der Zahl Zwei und anschließend noch einmal mit der Zahl Eins: *zwei – zwei – zwei, eins – eins – eins.*

4. Atmen Sie wieder tief ein, halten Sie den Atem einen Augenblick an, und sprechen Sie im Geiste während der verlangsamten Ausatmung: »*Loslassen.*«
Dieses Wort wiederholen Sie so lange, bis Sie das Gefühl haben, ganz entspannt zu sitzen.

5. Nun visualisieren Sie ein Dreieck mit der Spitze nach oben und eine Leiter, die von oben in die Tiefe führt (siehe Abbildung). Sie fixieren nun die oberste Sprosse der Leiter, als würden Sie darauf stehen, und zählen im Atemrhythmus die Sprossen 10 bis 1 hinunter. Bei jedem Ausatmen zählen Sie eine Zahl rückwärts und steigen im Geiste immer eine Sprosse tiefer. Sie lassen sich somit immer tiefer und tiefer in die Entspannung und damit in den Alphabereich sinken.

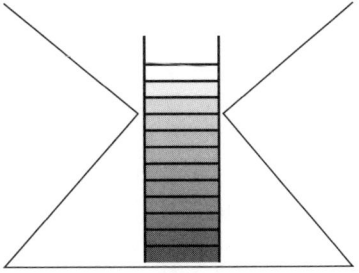

6. Wenn Sie das Gefühl haben, in Ihrem Innersten angekommen zu sein, beginnen Sie mit dem Visualisieren des Meditationsthemas, und danach richten Sie Ihre Aufmerksamkeit noch eine Weile auf Ihren langsamen, rhythmischen, feinen Atem.

7. Um das Alphaniveau wieder zu verlassen, zählen Sie vorwärts von 1 bis 10 – und gehen dabei jeweils eine Stufe nach oben; atmen einige Male kräftig durch, reckeln und strecken sich nach Herzenslust und sagen: »*Ich öffne nun die Augen, bin hellwach und frisch und fühle mich wunderbar.*« (Bei einer abendlichen Meditation wird diese Aussage selbstverständlich entsprechend abgeändert.)

Meditieren Sie in nächster Zeit des öfteren nach dieser Methode. Bald können Sie sich mit einigen wenigen Atemzügen entspannen, und die Qualität der Meditation wird immer besser bzw. tiefer.

Die Meditationen habe ich so gestaltet, daß sie sich auch für Menschen eignen, die wenig Zeit zur Verfügung haben. Nehmen Sie sich nach dem Aufwachen oder vor dem Einschlafen einige Minuten Zeit. Lassen Sie die Bilder entstehen und wieder vergehen, denken Sie ein wenig darüber nach, das kann schon genügen. Verfügen Sie über mehr Zeit, dann bleiben Sie 10 bis 30 Minuten in der Meditation.

Meine in den folgenden Kapiteln vorgeschlagenen Meditationsbilder können Sie so lange abändern, bis sie Ihnen ganz persönlich entsprechen.

Die körperliche Ebene

Da sich die Kraft der Archetypen auch auf unseren Körper im allgemeinen und auf diverse Körperbereiche im besonderen auswirkt, können wir diesen Effekt mit der Körperarbeit unterstützen. Jeden Archetyp habe ich einer bestimmten Körperzone oder einem Funktionssystem zugeordnet. Sie finden Übungsfolgen, die auf Schwachstellen Ihres Körpers entspannend, stärkend und belebend wirken. So entdecken Sie vielleicht ganz nebenbei eine Übungsreihe, die Sie für Ihr tägliches Gesundheitstraining weiter beibehalten, weil Sie spüren, daß es Ihnen gut tut. Zu jeder Übung habe ich einen Leitsatz (Affirmation) vorgeschlagen, weil es wichtig ist, *was* wir während des Übens denken. Sie verstärken damit die Kraft der Konzentration, und das Unterbewußtsein wird durch die positiven Worte und Sätze günstig programmiert. Die Affirmationen können Sie selbstverständlich auch abändern oder nur so viele auswählen, wie es für Sie angenehm ist.

Wie wir denken und was wir fühlen und empfinden, hat ausschließlich seinen Ursprung in unserem körperlichen Befinden; oder umgekehrt: Jeder Gedanke und jedes Gefühl löst im Körper entsprechende Prozesse aus. Darum können wir während der Körperarbeit, besonders mit Hilfe des Atems, auf unser Denken und Fühlen einwirken. Eine gute Atemqualität schenkt uns Kraft und Ruhe im Körper, im Geist und in der Seele (Gemüt). Wir fühlen uns wohl. Ausgeglichenheit, innere Ruhe und Frieden, Harmonie, geistige Klarheit, Begeisterung, Toleranz, Wohlwollen und Liebe – alles Werte, die unser Leben freudvoll machen – werden hauptsächlich erreicht bei körperlichem Entspanntsein. In meinen Yogakursen wundere ich mich immer wieder, wie schnell die Leute in die Entspannung kommen, wenn sie sich vorher rundherum gut gedehnt haben und durch die Bewegungen und Haltungen angenehm müde geworden sind. Obwohl ich bei den Übungsfolgen einen Schwerpunkt auf einen speziellen Körperbereich oder ein Funktionssystem gesetzt habe, sind sie so zusammengestellt, daß der ganze Körper angesprochen wird. Sie wirken also immer ganzheitlich.

Da ich mich bei der Beschreibung der Körperübungen nur kurz fasse, wäre es von Vorteil, wenn Sie schon etwas Erfahrung mit meditativer Körperarbeit hätten. Gewöhnlich macht man anfangs alles viel zu schnell und zu hastig und vergißt die notwendigen Pausen zwischen den Übungen oder die Ruhelage am Schluß der Übungsfolge. Das Allerwichtigste wird somit außer acht gelassen. Um einen verlangsamten Rhythmus zu finden und beizubehalten, könnte ein Yogakurs oder eine andere Technik für meditative Körperarbeit von Vorteil sein.

Am besten üben Sie auf einem Teppich oder auf einer Matte, die speziell dafür vorgesehen ist, an einem ruhigen, ungestörten Ort und in weicher, weiter Kleidung. Schaffen Sie mit Musik, Farben, Kerzen oder Düften eine meditative Stimmung. Leiden Sie unter Rückenschmerzen, ist es unerläßlich, daß Sie zuvor mit dem Arzt sprechen.

Richtiges Üben – Ihrem Rücken und Nacken zuliebe

Achten Sie darauf, daß der Körper vor dem Üben warm und locker ist. Gönnen Sie sich eine warme Dusche, oder hüpfen Sie einige Minuten an Ort und Stelle mit erhobenen Armen.

Auch mit gesundem Rücken beachten Sie, daß Sie keine Stellung mit Hohlkreuz oder Hohlnacken einnehmen. Dies gilt für alle Übungen, ob diese nun im Stehen, Sitzen oder Liegen ausgeführt werden.

1. Sie gleichen das Kreuz aus, indem Sie die Bauchdecke kräftig einziehen und wieder loslassen, ohne die Körperhaltung zu verändern. Sie nehmen die Schultern nach hinten, ziehen das Kinn an (Doppelkinn machen) und dehnen somit den Nacken. Sie lassen auch hier die Spannung wieder los, ohne die Haltung des Nackens zu verändern. Nun sind Sie bereit für die Seitenbeugen oder die Drehungen.

2. Die Rückbeugen erfolgen immer aus dem Brustbereich, nie aus dem Lendenwirbelbereich, und nachher wird mit einer Vorbeuge (Oberschenkel sind mit der Oberkörper in Kontakt) ausgeglichen.
3. Jede Vorbeuge wird mit gestrecktem und geradem Rücken eingenommen, ohne einen Buckel zu machen (auch nicht im Leben).

Die »sieben goldenen Regeln« lesen Sie so oft durch, bis sie Ihnen sozusagen in Fleisch und Blut übergegangen sind. Dann werden Sie aus den wenigen Minuten Körperarbeit das Beste herausholen.

Die sieben goldenen Regeln

1. Sammeln Sie sich, bevor Sie mit dem Üben beginnen. Betrachten Sie die Figuren der Abbildungen jeweils zuerst eine Weile genau. Überlegen Sie sich in aller Ruhe, wie sie mit wenigen gezielten Bewegungen in die Stellung kommen können.

2. Atmen Sie immer durch die Nase. Ob Sie nun die Stellung einnehmen, darin verharren bzw. sich bewegen oder ob Sie sie auflösen: Ihr Atem sollte immer langsam, regelmäßig, fließend und fein sein. Die Bewegungen sind dem Atemrhythmus angepaßt und nicht umgekehrt.

3. Nehmen Sie die Stellung mit langsamen gezielten Bewegungen ein. Nun kontrollieren Sie die Haltung des Nackens, des Rückens, des Beckens, der Beine und der Arme.

4. Verharren Sie in der Stellung 10 bis 30 Atemzüge lang. Lassen Sie nun jede unnötige Spannung los, spüren Sie in die Dehnung, und beobachten Sie Ihre Atmung. Spüren Sie Schmerzen, so ist dies ein Zeichen zurückzugehen. Achten Sie auch auf Ihre Gedanken und Gefühle.

5. Kommen Sie aus der Stellung wieder langsam, überlegt und bewußt zurück. Bei asymmetrischen Übungen üben Sie noch ein zweites Mal bzw. mit der anderen Seite die gleiche Zeitspanne.

6. Spüren Sie nun in einer Ruhehaltung nach, die etwa von gleicher Zeitdauer ist wie die Übung zuvor.

7. Zum Schluß ruhen Sie in der Rückenlage, die Sie, so hoffe ich, richtig genießen.

Zweiter Teil

Innere Kräfte, die uns durch das ganze Leben begleiten

Achte auf deine Gedanken!
Sie sind der Anfang deiner Taten.
Aus China

Schöpfer

Am meisten wird uns die Kraft des inneren Schöpfers im Frühling bewußt –
wenn wir sehen, wie um uns die Natur neu erwacht und, oberflächlich betrachtet, aus dem Nichts Neues erschafft. Die Pflanzen keimen, lassen neue
Blätter sprießen und erblühen in schönster Pracht. Selbst Bäume, die schon
lange ihre volle Größe erreicht haben, lassen neue Blätter, Blüten und frisches Holz in Erscheinung treten. Auch die Tiere stellen sich auf den Frühling ein, indem sie eine neue »Familie« gründen oder ihr Kleid wechseln.

Der Mensch ist ebenfalls diesem immerwährenden Schöpfungsprozeß unterworfen. Jeder Mensch hat seinen eigenen Schöpfer in sich, und der wirkt
auf der körperlichen, geistigen und seelischen Ebene. Am deutlichsten erkenn-
bar ist er sicher im werdenden Fötus und in den ersten Monaten und Jahren
des Kindes. Diese Kraft löst sich aber nicht auf, wenn der Mensch erwachsen
wird, sondern sie wirkt, solange er lebt, indem sie in seinem Körper immer-
fort neue Zellen produziert. Sie wirkt zudem im Geiste, wenn der Mensch zu
neuen Erkenntnissen und Ansichten kommt. Jeder Lernprozeß ist eine neue
Schöpfung. Wer sich Ziele setzt, dem wird seine Schöpferkraft dabei helfen,
sie zu erreichen. Ob diese Ziele nun geschäftlicher oder privater Natur sind
(Hobby, Beziehungen, Weiterbildung), spielt keine Rolle, wichtig ist dabei nur,
daß etwas Neues in Gang gebracht wird und daß der innere Schöpfer dadurch
beschäftigt ist. Der auf allen Ebenen gesunde Mensch hat Elan, Mut und Lust,
öfters Neues zu beginnen und neuen Interessen nachzugehen. Je mehr er sich
darauf einläßt, um so mehr steigert dies seine Lust, noch mehr zu tun. Oder
aber er versucht, in seiner Arbeit, seinen Hobbys und Interessensgebieten
mehr Kenntnisse, mehr Tiefe und Meisterschaft zu erreichen.

In der modernen Altersforschung geht man davon aus, daß sich die
menschlichen Fähigkeiten im Alter nicht abbauen, sondern eher eine Ver-
lagerung der geistig-seelischen Kräfte stattfindet. Ein älterer Mensch verliert
z. B. an Schnelligkeit in der Auffassungsgabe, aber sein Durchhaltevermögen
steigert sich. Sein Denken verliert an Oberflächlichkeit und gewinnt dafür
an Tiefe. Das Gehirn braucht das tägliche Training wie jeder Muskel, sonst

wird es schwach, und seine Leistungen gehen zurück. Auch die Sinne lassen nach, wenn sie im täglichen Leben nicht voll eingesetzt werden. Geistiger Abbau im Alter ist oft die Folge zu geringer geistiger Herausforderung. Das bedeutet, daß der Mensch bis zum Tode körperlich, geistig und seelisch rege bleiben sollte, damit sein Gehirn beschäftigt ist und er sich immer von neuem für etwas begeistert.

Der Schatten des Schöpfers

Die Kraft des Schöpfers kann auf verschiedene Weise Mühe bereiten, wenn der Mensch keine Aufgaben mehr hat. Wenn man den inneren Schöpfer leer-laufen läßt, dann stellt er sich selbst »Aufgaben«, indem er beispielsweise im Körper Disharmonien verursacht und den Körper somit krank macht. Oder er verursacht Unfälle, die dem Menschen zu einer neuen Aufgabe verhelfen, nämlich derjenigen, gesund zu werden.

Im menschlichen Geist kann der innere Schöpfer Wahnideen produzieren oder seelische Mauern gegen die Außenwelt aufbauen. Er kann übertriebene Ängste, negative Einstellungen wie Mißgunst, Mißtrauen und Vorurteile aufbauen, die ein trostloses Leben bereiten. Der Mensch verbringt dann sein Leben in einem selbsterbauten Gefängnis, isoliert sich von der Umwelt und wird einsam und verbittert.

Andererseits kann ein dominierender Schöpfer durch seine Gier nach Neuem den Menschen auch tyrannisieren. Er treibt ihn dann dazu, immer Neues anzufangen, sei dies nun im Arbeitsbereich oder im Privaten, unersätt-lich zu reisen oder Partner und Freunde zu wechseln. Neues wird schnell und zu oft angefangen, ausprobiert und wieder auf die Seite gelegt.

Die Transformation der Schöpferkraft

Wir können unsere Schöpferkraft positiv und sinnvoll zur Planung des All-tags einsetzen. Je mehr Routine und langweilige Verpflichtungen der Tag be-inhaltet, um so größer ist die Herausforderung für unseren inneren Schöpfer, trotzdem »Pfiff«, Belebung und Abwechslung zu bringen. Auch wenn wir pro Tag acht Stunden am Arbeitsplatz verbringen, dort keine neuen Ideen verwirklichen können und weitere acht Stunden verschlafen, so bleiben uns noch ganze acht Stunden, die wir nach Herzenslust gestalten können – und zwar so, wie es unserem Wesen entspricht. Wir können unseren Interessen nachgehen, Yoga üben, unsere Meditationen vertiefen, Kurse besuchen, Sport treiben, Freundschaften pflegen, uns weiterbilden, und natürlich können wir auch unsere Arbeit im Haushalt so angehen, daß sie uns und unseren Liebsten Freude bereitet. Wieviel Zeit pro Tag füllen wir mit Nichtigkeiten aus, die uns bloß unzufrieden machen! Das heißt sicher nicht, daß wir alle Mußestunden streichen sollen – die Zeiten des Nichtstuns sind sogar sehr wichtig, aber wir vertrödeln sogar diese.

Der Schöpfer kann neuen Sinn in unser Tun und auch in unsere Zeiten des Nichtstuns bringen. Er ist am glücklichsten, wenn er im Einsatz ist. Das ist uns sicher schon bewußt geworden, wenn wir uns einige Zeit ganz und gar einem Hobby widmen konnten. Wir waren dabei sehr beschäftigt, und es forderte uns auf allen Ebenen. Danach waren wir nicht müde, sondern fühlten uns frisch und beschwingt. *Gelassenes und streßfreies Tun laugt uns nicht aus, sondern ist wie ein innerer Kraftspender, der sich öffnet und uns seine Schätze zur Verfügung stellt.* Der innere Schöpfer vermehrt unsere Energie, wenn wir ihn zum Einsatz bringen. Lassen wir ihn doch in großen und in kleinen Angelegenheiten zum Zuge kommen! Unsere Fähigkeiten, Talente und Neigungen sind nicht nur eine Laune der Natur, sondern wurden uns mitgegeben, damit wir mit ihnen arbeiten und sie voll einsetzen.

In diesem Zusammenhang habe ich selbst etwas erlebt, das in ähnlicher Weise auch Ihre Geschichte sein könnte: Bis zum Alter von 35 Jahren wußte ich zwar immer, was ich nicht wollte, und ahnte sehr wohl, was ich wirklich wollte und welche Tätigkeit ich gerne ausüben würde. Aber ich hatte dazu nicht den Mut und das Selbstvertrauen. So meldete ich mich ohne große Hoffnungen bei einer astrologischen Beratung an, um endlich zu erfahren, was meinem inneren Wesen entspricht. Ich wollte von einer Lebensaufgabe hören, die ich ohne große Mühe, dafür aber mit viel Freude lösen könnte. Aber es kam ganz anders: Alles deutete darauf hin, daß ich das tun sollte, was ich mir selbst gar nicht zutraute. Das wollte ich einfach nicht glauben und ging zu einer anderen Beraterin. (Ich kann furchtbar schwerfällig und bockig sein.) Diese kannte mich nicht, sondern wußte nur meinen Geburtsort und das Geburtsdatum. Sie sagte mir klipp und klar, daß ich nur glücklich und zufrieden sein würde, wenn ich meine Talente und Vorlieben, die ich schon lange kannte, auch voll einsetzen würde. Daraufhin stürzte ich mich ganz und gar ins »Abenteuer« und krempelte mein Leben um – ich habe es keine Minute bereut. Mein körperlicher und geistig-seelischer Gesundheitszustand verbesserte sich zusehends, die dunklen Stimmungen, wie Unzufriedenheit, innere Leere und Aggressionen verschwanden. Ich habe heute das Gefühl, noch nie soviel Kraft und Elan in meinem Leben gespürt zu haben. Ich finde das Leben wunderschön, ohne auf äußere Reize wie Radio, Fernsehen oder andere Zerstreuungen angewiesen zu sein. Ich tue endlich das, was mir entspricht. Ich lebe meine Vorlieben und gebrauche meine Talente, und vom Leben werde ich dafür jeden Tag reich beschenkt.

Wie im Frühling, wenn alles blüht und die Herzen der Menschen höher schlagen, so sollen auch unsere »Schöpfungen« uns und den Mitmenschen Freude bringen. Wer wie ich damals mit seinem inneren Schöpfer einen großen Neubeginn starten möchte, dem könnte eine astrologische, graphologische, Tarot-, I Ging- oder Bach-Blüten-Beratung – um nur einige der vielen Hilfsmittel zu nennen – die nötige Sicherheit und Gewißheit geben. Das neue Beruf(ung)svorhaben sollte zum eigenen Wohl sein und auch der Menschheit und der Natur dienen, dann ist sein Erfolg gesichert. Materiell kann das zwar zu Durststrecken führen, oder Kompromisse müssen eingegangen werden, indem man sich nebenbei das Existenzminimum im alten Beruf erarbeiten muß. Trotzdem, es lohnt sich immer, denn je zufriedener man ist, um so weniger braucht man.

Aber wir brauchen das Leben nicht unbedingt völlig neu zu gestalten, auch mit kleinen Dingen können wir den inneren Schöpfer auf Trab halten. Lassen wir unserer Fantasie freien Lauf, z. B. indem wir ein köstliches Essen kochen, einen schönen Blumenstrauß binden, ein Geschenk kunstvoll einpacken, eine Wohnung neu gestalten, im Garten wirken, kranke Menschen pflegen oder unser Talent und unsere Ideen einer sinnvollen Organisation zur Verfügung stellen. Wir können neue Ideen überall einbringen, dabei bleiben wir körperlich und geistig-seelisch gesund und erleben viele glückliche Zeiten.

> *Ziel des Lebens ist Selbstentwicklung.*
> *Das eigene Wesen völlig zur Entfaltung zu bringen,*
> *das ist unsere Bestimmung.*   Oscar Wilde

Meditation: Zukunftsvisionen entwickeln

Alles, was wir brauchen, kann unser innerer Schöpfer für uns erschaffen.
Um glücklich zu sein, benötigen wir Gesundheit an Körper, Geist und Seele
(Gemüt), einen spirituellen Ausblick, ein Plätzchen, wo wir uns wohlfühlen,
eine Tätigkeit, die uns entspricht, und Menschen, die uns wohlgesinnt sind,
die wir lieben und die uns lieben.

Es lohnt sich, sich seiner Wünsche bewußt zu werden und öfters darüber
nachzudenken, was uns unzufrieden macht oder uns sinnlos erscheint. Die
Wünsche sollten schriftlich festgehalten werden; dann werden Prioritäten
gesetzt, Teilziele und Endziele festgelegt und Widersprüchlichkeiten ausge-
merzt. Die Wünsche werden sich in den ersten Wochen öfters ändern. Das
macht aber nichts. Später werden einige wenige Wünsche klar und deutlich
übrig bleiben. Und die inneren Kräfte weisen uns die Wege, die uns zu einem
erfüllten Leben führen.

Die folgende Meditation soll Ihnen aufzeigen, was für Sie persönlich gut
ist. Wir wünschen uns beispielsweise ein Haus, und erst, wenn wir uns längere Zeit vorgestellt haben, wie wir darin wohnen, werden uns die Vor- und
Nachteile bewußt. Es geht also darum, die Wünsche herauszufinden, die Sie
wirklich glücklich machen. Oft wollen wir etwas tun oder haben, das uns
nicht glücklich macht, und über Jahre hinweg sind wir dann unglücklich,
weil wir es haben. Ist das nicht unsinnig?

Wichtig ist, daß Sie die folgende Meditation über eine längere Zeitspanne
hinweg öfters wiederholen: Egal, wie verrückt Ihre Wünsche und Bilder vorerst sind, kosten Sie diese in Ihrer Fantasie voll aus. Ändern Sie dann soviel
ab, bis Ihre Wünsche Ihnen entsprechen, und testen Sie, ob sie auch auf die
Dauer Bestand haben.

*Begeben Sie sich
in den Alphazustand
(siehe Seite 24)*

Stellen Sie sich einen leeren Bil-
derrahmen vor, und projizieren
Sie einen Film hinein, und zwar
Ihren Lebensfilm, in dem Sie
die Hauptrolle spielen ... Sie
sehen sich beispielsweise in einem Heim, das Sie sich wünschen ... Sie führen eine Tätigkeit beruflich oder als Hobby
aus, die sie erfüllt ... Entwickeln Sie dazu das entsprechende Gefühl: Sie sind zufrieden und glücklich, als ob es
schon Wirklichkeit wäre ... Sie *sind*, wie es Ihnen entspricht, Sie *tun*, was Ihnen entspricht, und Sie *haben*, was
Ihnen entspricht ... Genießen Sie diese Vorstellung aus
ganzem Herzen, und zur gegebenen Zeit wird sich Ihr
Leben immer mehr Ihren Vorstellungen entsprechend gestalten.

Übungsreihe zur Belebung des Beckenbodens

Der Yoga lehrt, daß die schöpferische Kraft ihren Ursprung im Beckenboden hat. Sie schenkt dem Menschen Vitalität – und ein vitaler Mensch hat Mut, Lust und Elan, Neues zu beginnen oder Altes neu zu gestalten. Zuerst wollen wir den Beckenboden bewußt wahrnehmen und beleben, und dann schaffen wir die Voraussetzung, daß die Schöpferkraft in uns aufsteigt und uns auf allen Ebenen erfüllt und zur Verfügung stehen.

LOSLASSEN (KUTSCHERHALTUNG)
Einatmend packen Sie etwas, das Sie beschäftigt oder »besetzt«, in eine goldene Schachtel und stellen diese ausatmend in eine kühle Höhle. Mit jedem Atemzug stellen Sie eine neue Schachtel in die Höhle, bis Sie das Gefühl von Entlastung und Freiheit spüren – frei sind von allem, was Sie belastet und/oder Ihnen Sorgen bereitet. Machen Sie dann einige tiefe, befreiende Atemzüge (seufzen tut manchmal ganz gut).

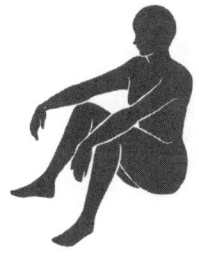

FROSCH
Den Atem im Beckenboden und Afterbereich wahrnehmen.

»Ich glaube an meine schöpferische Kraft und wünsche mir ihre volle Entfaltung.«

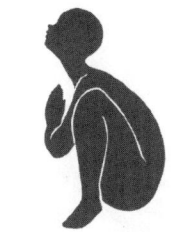

BREI RÜHREN IM HEXENKESSEL
Vor Ihnen steht ein großer Kessel auf einem Feuer. Darin rühren Sie Ihr Zaubersüppchen.

»Das Neue, das ich anpacke, soll mich glücklich machen.«

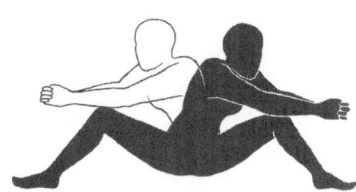

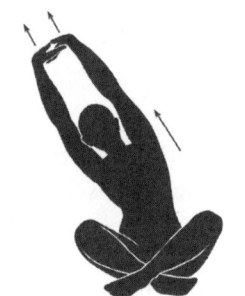

SEITENBEUGE

Den Rücken zunächst gut aufrichten, sich anschließend zur Seite beugen, wieder zur Mitte kommen, sich durch die Mitte nach oben strecken und zur anderen Seite beugen. Die Beinhaltung wechseln und die Beuge auf beiden Seiten wiederholen.

»Aus meiner Mitte schöpfe ich immer wieder von neuem Kraft.«

DREHUNG

Aufrecht sitzen und den Bodenkontakt mit beiden Sitzhöckern erspüren. Drücken Sie mit der Hand kräftig gegen das gebeugte Knie, und drehen Sie sich noch etwas weiter (15 Atemzüge lang so bleiben). Die Beinstellung wechseln und mit der anderen Seite üben.

»Ich bin bereit, die Geschenke des Lebens zu empfangen und verschenke sie reichlich weiter.«

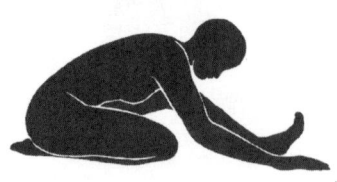

VORBEUGE MIT FUSS UNTER DEM GESÄSS

Ausatmend beugen Sie sich über das lange Bein, und einatmend kommen Sie wieder hoch. 6 x wiederholen, Beinstellung wechseln und nochmals 6 x im Atemrhythmus wiederholen.

»Ich verlange mir etwas ab und lasse den Rest geschehen.«

SCHILDKRÖTE

Sie schieben zuerst beide Hände unter das Gesäß und ziehen so die Pobacken nach hinten. Nun können Sie sich besser nach vorn beugen. Einige Atemzüge in der Vorbeuge bleiben. Nun einatmend den After kräftig zusammenziehen und ausatmend wieder jede Spannung auflösen. Wiederholen Sie dies mehrmals.

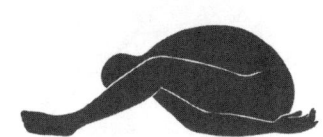

»Ich bin voller Dankbarkeit für mein reiches Leben.«

BALANCE-SITZ

Verlagern Sie ganz locker (mit kleinen Schaukelbewegungen) das Gewicht von einem auf den anderen Sitzhöcker.

»Ich wünsche mir Mut, Elan und Lust, um Neues zu schaffen.«

SCHAUKEL

Beim Ausatmen lassen Sie sich nach hinten sinken. Beim Einatmen kommen Sie wieder zum Sitzen, lassen den Oberkörper nach vorn sinken und bleiben so einige Atemzüge. Mehrmals wiederholen.

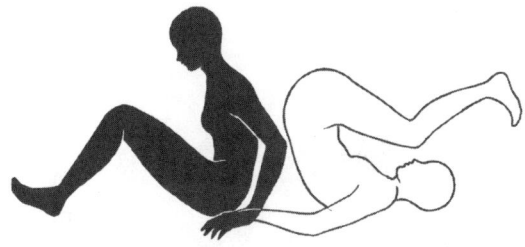

»Ich genieße mein Tun, und ich genieße mein Ruh'n.«

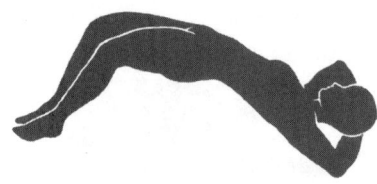

BRÜCKE

Indem Sie die Gesäßmuskeln kräftig anziehen, können Sie das Becken noch weiter nach oben bringen.

Sie ziehen danach die Knie zur Brust, umarmen diese und bleiben einige Atemzüge lang in dieser Ruhehaltung.

»Voller Zuversicht bin ich offen für die guten Kräfte des Kosmos. Sie sollen sich mit meinen inneren Kräften verbinden und durch mich Gutes und Großes schaffen.«

KERZE

Die Knie zuerst gebeugt zur Brust ziehen, dann die Beine in die Senkrechte bringen. Beim Rückweg die gebeugten Knie zur Stirn führen und danach den Rücken sorgfältig auf den Boden legen.

»Meine Tiefe ist immer mit dem Höchsten verbunden.«

RUHELAGE

»Mein innerer Schöpfer soll in mir, für mich und durch mich wirken.«

Laßt euch nie entmutigen,
mit den Sorgen ist es wie mit den Wolken,
sie ziehen vorüber, die Sonne bleibt!

Johann Baptist Jung

Erhalter

Wenn wir in den unendlichen Sternenhimmel schauen und die ziehenden Wolken, das weite Meer mit den leicht schäumenden Wellen betrachten oder die Sandbänke einer Dünenlandschaft, die sich immer wieder neu vom Winde formen lassen, wird uns die immerwährende Bewegung in der Stille und Beständigkeit bewußt. Himmel, Meer und Sandlandschaften verändern sich bei oberflächlicher Betrachtung nicht sehr, und doch sind sie einem stetigen Wandel unterzogen. Keine Wolke, Welle oder Düne wird je zweimal gleich aussehen. Es bleibt also etwas erhalten, indem es sich immer neu gestaltet. Wir erahnen die gewaltige Kraft, die hier am Werk ist. Ihre Wirkung vollzieht sich nicht nur äußerlich, sondern auch im Kleinsten und Verborgensten. Diese Kraft wirkt in kurzen oder langen Zeitintervallen.

Wie schnell oder langsam – je nachdem, wie wir es betrachten – sie das Aussehen der Natur verändern kann, wurde mir auf einer Exkursion in ein Naturreservat bewußt. Hier wurde uns gezeigt, was passiert, wenn ein Gebiet einige Jahre ohne Bearbeitung durch Menschenhand brachliegen würde. Je nach Bodenbeschaffenheit würde alle paar Jahre eine andersartige Flora entstehen. Zuerst siedeln sich die sogenannten Pioniere unter den Pflanzen an. Diese räumen aber das Feld bald den Karst-Strategen, den langsam wachsenden Pflanzen, die wiederum mit der Zeit von Gebüsch und Wald verdrängt werden. Nach 15 Jahren schon können die Bäume über drei Meter hoch sein, und das Landschaftsbild hätte sich schon nach dieser kurzen Zeit total verändert, wenn der Mensch nicht ordnend eingreifen würde.

Auch in der Tierwelt gibt es immerzu große und kleine Veränderungen. Nur die Stärksten überleben, indem sie sich ihrer Umwelt anpassen. In dieser Kraft drückt sich eine ungeheure Beständigkeit, Durchsetzungsfähigkeit, Beharrlichkeit und auch Ruhe aus. Anderseits aber ist es der nie endende Wandel, der die Beständigkeit wahrt.

Was bedeutet diese Kraft nun für den Menschen und sein Leben? Genau wie der Natur schenkt sie auch ihm alle Nuancen der Stabilität. Andererseits müssen wir uns bewußt sein, daß wir und unser Leben einem stetigen Wandel unterworfen sind, auch wenn davon vielleicht äußerlich wenig bemerkbar ist. Oft kann uns ein Gefühl beschleichen, daß in unserem Leben gar nichts passiert – alles scheint zu stagnieren. Und doch – was verändert sich in zehn Jahren in unserem Leben? Was passiert in dieser Zeitspanne mit dem Körper? Was passiert, wenn beispielsweise nach einigen Wochen Liegen im Krankenbett langsam die Heilung eintritt? Wie sehr ändern sich die Interessen, Vorlieben und Abneigungen in all den Jahren? Wie oft verändert sich die Stimmung an einem einzigen Tag? Ein Tag mag uns langweilig erscheinen, aber in unserem Inneren, in Körper, Geist und Seele, ist vieles in Bewegung, vielleicht mehr als uns lieb ist. Wie sehr wir uns z. B. geistig verändern, können wir feststellen, wenn wir ein Buch nach einigen Jahren ein zweites Mal lesen. Was uns damals sehr beeindruckte, läßt uns jetzt mehr oder weniger kalt. Es findet also auch in uns auf jeder Ebene ein stetiger Wandel statt.

Der Schatten des Erhalters

Eine große Disharmonie kann im Menschen ausbrechen, wenn die innere Stabilität und die Dynamik uneins sind. Der Mensch schafft sich Leid, wenn er sich an allem festklammert. Er will alles bewahren. Er hat sich etwas aufgebaut (Beziehung, Familie, Heim, Arbeitsplatz, Geschäft, Fitness, Hobby usw.), und nun will er, daß es so bleibt. Er hält um jeden Preis daran fest, auch wenn es ihn unglücklich macht. Er hält auch an seinen Überzeugungen fest, beispielsweise daß seine Mitmenschen immer gleich bleiben müßten. Er zwingt sie unbewußt sogar dazu, so zu bleiben, auch dann, wenn dies ein Verhalten ist, das er bekämpft. Ein Festhalten an Erinnerungen, an die schlechten wie auch an die guten, hat ebenfalls eine destruktive Wirkung. Die Gegenwart mit all ihren Gelegenheiten und Möglichkeiten wird dadurch oft gar nicht wahrgenommen, der Augenblick, das Hier und Jetzt wird nicht gelebt.

Oder aber die wandelnde und verändernde Kraft verstärkt sich so sehr, daß nicht genug Stabilität vorhanden ist. Von jeder neuen Veränderung erhofft sich der Mensch dann mehr Zufriedenheit und Freude oder wohltuende Ruhe. Aber gerade die Ruhe kann er auf Dauer gar nicht aushalten. Zuviel Veränderung zehrt leider an den natürlichen Kraftreserven des Menschen. Diese Schwäche greift das Nervensystem an und schafft innere Unruhe, welche ihrerseits nach noch mehr Unruhe lechzt. Wenn Sie Menschen fragen, die jedes Wochenende mit diversen Aktivitäten ausgebucht sind, was sie sich am meisten wünschen, werden Sie nur das eine zu hören bekommen: »Ich sehne mich nach einigen ruhigen Tagen.« Aber sie kommen nicht dazu – außer wenn der Körper sie durch eine Krankheit zur Ruhe zwingt. Auferzwungene Zeiten der Ruhe können für sie eine Tortur sein, sie fühlen sich wie überdrehte Schrauben, die dann leer auslaufen. So kann sich bei fehlender innerer Zentriertheit eine Beziehungslosigkeit und Unstetigkeit heranbilden, die sich möglicherweise bis zum Vagabundendasein entwickelt.

Geduld bedeutet, sich dem Zeitmaß des Lebens anzupassen, Veränderungen geschehen zu lassen, die *in uns* stattfinden. Denken wir dabei etwa an Heilungsprozesse, die ihre bestimmte Zeit brauchen; wir tun gut, wenn wir sie akzeptieren und nicht künstlich verkürzen. Auch mir fehlt oft die Geduld, und das macht mir das Leben schwer. Wird mir dies bewußt, gelingt es mir, geduldig zu werden, alles wird leichter, vieles geht wie von selbst, vieles ergibt sich von selbst. »Es bedarf großer Geduld, sie zu erlernen«, sagt Curt Goetz so treffend. »Wartenkönnen ist die Kunst, dem Leben Zeit zu lassen«, meint Irmgard Erath.

Der Erhalter – unser Helfer

Wie Sie sehen, hat auch der Erhalter wie alle Archetypen zwei Gesichter, die Stabilität und die Dynamik. Bei oberflächlicher Betrachtung widersprechen sie sich, in der Tiefe jedoch verbinden sie sich. Das eine kann nur durch das andere bestehen. Wie können wir uns der Unterstützung des Erhalters sicher sein? Zuerst sollten wir ihm die Kraft zugestehen, die ihm innewohnt. Glauben wir also an die Stabilität – diese gewaltige Kraft, die uns aufrechterhält, die uns etwas durchhalten und aushalten läßt! Wir können von Zeit zu Zeit innehalten und unsere Haltung überprüfen. Wenn uns eine schwere Zeit bevorsteht – sei es, daß Gesundheit, Arbeitsüberlastung, Verpflichtungen oder die Sorge um einen Mitmenschen viel von uns verlangen – können wir uns vornehmen, wenigstens den heutigen Tag gut über die Runde zu bringen. Oder noch besser: Wir können ihn *trotzdem* so schön wie möglich gestalten. Achten wir dabei auf unsere Gedanken. Lassen wir keine niederdrückenden und negativen Gedanken zu, sondern denken wir Schönes, Aufrichtendes und Positives. Das schenkt uns körperlich, geistig und seelisch die nötige Kraft. So können wir Tag um Tag wie eine Kette aneinanderreihen. Wir bleiben trotz allem stark und aufrecht und gewinnen dabei sogar noch an zusätzlicher Kraft. Die Zeit geht vorbei – die Kraft des Wandels kommt auf leisen Sohlen.

Probleme oder unerfreuliche Lebenssituationen sollten wir andererseits nicht auf Dauer akzeptieren, sondern immer nach Lösungen suchen, die wir ausprobieren und so lange verändern sollten, bis unsere Lebenssituation wieder erfreulicher ist. Ich wundere mich immer wieder, wie wenig Menschen nach Lösungen suchen. Das Suchen und Ausprobieren von Lösungen kann sogar Spaß machen und verleiht einem ein Gefühl der Beweglichkeit und Lebendigkeit.

Im Yoga oder im Zen ist das Üben des Loslassens von Vergänglichem ein zentrales Anliegen, und glücklich könne nur der werden, der sich so oft wie möglich dem ewig Unvergänglichen zuwendet. Vielleicht mag uns diese Forderung etwas kraß erscheinen, aber wie oft sorgen wir uns wirklich viel zu viel um Dinge, die, wie wir genau wissen, so schnell wieder vorbeigehen, wie sie gekommen sind. Wenn wir achtsam sind, dann merken wir, wie wir uns beständig wandeln. Wir können mit Hilfe unserer Archetypen, der Meditationen und des Betens weitgehend selbst bestimmen, in welche Richtung uns der Wandel führen soll. Er wird uns dann auf immer höhere Ebenen führen, und dabei können wir uns der gütigen Hilfe der göttlichen Kräfte gewiß sein – womit sich auch der Sinn unseres Daseins erfüllt.

Alles, was wir loslassen und der verwandelnden Kraft überlassen, kommt verwandelt auf uns zurück.

Steig in die Tiefe deines Wesens,
damit dein Höchstes sich entfalten kann.

Meditation: Innere Stabilität und innere Beweglichkeit

Die Pflanzen, besonders die Bäume, bringen die beiden Pole, die Festigkeit und die Veränderung, wunderbar zum Ausdruck. Der Wurzelstock, der in die Tiefe greift, symbolisiert die Festigkeit. Er wirkt in der Dunkelheit der Erde und ist dem Auge verborgen. Was über der Erde wächst, verändert im Laufe des Jahres sein Aussehen, indem es sprießt, blüht, Früchte trägt und sich wieder zurückzieht, um neue Kraft zu sammeln.

Lassen wir dieses Naturgesetz doch auch in uns wirken, dann wachsen wir in die Tiefe und in die Höhe, wir wachsen im Verborgenen und bringen die herrlichsten Blüten und köstlichsten Früchte für uns und unsere Umwelt ans Licht. Sich geduldig dem Wandel des Schicksals anzuvertrauen, ist die eine Seite, positive Bilder zu setzen und das Ziel einer erfolgreichen beglückenden Zukunft im Auge zu behalten, das ist die andere Seite. Mit dem Bild des Baumes, den wir uns vorstellen, können wir uns dieser beiden Möglichkeiten bewußt sein, und als Synthese vergessen wir auch nie, uns nach dem Licht (den göttlichen Kräften) auszurichten, genau wie der Baum.

Die folgende Meditation machen Sie am besten in sitzender oder stehender Haltung.

*Begeben Sie sich
in den Alphazustand*
(siehe Seite 24)

Vielleicht gelingt es Ihnen, sich selbst
als Baum vorzustellen. Wenn nicht,
dann stellen Sie Ihren Baum vor sich
hin. Der Baum ist von beachtlicher
Größe, er hat schon viele Jahre die
brennende Sonne, Wind und Wetter
erfolgreich überstanden und sich zu einer imposanten Per-
sönlichkeit entwickelt ...

Ausatmend lenken Sie nun das Bewußtsein in den Wurzelstock und wünschen sich dabei die Kraft der Stabilität
(Festigkeit, Durchhaltekraft, Beharrlichkeit, Durchset-
zungskraft, Geduld) ...

Einatmend lenken Sie das Bewußtsein den Stamm hinauf
in die Krone und wünschen sich dabei die Kraft der Dynamik (Wendigkeit im Geist, Bewegtheit in der Seele und körperliche Beweglichkeit), zudem eine Prise Lust, die Lust zu
Veränderungen ... Sie sehen, wie Ihr Baum Blätter sprießen
läßt und dann in voller Blüte steht. Die Früchte reifen und
können geerntet werden, das Laub färbt sich und fällt
zu Boden, und der Baum stellt sich wieder auf die Ruhe-
pause während der kalten Jahreszeit ein.

Mit jedem Ausatmen lassen Sie die Wurzeln noch tiefer
in die dunkle Erde wachsen, und Sie gönnen sich auch einen Augenblick der Ruhe. Einatmend gehen Sie den Stamm
wieder hinauf, lassen sich von Ihrem Atem immer wieder
von neuem aufrichten und öffnen dem Licht jede Pore ...
Jeder Atemzug ist von neuem ein bedeutendes Geschehen –
das Sie stark und beweglich auf jeder Ebene werden läßt.

Übungsreihe für Bauch und Becken

Der Dünndarm spielt für die Erhaltung des Lebens eine wichtige Rolle, denn von hier gehen die nährenden Bestandteile durch die Darmwand ins Blut. Wir verbessern die Durchblutung des Bauchraumes, lösen Verspannungen und stärken die Bauchmuskulatur.

LOSLASSEN (SCHNEIDERSITZ)

Sie sitzen am Meeresstrand direkt am Wasser. Einatmend lassen Sie eine Welle auf sich zukommen. Beine und Bauch werden sanft umspült. Ausatmend zieht sich die Welle wieder zurück. Ihre Spannungen und Sorgen jeglicher Art übergeben Sie den Wellen, die sie ins Meer hinaustragen und verschwinden lassen.

SCHMETTERLING

Mit den Knien eine ganze Weile locker wippen.

»Jedes Festhalten soll sich lösen, lösen, lösen.«

DREHUNG MIT UMARMTEM KNIE

Ein Bein fest an den Leib drücken und die Wärme erspüren. Einige Atemzüge in der Drehung bleiben, die Haltung verändern und zur anderen Seite drehen.

»Ich bin mir in Liebe zugeneigt.«

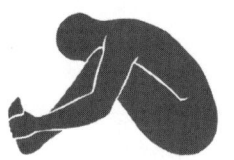

VORBEUGE

Mit jedem Atemzug die Fersen etwas mehr nach vorn schieben und den Oberkörper mitziehen. Dann in der Stellung ausatmend die Bauchdecke anziehen und einatmend wieder loslassen. 20 Atemzüge in der Stellung bleiben.

»Dankbar bin ich für die Ruhezeiten meines Lebens.«

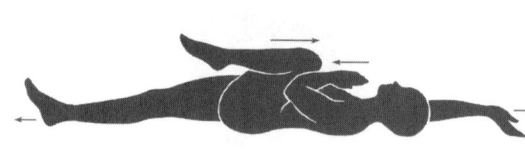

KÖRPERDEHNUNG

Die Ferse des gestreckten Beines und das Handgelenk des gestreckten Arms kräftig wegschieben. Gleichzeitig das gebeugte Knie und Ellenbogen zusammenpressen. Im Wechsel wiederholen Sie dies mehrmals.

»Ich wünsche mir die Kraft der Ausdauer in jeder Lebenssituation.«

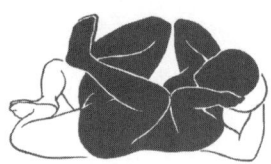

SCHAUKELNDES SCHIFF

Ausatmend beide Knie und Ellbogen zusammenführen und einatmend Ellbogen und Füße zurück zum Boden bringen.

»Geduld ist mein Schlüssel zur Gelassenheit.«

HALBMOND

Nehmen Sie die Rückenlage ein. Die Beine
sind weit gespreizt, und die Arme liegen neben
dem Kopf. Nun das linke Bein an das rechte
legen, den Oberkörper etwas anheben und
nach rechts schieben. Mit der rechten Hand
den linken Arm noch mehr nach rechts ziehen und 20 Atemzüge in der Stellung bleiben,
danach die andere Seite üben. Achten Sie darauf, daß beide Schultern und das ganze Gesäß
flach auf dem Boden liegen bleiben.

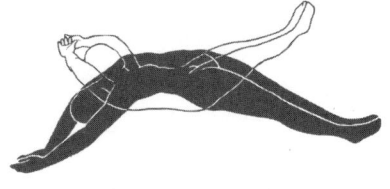

Ziehen Sie danach beide Knie an die Brust und
umfassen Sie diese. Während 10 – 20 Atemzügen auch in dieser Stellung bleiben.

*»Ich lasse es mir wohl sein und genieße das
Leben.«*

KROKODIL I UND II

a) Mit geschlossenen Beinen.
b) Mit gegrätschten Beinen.

   Ausatmend senken Sie die Knie zur Seite,
einatmend stellen Sie die Beine wieder auf.
Mehrmals im Wechsel wiederholen.

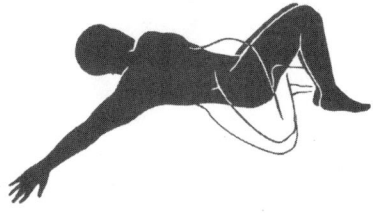

*»Jede Enge in mir löst sich auf – es wird
weit.«*

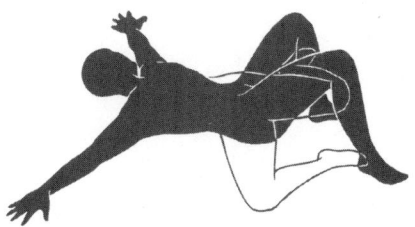

FISCH

Heben Sie den Oberkörper leicht an, als ob Ihnen jemand ein Kissen unter den Rücken schieben wollte, und legen Sie die warmen, energiegeladenen Hände liebevoll auf den Bauch (Hände vorher kräftig aneinander reiben und aufheizen).

Ruhen Sie danach eine kurze Weile mit umarmten Knien an der Brust.

»Ich übergebe mich vertrauensvoll den Wellen des Wandels.«

WINDRAD

Das Gewicht des Beckens an die stützenden Hände abgeben. Mit jedem Atemzug die Stellung der Beine langsam wechseln. Das eine Knie kommt Richtung Stirn, und das andere ebenfalls gebeugte Bein nach hinten führen und locker hängen lassen.

»Der göttliche Wind rückt alles zur rechten Zeit ins rechte Licht.«

RUHELAGE

»Ausatmend tauche ich ein in Ruhe, Stille und Frieden. Einatmend schöpfe ich daraus Kraft für Körper, Geist und Seele.«

... [Ich bin] Ein Teil von jener Kraft,
die stets das Böse will
und stets das Gute schafft.

...

Ich bin der Geist, der stets verneint!
Und das mit Recht; denn alles was entsteht,
ist wert, daß es zugrunde geht ...

Goethe: *Faust*

Zerstörer

Wir wissen, daß die Schöpfung und ihre Expansion nicht endlos weitergehen kann. Aufbau und Abbau müssen im Gleichklang sein. In der Natur folgt jeder Schöpfung die Zerstörung, und jeder Zerstörung folgt neues Werden, neues Leben. Mit dem ewigen Werden geht auch ein ewiges Sterben einher. Jeder Samen muß sterben, wenn sein Keimling die Schale sprengt. Die Pflanzen lassen im Herbst ihr Kraut absterben, um im Frühling wieder frisches sprießen zu lassen. Pflanzen und kleine Tiere sind die Nahrung der größeren, und auch schwache Tiere werden gejagt und gefressen. Wir wissen, daß nur so das ökologische Gleichgewicht erhalten bleibt.

Auch im Körper des Menschen wirkt die zerstörerische Kraft. Stellen Sie sich vor, verbrauchte Zellen würden nicht abgebaut, die Reinigungsprozesse in Leber und Nieren würden nicht mehr stattfinden, oder die eingenommene Nahrung könnte nicht zerstört und zersetzt werden, damit sie vom Körper aufgenommen werden kann. Der Mensch wäre in kürzester Zeit tot.

Auch in unserem Geist wirkt die Kraft des Zerstörers, indem sie unmerklich unser Denken beeinflußt. Der Mensch ändert während des Älterwerdens seine Ansichten, seine Interessen, seine Gewohnheiten. Dies kann er nur, wenn er Altes losläßt, es sterben läßt.

Im Gemüt des Menschen können seelische Schmerzen durch die Kraft des Zerstörers wieder abflauen oder mit der Zeit ganz verschwinden. Vorgestern räumte mein Kater ein Nest mit vier jungen Vögeln aus. Meine Trauer und mein Bedauern waren fast unerträglich. Wenn ich heute daran denke, merke ich, daß der Schmerz schon um einiges erträglicher geworden ist.

Der Schatten des Zerstörers

Die negativen Aspekte dieser Kraft sind jedem vertraut. Der Zerstörer zeigt sich, indem er den Körper »stört«, wenn wir uns unwohl oder krank fühlen; indem er unser Gemüt »stört«, wenn wir deprimiert oder schlecht gelaunt sind; oder unseren Geist »stört«, wenn er Gedanken produziert, die für uns unangenehm oder sogar schädlich sind.

In den letzten Jahren haben Psychologen das Phänomen der Selbstschädigung weitgehend analysiert und die Motive und Strategien untersucht. Fünf wesentliche Punkte wurden ausgearbeitet:

1. Simple Denkfehler und die Illusion »mich wird es schon nicht treffen« können fatale Folgen haben. Es ist erstaunlich, wie leichtsinnig viele mit ihrem Leben, mit ihrer Gesundheit oder ihrem Hab und Gut umgehen.
2. Die Angst vor dem Erfolg kann sich zerstörerisch auswirken. Damit ist nicht nur das lästige Lampenfieber gemeint, sondern auch Äußerungen, die ein gutes Image, das während Jahren aufgebaut wurde, wieder zerstören. (Die Angst vor Mißerfolg ist eine andere Sache.)
3. Auch das Gute am Schlechten zu genießen, z. B. das »Aushalten« an einem ungeeigneten Arbeitsplatz oder in einer unglücklichen Beziehung, kann einer Selbstzerstörung auf Raten gleichkommen.
4. Die Einstellung, das Gesicht um jeden Preis zu wahren, ist gleichfalls zerstörerisch.
5. Rache, Groll und Haß sind Gefühle, die sich selbstzerstörerisch auswirken.

Es lohnt sich, über die einzelnen Punkte länger nachzudenken, denn unser Zerstörer wirkt in uns, ob uns das paßt oder nicht. Oft sind wir uns leider seines Wirkens gar nicht bewußt. Je besser wir aber seinen Strategien auf die Schliche kommen, um so besser können wir ihm entgegenwirken.

Auch dem Perfektionisten kann er übel mitspielen, indem er ihn verleitet, an einem Werk immer wieder Änderungen vorzunehmen, bis es zerstört ist. Auch die Kritiksucht oder die Sucht, alles zu analysieren, wirkt wie ein Bumerang und zerstört die eigenen Werke. Interessant zu beobachten ist, daß Menschen, die alles kritisieren oder in allem das Negative suchen, selbst durch Ängste blockiert sind, etwas Neues zu schaffen. Ebenfalls zu beachten ist, daß gerade diese Menschen tatsächlich mehr kritisiert werden als andere.

Viele ärgern sich maßlos über den Vandalismus der heutigen Jugend, den es aber zu allen Zeiten gab. Er ist sicher auch ein alarmierendes Zeichen, daß das Bewahrenwollen von Altem, das Enge und Stagnation bedeutet und somit der Zerstörerkraft zu wenig Raum läßt. Wo alles verplant und verbaut ist, kann nichts Neues mehr entstehen, und der ewige Kreislauf des Werdens und Sterbens ist blockiert. Aber die universellen Kräfte können nicht blockiert werden; schon bei Goethe heißt es: »... und bist du nicht willig, so brauch ich Gewalt.«

Jede Art von Drogenkonsum wirkt selbstzerstörerisch; aber auch die versteckten Attacken, mit denen sich der Mensch selbst angreift, sind nicht zu unterschätzen.

Die Transformation der Zerstörerkraft

Wie kann der Zerstörer im positiven Sinn in unser Leben integriert werden? Machen wir uns zuerst bewußt, was passiert, wenn er am Werk ist. Etwas, das seine Gültigkeit verloren hat, löst sich auf und wird für unsere Wahrnehmungen unsichtbar. Es wechselt aus unserer sichtbaren Welt in die für uns unsichtbare Welt. Zur gegebenen Zeit kommt es in entsprechender Form wieder zu uns zurück. Es kommt wieder zum Vorschein. Wenn wir dieses Gesetz beispielsweise auf unser Hab und Gut anwenden, bedeutet das: Wenn wir Verbrauchtes weitergeben, kann wieder Neues in unser Leben treten.

Wenn ich an die vielen positiven Folgen denke, die das Verschenken nach sich zieht, dann komme ich ins Schwärmen. Will ich mir einen interessanten Samstagvormittag gestalten, oder bin ich etwas deprimiert und müde, dann packe ich einige alte Sachen zusammen und pilgere damit zur Sperrgutsammelstelle (Nippsachen, Geschirr, Möbel, Haushaltsgeräte usw.) der Gemeinde. Kaum bin ich da, wird mir dankbar die Hand geschüttelt, weil ich doch genau das brachte, was sich jemand so sehr wünschte. Ich finde meinerseits sicher ein Buch, ohne das ich nicht mehr leben kann und will. Häufig kommen hier auch interessante Diskussionen über Gott und die Welt zustande. Da weht auch ein Wind der großen weiten Welt, denn Menschen vieler Nationen sind vertreten. Man spricht mit Händen und Füßen und versteht einander wunderbar. Wenn in Ihrem Ort noch keine Sperrmüllsammelstelle besteht, gründen Sie eine, und Ihre letzten langweiligen Tage sind gezählt.

Bezüglich unseres Körpers fällt sicher jede Entschlackungskur in den Bereich des Zerstörers, denn diese bringt Ablagerungen jeder Art im Körper zum Schwinden. Was sich da in den Därmen, Nieren und Gefäßen, in Leber und Blase mit der Zeit alles ansammelt! Interessanterweise stellen viele nach einer gelungenen Fastenkur fest, daß sie nun wieder vermehrt Lust verspüren, Neues zu beginnen.

Wesentlich für uns sind auch all die verstaubten und überholten Ansichten und Gewohnheiten, die wir der Zerstörerkraft zum Fraße vorwerfen können. Warum nicht versuchen, Vorurteile gegen Menschen fallenzulassen und ihnen neu zu begegnen? Ein Versuch lohnt sich immer, was nicht heißt, daß wir darum jede Vorsicht außer acht lassen sollen. Den Versuch, alten Groll oder sogar Haß Menschen gegenüber, die sich gegen uns schändlich benommen haben, aufzugeben und zu begraben, mag sehr schmerzen. Die Vergebungsarbeit kann ich Ihnen jedoch nicht genug ans Herz legen, und ich weiß, es ist das Schwerste, was wir uns selbst abverlangen können. Selbst wenn Ihnen das nur teilweise glückt, werden in Zukunft Wunder in Ihrem Leben geschehen. Lassen Sie alle Menschen, mit denen Sie durch belastende Gefühle verbunden sind, innerlich los, überlassen Sie diese dem göttlichen Strom der Liebe. Es werden neue Menschen in Ihr Leben treten, die Sie für jedes vergangene Unrecht, das Sie vergeben konnten, mehrfach entschädigen. Da spreche ich aus Erfahrung.

Auch mit jeglicher Art von Schuldgefühlen können wir aufräumen. Was geschehen ist, ist geschehen – jetzt und in der Zukunft können wir es besser machen. Nutzen wir fortan jede bietende Gelegenheit, uns und anderen zu vergeben.

So kann uns der Zerstörer wirklich von vielem erlösen, und wir bauen uns den Weg in eine freudvolle und erfüllte Zukunft. Nur ein Gefäß, das leer ist, kann sich wieder neu füllen, so wie nur eine Pflanze, die ihre verbrauchten Blätter und ihre reifen Früchte und Samen fallenläßt, wieder neu in ihrer vollen Pracht erblühen kann.

Wohin können wir denn sterben,
wenn nicht in immer höheres, größeres Leben hinein.
Christian Morgenstern

Meditation: Ruinen, Zeugen des Lebens und des Sterbens

Denken Sie einmal darüber nach, warum Ruinen viele Menschen faszinieren. Oft sind es nur einige nichtssagende Steine, die notdürftig aufeinandergeschichtet daliegen. Unsere Fantasie aber wird angeregt, und innere Bilder über die Vergangenheit und ihre Pracht, ihr Leid und ihre Geheimnisse entstehen. Freude, süße Melancholie oder ein leiser Schauder werden in uns lebendig und faszinieren uns. Wo sind wohl die Geister der damaligen Menschen geblieben?

Niemand wird sich seiner Lebendigkeit so sehr bewußt, als wenn er mit dem Sterben, das jede Ruine in sich trägt, konfrontiert wird. Jede Ruine bedeutet andererseits auch Aufbau und birgt die neue Größe und Pracht schon in sich. Wenn wir uns bewußt sind, daß jede Zerstörung, jedes Ende, den Samen des Neuen in sich trägt, können wir Ängste, Trauer oder Mutlosigkeit bannen. Wir können »geschehen lassen, zulassen, loslassen«. Die Ruine ist ein Symbol dieser Weisheit.

Wir wollen sie in der folgenden Meditation näher ergründen. Mit einigen gezielten Fragen nach der Meditation können wir noch mehr Aufschluß erhalten über unser Verhältnis zur Zerstörerkraft.

*Begeben Sie sich
in den Alphazustand*
(siehe Seite 24)

Lassen Sie nun das Bild
einer Ruine entstehen,
und beobachten Sie diese
einige Minuten ... Lassen
Sie dabei Ihre Gedanken und Gefühle kommen und gehen ...
Lenken Sie nun Ihre Aufmerksamkeit auf Ihren Atem ...
Lassen Sie die Stille zu ...

Nun stellen Sie sich folgende Fragen:
1. Es hat etwas mit meinem Innenleben zu tun, daß meine
   Ruine so und nicht anders ausgesehen hat. Was könnte
   das sein?
2. Welche Gedanken und Gefühle kamen mir in bezug auf
   die Vergangenheit der Ruine? Dachte ich an Leid oder
   Prunk? Wie kann ich dies mit meiner eigenen Vergangenheit in Verbindung bringen?
3. Dachte ich an die Zukunft, an die mögliche Zukunft der
   Ruine? Falls Sie die Zukunft außer acht ließen, malen
   Sie sich eine Zukunft für Ihre Ruine aus, und bringen Sie
   diese Vorstellungen mit Ihrer eigenen Zukunft in Verbindung.
4. Welche Botschaft wollte mir mein inneres Bild offenbaren?

Übungsreihe zur Aktivierung der Verdauung

Das Feuer hat die Kraft der Zerstörung in sich, so auch das Verdauungsfeuer, von dem die Yogis oft sprechen. Im Magen werden die Speisen zersetzt, zerstört und für die Aufnahme im Körper vorbereitet. Leider können sich Verspannungen auch in der Körpermitte festsetzen, welche die Tätigkeit des Magens (es wird zu viel oder zu wenig Magensaft produziert), des Zwölffingerdarms, der Leber oder Bauchspeicheldrüse beeinträchtigen. Bei den folgenden Übungen wird die Körpermitte gepreßt, gedehnt, massiert und somit entspannt, belebt und gut durchblutet.

LOSLASSEN (DIAMANTSITZ)
Sie visualisieren ein Feuer, in das Sie alles werfen, was Sie loswerden möchten. Stellen Sie sich jegliche Verspannungen, jedes Unwohlsein und jede Schwäche als Holzkohle vor, die Sie ebenfalls ins Feuer werfen.

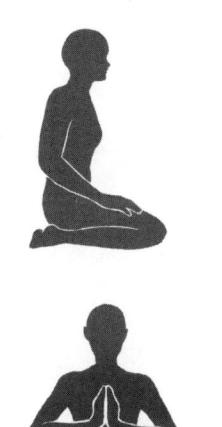

ZEHENBALANCE
Spüren Sie in den Magenbereich hinein.

»All meine inneren Organe leisten ihr Bestes.«

DEN KÖRPER LOCKERN MIT DER KATZENSTRECKÜBUNG
Vierfüßlerstand einnehmen. Einatmend den Kopf, das rechte Bein und den linken Arm heben. Ausatmend den Kopf senken, das rechte Knie zur Stirn führen, und die linke Hand zurück auf den Boden stellen. Mehrmals im Wechsel wiederholen.

»Alle unnötigen Spannungen in Körper, Geist und Seele sollen sich lösen.«

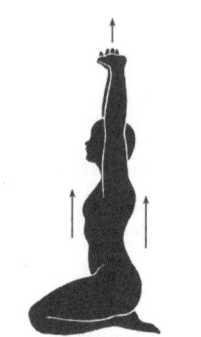

KÖRPERMITTE DEHNEN

Sie erspüren den Atem in Ihrer Körpermitte, und mit jedem Einatmen strecken und dehnen Sie sich kräftig nach oben.

»Dunkles in Gemüt und Geist löst sich auf und macht dem Licht Platz, das mich und mein Leben erhellt und erfüllt.«

BAUCHEINZIEHEN IM VIERFÜSSLER-STAND

Einatmend den Kopf heben. Ausatmend den Kopf wieder senken und die Bauchdecke kräftig nach innen ziehen. Einige Atemzüge lang die Spannung halten und wieder loslassen. Den Kopf einatmend wieder heben usw. Mehrmals wiederholen. Ruhen Sie danach einige Atemzüge in der Bauchlage.

»Ich entwickle die nötige Kraft, um die Erfahrungen des Lebens zu verdauen.«

SEITENBEUGE IM ORIENTSITZ

Sie beugen sich einatmend zur rechten Seite, kommen ausatmend wieder zur Mitte und beugen sich einatmend zur linken Seite. Einatmend wieder in die Mitte finden, die Beinstellung wechseln und die Seitenbeugen nochmals wiederholen.

»Ich beuge und öffne mich der Zerstörerkraft, auf daß sich wieder Neues entwickeln kann.«

Vorbeuge

Ruhen Sie sich aus, indem Sie sich über das gebeugte Bein, dessen Fuß am Schambein ist, beugen.

»Ich lasse alles Gute in mir geschehen.«

Drehung aus dem Orientsitz

Auch hier drehen Sie sich nach beiden Seiten, wechseln die Beinstellung und drehen sich nochmals auf beide Seiten.

Nach jeder Drehung ruhen Sie wieder, indem Sie den Oberkörper auf das gebeugte Bein legen.

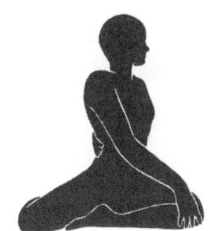

»Verbrauchtes und Ausgedientes soll mir bewußt werden, damit ich es loslassen kann.«

Dynamisches Beckenheben

Einatmend das Becken heben und die Körpermitte so weit wie möglich anheben. Der Kopf bleibt immer oben. Ausatmend das Becken wieder senken. Wiederholen Sie dies mehrmals.

»Ich lasse jedes Zuviel und jedes Zuwenig in mir los.«

Gerolltes Blatt
(Fäuste am Bauch)

Erspüren Sie den Atem im Magenbereich.

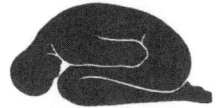

»Dankbar lasse ich meine Lebenskräfte in mir wirken.«

HALBER KOPFSTAND
Einige Atemzüge halten Sie die Stellung und
richten die Aufmerksamkeit auf den Kopfbe-
reich.

*»Ich tauche ein in die tiefsten Geheimnisse
meines Lebens.«*

RUHELAGE

*»Mit jedem Atemzug lasse ich mich tiefer
und tiefer in mein Innerstes sinken – wo ich
meinen weisen mich liebenden Kräften begegne.«*

Leute, die niemals Zeit haben,
tun am wenigsten
und sind doch immer müde.
Unbekannt

Treiber und Hemmer

Wir können uns diese beiden Kräfte wie Gold auf den zwei Schalen einer Waage vorstellen. Je gleichmäßiger wir das Gold auf die Schalen verteilen, umso harmonischer und glücklicher verläuft unser Leben. Der innere Treiber spornt uns zu Aktivitäten an, und der Hemmer bringt oder zwingt uns zur nötigen Ruhe. Tun und Ruhn sollten im Gleichgewicht sein. Diese beiden Kräfte sind sehr wichtig, denn würden nur Schöpfer, Erhalter und Zerstörer in uns und in der Welt wirken, wäre keine Evolution im Gange. Statt spiralförmig aufwärts zu steigen, würde sich alles im Kreise drehen. Genau genommen gäbe es dann diesen Kreis gar nicht, es gäbe gar nichts.

Obwohl ich durch die Yoga-Lehre um diese Kräfte wußte und mir klar war, wie oft sie mein Leben ungünstig beeinflußten, bin ich ihnen erst wirklich »begegnet«, als ich das Buch von Niro M. Asistent *Das heilende Ja. Die Geschichte meiner AIDS-Heilung* las. Die Autorin zeigt auf, wie sie selbst dem inneren Treiber verfallen war und sich von ihrer Umwelt zu sehr antreiben ließ, wie dann ihr Körper die Selbstheilungskräfte mobilisierte, aber erst, als Treiber und Hemmer im Gleichgewicht waren.

Treiber und Hemmer kann man auch in Bezug bringen zu den Hirnwellenfrequenzen, auf die ich bereits im Kapitel über die Meditation näher eingegangen bin. Die Unruhe, die immer mit der antreibenden Kraft verbunden ist, läßt den Pegel der Hirnwellenfrequenzen ansteigen und raubt dem Menschen viel Energie, bis er in das andere Extrem umschwenkt. Er fällt in tiefsten Schlaf, der aber, wie heute erwiesen ist, nicht die optimale Erholung bringt.

Wenn Treiber und Hemmer optimal zusammenwirken, dann sind wir innerlich und äußerlich, in all unserem Tun und Lassen ruhig und ausgeglichen. Dadurch können wir während längerer Zeit große Leistungen erbringen.

Der Schatten von Treiber und Hemmer

Wie oft treiben wir uns unnötig an oder lassen uns antreiben. Oder wir treiben uns unnötig herum oder lassen uns treiben. Wir fühlen uns getrieben und sind ruhelos. Gleichzeitig fühlen wir uns gehemmt, etwas Konkretes anzufangen oder eine begonnene Sache weiter zu verfolgen und zu beenden. Wir tun Vieles und doch nicht das, was im Augenblick wesentlich für uns wäre. Besonders vor Prüfungen oder wichtigen Geschäftsabschlüssen kennt fast jeder dieses Gefühl des Getrieben- und gleichzeitig Gehemmtseins.

Wir sind gottlob nicht immer in solchen Extremsituationen, aber dennoch können diese beiden Kräfte uns das Leben schwermachen. Der Treiber in uns kann so übermächtig werden, daß wir zu seinem Sklaven werden. Viele von uns sind sieben Tage in der Woche aktiv und hetzen im Beruf oder in der Freizeit von einer Verpflichtung zur anderen. Von Montagmorgen bis Sonntagabend ist jede Stunde verplant. Zu viele Projekte werden zur gleichen Zeit in Angriff genommen, allen will man es recht machen, man besucht sämtliche Veranstaltungen, die man besucht haben »sollte«, bereist die ganze Welt, belegt Weiterbildungskurse, veranstaltet Partys. (Dagegen ist sicher nichts einzuwenden, außer, daß oft zu viel zur gleichen Zeit stattfindet.) Bei näherem Hinschauen stellt man fest, daß das Resultat all der Tätigkeiten recht erbärmlich aussieht, denn Wesentliches wird oft aufgeschoben und kommt zu kurz.

Der Hemmer ist es, der blockiert oder wenn nötig sogar sabotiert. In verdrängter Form macht er sich bemerkbar und sorgt für Ausgleich, z. B. wenn man zur Ruhe gezwungen wird, weil der Körper nicht mehr mitspielt. Menschen, die den Hemmer erfolgreich unterdrücken, werden von der Gesellschaft sehr geschätzt und bewundert – aber sie werden dabei oft nicht alt. In solch turbulenten Zeiten war ich selten zufrieden und schon gar nicht glücklich.

Wie diese beiden Kräfte unser äußeres Leben, so können sie auch unser Innenleben beeinflussen, was sich wiederum auf unser Außenleben auswirkt. Der Treiber kann unsere Gefühle und Gedanken aufpeitschen. Innerlich sind wir überaktiv, äußerlich aber gehemmt und zu keiner Konzentration oder Leistung fähig. Es lohnt sich nachzudenken, wie man sein Leben planen könnte, daß Treiber und Hemmer im Gleichgewicht sind.

Gleichgewicht von Treiber und Hemmer

Bevor wir nun den Ausgleich von Treiber und Hemmer anstreben, kann es gut sein, einige Tage in aller Ruhe darüber nachzudenken und zu beobachten, wie Treiber und Hemmer in uns wirken. Lassen Sie sich dabei viel Zeit. Finden Sie zuerst einmal all die guten Seiten beider Kräfte.

Damit die aktiven Zeiten und die Ruhephasen sinnvoll aufeinander abgestimmt sind, kann ein Zeitplan, der immer neu den Umständen angepaßt wird, von Vorteil sein. Darin werden auch die Ruhezeiten vermerkt. So sieht der Terminkalender auf den ersten Blick voll aus und verleitet nicht dazu, Mußestunden weiteren Verpflichtungen zu opfern. Aber es gibt noch andere Tricks, wie man dem Treiber beikommt. Suchen Sie diese!

Auch der Hemmer hat seine Tücken. So hatte ich früher immer viel Mühe, Unangenehmes in Angriff zu nehmen. Heute verwende ich eine Stoppuhr, um einige Minuten bei einer unangenehmen Tätigkeit ausharren zu können. Ist der Start gelungen, dann geht es gewöhnlich wie von selbst, und es macht sogar Spaß. Weiter locke ich mich mit Belohnungen: Wenn ich die Arbeit beendet habe, gönne ich mir beispielsweise einige Minuten wunderschöne Musik, eine interessante Lektüre, einen Spaziergang, eine Kaffeepause, eine Meditation, Gartenarbeit, mit der Katze schmusen, ein gutes Gespräch mit einer Freundin. Eigenartigerweise habe ich nun »viel mehr Zeit« als früher.

Auch das Wörtchen »sofort« hat mich von planlosem Getriebenwerden erlöst. Anlaufende Büro- und Hausarbeiten werden schriftlich aufgelistet und grundsätzlich innerhalb einer Woche erledigt.

Hilfreich sind auch Meditationstechniken, in denen die Gedankenkonzentration geübt wird. Dabei lernt man, die Gedanken für einige Minuten auf den Atem zu richten und dort zu halten. Wenn andere Gedanken aufsteigen, schaut man diese in Ruhe an, läßt sie wieder los und richtet seine Aufmerksamkeit von neuem auf den Atem. Man lernt somit wiederkehrende Gedankenmuster kennen und die Gedanken beherrschen, statt sich von ihnen beherrschen zu lassen.

Mit etwas Übung können wir immer besser bestimmen, wieviel wir uns zumuten wollen, was unsere Lebensqualität hebt, und wir durchschauen Hemmungen, die uns unnötig lähmen und blockieren.

Wohin mein Weg mich führen mag,
der Himmel ist mein Dach,
die Sonne kommt mit jedem Tag,
die Sterne halten wach.

Joseph von Eichendorff

Meditation: Den Lebensberg besteigen

Unser Leben können wir uns als Bergwanderung vorstellen. Schauen Sie sich einmal eine Bergkette an. Jeder Berg hat sein eigenes Aussehen, seinen eigenen Charakter. Es gibt keine guten oder schlechten Berge, wohl aber solche, die steil und felsig, oder andere, die sanft gewellt und voller Grün sind. Unser Berg, unser Leben, stellt für uns auf alle Fälle eine Herausforderung dar, die es zu meistern gilt. Viele Lebensschulen behaupten, daß jeder genug Kraft in sich habe, seine Lebensaufgaben zu bewältigen, und daß Hilfe da sei, wenn man es wünsche und zulasse, daß einem geholfen werde.

Den Berg können wir nicht auswählen oder ändern, wir können uns aber den besten Weg zum Gipfel suchen. Ich bin schon auf ganz furchterregende Berge gestiegen, aber auf Wegen, die bei näherer Betrachtung ganz lieblich und bequem waren, die Menschen vor mir gesucht und ausgebaut haben. Suchen wir also für unser Leben den schönsten und besten Weg. Treiber und Hemmer bestimmen nun, in welchem Tempo und Rhythmus wir wandern. Ob wir gehetzt wie aufgescheuchte Hühner den Berg hinaufjagen oder die Bergwanderung zu einem wunderbaren und besonderen Erlebnis machen, hängt ganz von uns selbst ab. Am Wegesrand gibt es vieles zu sehen, zu hören, zu fühlen und zu riechen: Steine, Blumen, Tiere, ein Bächlein, duftende Kräuter und reine Luft – ganz zu schweigen von der immer wieder »neuen« Aussicht.

Wie jede Bergwanderung, kann Ihnen auch diese Meditation zur Erholung dienen. Die Vorstellung des rhythmischen Gehens wirkt wie beim Laufen ausgleichend auf all unsere inneren Kräfte (Hirnwellen) und läßt sie zusammenwirken, nicht nur jetzt, sondern auch im Alltag.

Begeben Sie sich
in den Alphazustand
(siehe Seite 24)

Lassen Sie nun ein Bild von
Ihrem Berg entstehen. Lassen
Sie Form, Farbe, Licht- und
Schattenseiten des Berges, den
Himmel, die Sonne, die Erde,
auf sich wirken ... Beginnen Sie Ihre Bergwanderung ...
Visualisieren Sie einen Weg, der wohl etwas von Ihnen fordert, der aber trotzdem schön ist, weil Sie Ihr Marschtempo
und Ihren Rhythmus ganz dem Weg anpassen. Sie lassen
sich Zeit zum Ausruhen ... Lassen Sie es sich wohl sein,
kosten Sie alles Schöne aus, und gehen Sie immer wieder
ein Stücklein weiter – dem Ziel entgegen. Lassen Sie die
herrliche Aussicht auf sich wirken, den Blick ins Tal und
den Weg, woher Sie kamen ... den Blick in die Wolken, den
Himmel, die Sonne ... die Sonne, das Symbol des Göttlichen ... Im Gespräch und/oder in der Stille genießen Sie
noch einige Minuten der Verbundenheit mit dem Göttlichen.

Übungsreihe, um frisch und munter zu werden

Fühlen Sie sich morgens noch schlapp und schläfrig, hat der Hemmer noch nicht das Feld geräumt, dann atmen Sie mehrmals bei offenem Fenster durch die Nase tief ein. Sie halten die Luft einen Augenblick an und atmen wieder langsam aus. Schon nach einigen Atemzügen fühlen Sie sich frischer. Durch die verbesserte Einatmung und die Pause in der Atemfülle kommt mehr Sauerstoff ins Blut, der Sympathikus-Nerv wird angeregt, und muntermachende Hormone werden ausgeschüttet.

ELEFANTENGANG (AUFWÄRMEN)
Machen Sie möglichst große Schritte, und marschieren Sie ganz gemächlich. Füße und Hände setzen Sie bewußt und schwer auf den Boden auf.

»Ich wünsche mir die ruhevolle Kraft des Elefanten.«

HOLZ HACKEN
Einatmend werfen Sie mit Schwung die Arme nach oben (keine Rückbeuge im Kreuz!), ausatmend beugen Sie sich nach vorn über die gebeugten Knie und atmen durch den Mund mit einem lauten »ha« kräftig aus. Mehrmals wiederholen. Werfen Sie dabei alles Schwere, Hemmende und jede Schwäche ab.

BRUSTKORBÖFFNENDE ÜBUNG I

Sie strecken sich kräftig aus Becken, Taille, Brustkorb und Schultern nach oben. Die Arme sind wenn möglich hinter den Ohren. Nun versuchen Sie den Gurt auseinanderzuziehen. Halten Sie 20 Atemzüge lang die Stellung.

»Ich atme Kraft ein und lasse mich davon erfüllen.«

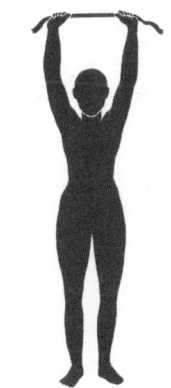

BRUSTKORBÖFFNENDE ÜBUNG II

Einatmend öffnen Sie langsam die Hände und Arme; versuchen Sie, zum Schluß die Schulterblätter zusammenzupressen. Ausatmend lösen Sie jede Spannung in den Armen, schließen die Hände und legen sie auf das Brustbein. Mehrmals im Atemrhythmus wiederholen.

»Ich wünsche mir Frische in Körper, Geist und Seele.«

SEITENBEUGE MIT GURT

Einatmend strecken Sie sich nach oben – Atem anhalten und Oberkörper nach rechts beugen. Ausatmend zur Mitte kommen. Einatmend sich wieder nach oben strecken, den Atem anhalten und nach links beugen. Mehrmals wiederholen.

»Ich öffne beide Seiten dem lebensspendenden Licht ...«

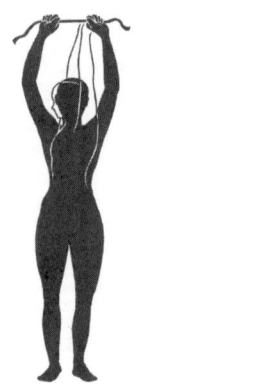

DREHUNG MIT GURT

Einatmend durch die Mitte nach oben dehnen, Atem anhalten und Oberkörper drehen. Ausatmend wieder zur Mitte drehen und jede Spannung lösen. Mit der anderen Seite dasselbe und mehrmals wiederholen.

»... und lasse Licht und Leichtigkeit in mir wirken.«

SEITENDEHNUNG MIT AUFGESTÜTZTEM ARM

Die Fußaußenkante des gestreckten Beines drücken Sie zu Boden und strecken sich kräftig durch die gedehnte Seite. Sie bleiben 15 Atemzüge in der Stellung und üben die andere Seite.

»Mit jedem Atemzug wünsche ich mir noch mehr Elan und Lust, etwas zu leisten.«

HALBMOND

Heißer Tip: Stellen Sie die Hand beim Standfuß 5 cm vor und 30 cm seitlich der Außenkante des kleinen Zehes auf. So stehen Sie stabil und fest und können die Stellung sicher auf beide Seiten während 10 Atemzügen halten.

»Ich kann viel mehr, als ich denke.«

VORBEUGE MIT BRUSTEXPANDER

Zuerst die Arme durchstrecken und die Schulterblätter zusammenpressen, dann den Bauch einziehen, die Knie beugen, sich nach vorn beugen, den Oberkörper auf die Oberschenkel stützen und so lange wie möglich die Stellung halten.

»Ich bin mir selbst die zuverlässigste Stütze.«

BAUCHMUSKULATURSTÄRKENDE ÜBUNG

Ausatmend ein Knie zur Brust ziehen, und einatmend Bein strecken und Fußinnenseite kräftig wegdehnen. Im Wechsel wiederholen.

»Mein Tun und Ruh'n ist in harmonischem Einklang.«

KERZE MIT BALL

Lassen Sie den Ball spielerisch über die Fußsohlen rollen.

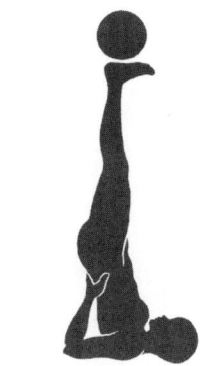

»Das Leben ist wie ein Spiel, ich will es genießen.«

RUHELAGE

»Ich lasse mich erfüllen von ruhevoller Kraft und kraftvoller Ruhe.«

Übungsreihe, um zur Ruhe zu kommen

Fühlen Sie sich unruhig, unkonzentriert, zerfahren, von innen her getrieben, dominiert also Ihr Treiber, dann setzen Sie sich breitbeinig auf einen Stuhl. Die Fußsohlen haben guten Bodenkontakt, die Hände liegen flach auf den Oberschenkeln. Einatmend heben Sie Finger und Zehen einige Millimeter an, und bei verlangsamter Ausatmung legen Sie bewußt und langsam Finger und Zehen wieder auf. Verlängern Sie dabei die Pause nach der Ausatmung. Mehrmals wiederholen. Mit langdauerndem Ausatmen und der Pause vor dem Einatmen stimulieren Sie den Parasympathikus, der Ruhe bringt und somit alle anderen Systeme beeinflußt, die für innere Ruhe zuständig sind.

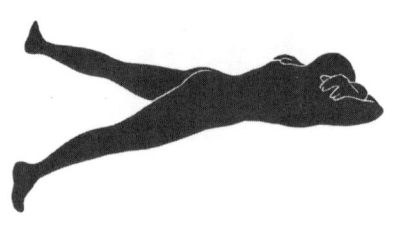

LOSLASSEN (DELPHIN-HALTUNG)
Verlangsamt ausatmen, dabei die Schwere des Körpers an den Boden abgeben und die Fersen-Innenseite etwas zum Boden pressen. Alles, was uns und unser Leben schwermacht, soll in den Boden versickern und wie Kompost zur Grundlage werden für neue Kraft.

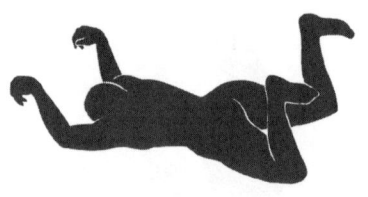

LOCKERUNG DER ARME UND BEINE
a) Fuß- und Handgelenke kreisen lassen
b) Knie- und Ellbogengelenke kreisen lassen

»Jede Unruhe löst sich auf und versickert im Boden.«

KROKODIL MIT ERHOBENEM SCHWANZ – ZWEI VARIANTEN

Ausatmend die geschlossenen Beine zur Seite senken (im Lendenwirbelbereich nachgeben) und einatmend wieder zur Mitte bringen. Mehrmals auf beiden Seiten wiederholen.

Nun die gleiche Übung, aber mit gespreizten Beinen. Spüren Sie den Unterschied der Wirkung!

RÜCKENSTÄRKENDE ÜBUNG

Einatmend Arme und Beine heben und ausatmend senken. Mehrmals wiederholen.

»Jede unnötige Spannung soll sich lösen, in Körper, Geist und Seele.«

BEINFASSEN IN SEITENLAGE

Bleiben Sie mindestens 14 Atemzüge auf jeder Seite liegen.

»Ich lasse alles Hemmende in Körper, Geist und Seele los.«

Drehung aus der Seitenlage

Legen Sie sich auf die rechte Körperseite, ziehen Sie das linke Bein zur Brust; der linke Arm liegt locker auf dem rechten. Nun drehen Sie sich nach links, legen die rechte Hand auf das linke Knie und lassen den linken Arm locker nach links hängen. Sie bleiben 20 Atemzüge in dieser Haltung und üben dann die andere Seite.

»Ich lasse alles Einengende los.«

Kobra mit Handschlaufe

Die Schultern nach hinten nehmen, die Arme kräftig strecken und erst dann den Oberkörper aufrichten. Die Achtsamkeit ist auf das Herz gerichtet.

»Die Kraft der Ruhe soll mein Herz erfüllen.«

Gerolltes Blatt

Die Auflage der Stirn zum Boden wahrnehmen.

»Die Kraft der Ruhe soll meinen Geist erfüllen.«

BOGEN

Die Hände umfassen die Fußgelenke. Um in die Haltung zu kommen, werden die Füße weit nach hinten gestreckt, und der Oberkörper wird somit erhoben. Den Griff loslassen, sobald die Endstellung erreicht ist.

»Ich bewundere meine eigenen Kraftreserven und bin mir dieser immer bewußt.«

KANINCHEN

Das Kinn halten Sie in der Stellung leicht angezogen, und die Schultern lassen Sie locker hängen.

»Ruhig und gelassen soll meine Lebenshaltung sein.«

RUHELAGE

»Ich lasse mich erfüllen von innerer Freiheit, Freude und Frieden.«

Ich habe glückliche Menschen kennengelernt,
die es nur sind, weil sie ganz sind.
Auch der Geringste, wenn er ganz ist,
kann glücklich und in seiner Art vollkommen sein.

Goethe

Innere Ordnung und Harmonie

Die größte Täuschung der Menschheit und insbesondere der Wissenschaft ist, daß sie meint, das Gesetz der Ordnung und Harmonie im Menschen und in der Natur zu kennen – oder noch schlimmer: dieses Gesetz ändern zu können. So wie sich das ganze Gestirn und jedes Atom nach einer bestimmten Ordnung bewegt, so herrscht auch in jeder Lebensform eine Gesetzmäßigkeit und Harmonie, die für die Evolution jeder Spezies nötig ist. Denken wir doch nur an eine unberührte Landschaft oder an den Urwald. Es scheint, als ob hier das größte Chaos herrscht. Bei näherer Betrachtung merkt man aber, daß Pflanzen und Tiere in Harmonie und Ordnung zusammenleben, einander brauchen und einander unterstützen. Da herrscht Einheit in einer unendlichen Vielfalt.

Auch im Menschen herrscht eine ganz bestimmte Ordnung. Zellen, Organe, Verdauungs-, Nerven-, Hormon-, Kreislauf- und Immunsystem arbeiten zusammen. Jede einzelne Zelle im Körper ist wichtig. Jede Krankheit und jede Verletzung rührt von einer Disharmonie im menschlichen Organismus her, und der Körper mobilisiert alle ausgleichenden (heilenden) Kräfte, um das Gleichgewicht (Gesundheit) wiederherzustellen. Wodurch entstehen die meisten Disharmonien im Körper? Oft durch negative, belastende Gedanken und Gefühle. Sie sind die Krieger, und der Körper ist das Schlachtfeld, auf dem die Kriege ausgetragen werden.

Das Gesetz der Ordnung herrscht also auch in Geist und Gemüt. Was wir denken, ist oft »nicht in Ordnung«. Aber wie gesagt, diese Kraft sucht überall immer wieder Ordnung und Ausgleich zu schaffen. Wie oft sind Menschen, die zu Greueltaten fähig sind, auf der anderen Seite sehr mitfühlend, großzügig und fürsorglich. Es ist die Kraft der inneren Ordnung am Werk, die den Ausgleich schafft.

Eine große Hilfe ist diese Kraft auch in Zeiten der Trauer. Das Vergessenkönnen »bringt etwas wieder in Ordnung«. Wenn der Mensch sein seelisches Gleichgewicht wiedererlangen will, durchläuft er verschiedene Trauerphasen, von denen jede ihre bestimmte Bedeutung und Zeitdauer hat.

Diese Kraft beinhaltet auch die Kunst des Geschehenlassens. Es ist schwer, sich in Zeiten der Krankheit oder der Sorgen dieser Kraft einfach zu übergeben. Äußerlich hat es oft den Anschein, es passiere gar nichts, und doch merkt man nach einer gewissen Zeitspanne die Veränderungen. Jede Heilung – gleich ob körperlich, geistig oder seelisch – braucht ihre Zeit.

Das Geheimnis von Ordnung und Harmonie

Symbolisch gesehen steht diese Kraft für die Mitte, für Gleichgewicht, Gleichheit, Gleichgültigkeit. Hier ist jegliche Polarität aufgehoben. Wie in der Tagesmitte keine Schatten fallen, weil die Sonne direkt von oben scheint, so hat auch diese Kraft keinen Schatten. Nur der Mensch stellt sich oft so hin, daß große Schatten fallen, und dann ist die Wirkung fatal.

Die Kraft von Harmonie und Ordnung wird weltweit falsch verstanden, der Mensch schafft sich seine eigene Ordnung. Denken wir dabei an all die Monokulturen, die industrielle Tierhaltung, die künstliche Lebensverlängerung, die Gentechnologie usw. Diese Machenschaften haben jegliches Leben auf unserem Planeten aus dem Gleichgewicht geworfen, und die Folgen sind gar nicht absehbar.

Nach einer künstlichen Ordnung gestalten Menschen auch ihr Leben, indem sie meinen, alles sei nach ihrem Zeitmaß manipulierbar, sogar ihre Gesundheit. Wer sich unwohl, müde oder traurig fühlt, »tut etwas dagegen«. Er läßt sich die nötigen Medikamente oder Therapien verordnen und unterbricht oder verhindert somit oft den natürlichen Heilungsprozeß. Der Mensch muß lernen zu akzeptieren, daß er von Zeit zu Zeit aus dem körperlichen, geistigen oder seelischen Gleichgewicht geworfen wird, denn nur so kann sich seine Entwicklung vollziehen. Die Reichweite und das Zeitmaß, nach denen sich diese Kraft richtet, gehen über das menschliche Verständnis hinaus.

Oft betrachten es die Menschen sogar als eine persönliche Schande, wenn sie aus dem Gleichgewicht geraten. Sie distanzieren sich davon, indem sie die Schuld den äußeren Umständen oder Mitmenschen zuschieben, und finden Zuflucht in der Gleichgültigkeit. Ein gewisses Maß von Gleichgültigkeit mag gut sein, aber schnell kann sie zu einer Lebenshaltung werden. Diese Haltung verursacht innere Kälte, Unglück und »Unglücklichsein«.

Wenn der Mensch Leid und Schmerz annehmen kann und zu verstehen versucht, kann er sich der Kraft der Ordnung und Harmonie voller Geduld ergeben. So kann diese Kraft nicht, wie die anderen Archetypen, transformiert werden, sondern der Mensch muß sich auf sie einstellen. Ist ihm dies möglich, dann hält sie große Geschenke für ihn bereit. Sicher ist es einfacher, glücklich zu sein, wenn wir gesund sind und keine Sorgen haben. Aber das sind nicht die einzigen Bedingungen, die es dazu braucht. Wahrer Frieden und Freude kommen von innen, während äußere Umstände sekundär sind. Die äußeren Umstände entwickeln sich nach dem inneren Geistes- und Seelenzustand. Dies erlebe ich in meinem Leben ständig. Die Kraft der Harmonie und Ordnung werden wir nie ganz verstehen, aber wir können ihr uns und unser Leben mit all seinen Herausforderungen vertrauensvoll übergeben. Wie sagt doch der Volksmund: »Es kommt schon in Ordnung. – Das ist in Ordnung. – Du bist in Ordnung.«

Lege ein Ohr auf den Erdboden,
dann ist das andere für den Himmel offen.

Aus Afrika

Meditation: Harmonische Ordnung im Seelengarten

Ein Leben in Harmonie und Ordnung zu führen, ist ein Grundbedürfnis des Menschen, das aber, wie wir sehen, oft falsch verstanden wird. Ein Ausdruck dieser falschverstandenen Ordnung sind beispielsweise die vielen gepflegten Gärten und Parks. Auf den ersten Blick ist alles wunderschön, aber bald langweilt man sich in dieser »schönen« Umgebung, wo alles leblos und steril wirkt. »Ein verwilderter Garten ist ein beseelter Garten«, sagte einmal ein großer Musiker. Ein gepflegter Garten macht viel Arbeit. Ein ewiger Kampf gegen Unkraut, Insekten, Schnecken, die üblen Nachbarn und seine frechen Kinder hält den Besitzer auf Trab. Dabei übersieht er, daß er mit den meisten Unkräutern Heilpflanzen auf den Abfall bringt, die Gemüse und Blumen schützen würden, weil sie Nützlinge anziehen, die den Boden fruchtbar erhalten und die ihn selbst von seinen lästigen Körperbeschwerden heilen könnten.

Auch Geist und Seele können mit einem Garten verglichen werden. Wer hochgezüchtet und äußerlich voller Pracht ist, der ist innerlich oft leblos, steril und langweilig. Das Gemüse und die Blumen können mit unseren erfolg- und geldeinbringenden Talenten, »guten« Eigenschaften und Taten verglichen werden. Das Unkraut, das leidige, ist nicht so spektakulär; mit ihm ist kein Staat zu machen. Dies symbolisiert unsere inneren Werte, die im Verborgenen in, für und durch uns wirken.

Bei der folgenden Meditation spielen wir mit dem Gedanken, wie gut es doch ist, daß wir so sind, wie wir sind. Die Elemente Erde (Körper), Wasser (Gefühle, Stimmungen), Luft (Gedanken), Sonne (Geist, das Göttliche), beziehen wir mit ein, um so unseren Seelengarten noch besser zu verstehen.

*Begeben Sie sich
in den Alphazustand*
(siehe Seite 24)

Lassen Sie spontan innere Bilder entstehen über Ihren Seelengarten ... Nun gestalten Sie
den Garten so, daß er Ihnen
Freude macht ... Lassen Sie die
Erde durch Ihre Hände rieseln,
fühlen Sie Tau und Regen, Wind
und die Stille ... Sehen Sie den Garten in verschiedenen
Lichtverhältnissen ... Die Sonne ist immer die gleiche, und
doch wechselt das Licht und läßt den Garten immer wieder
anders erscheinen ... Sich selbst und Ihr Leben sehen Sie
immer wieder in anderem Licht ... Betrachten Sie nun alles
Lebendige, Pflanzen und Tiere, die Ihren Garten bewohnen
und beleben. Betrachten Sie die natürliche Ordnung, die
herrscht und die sich nach jedem Sturm und jeder Jahreszeit wieder neu einstellt ... Es kommt immer wieder alles in
Ordnung.

Gleichgewichtsübungen für innere Ordnung und Harmonie

Alle Muskeln, Bänder und Sehnen werden in den Gleichgewichtsübungen gestärkt und entspannt. Diese Stellungen erzeugen günstige Reflexe im Gehirn, womit auch auf unsere Gedanken und Gefühle ausgleichend eingewirkt wird. Das klare Denken, ein klarer Blick für das Wesentliche, das Ruhen in sich und das Handeln aus der Mitte werden gestärkt. Halten Sie den Blick bei den Gleichgewichtsübungen auf einen ruhenden Punkt fixiert. Fallen Ihnen die Übungen leicht, dann üben Sie mit geschlossenen Augen.

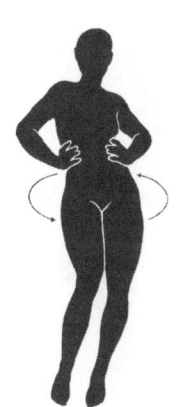

STOFFPUPPENTANZ
Wie eine Stoffpuppe das Gewicht von einer Fußkante auf die andere verlagern. Dann balancieren Sie auf Zehen und Fersen.

»*Mein Körper wird ganz weich und locker.*«

LOCKERUNGSÜBUNG
Einatmend das rechte Knie zur Brust ziehen und den rechten Arm heben. Ausatmend Bein senken und bewußt Zehen, Ballen und den ganzen Fuß aufsetzen. Danach die Hand und den Arm bewußt und locker senken. 6 x rechts und 6 x links.

Wünschen Sie sich bei jedem Ausatmen, daß sich alle Disharmonie in Körper, Geist und Seele auflösen möge.

DREIECK MIT DREHUNG

Große Grätsche einnehmen. Zuerst drehen Sie sich mit ausgebreiteten Armen so weit wie möglich nach rechts, dann erst beugen Sie sich. Die linke Hand faßt nun das rechte Bein, und der rechte Arm wird nach oben gestreckt. 5 Atemzüge lang die Stellung halten. Wieder aufrichten, zur Mitte kommen, zur anderen Seite drehen und beugen. Mehrmals wiederholen.

»Ich vertraue meinen ordnenden Kräften.«

FEIGENBAUM

Legen Sie bitte Ihre ganze Sehnsucht in diese Stellung.

»Jedes meiner Atome ist in Ordnung.«

EICHE

Bleiben Sie auf jedem Bein 15 Atemzüge in der Stellung.

»Ich ruhe in meiner Mitte.«

VORBEUGE

Ihr Oberkörper liegt ganz locker auf den Oberschenkeln auf. (Eventuell ein Kissen unterschieben.)

»Ich finde Harmonie in meinem Innersten.«

BALANCE IN DER HOCKE

»Ich halte mein Gleichgewicht, und mein Gleichgewicht hält mich.«

KATZENSTRECKEN

Einatmend Kopf, rechten Arm und rechtes Bein heben und kräftig durchstrecken. Ausatmend Kopf senken, Hand aufstellen und Knie zur Stirn führen. Wechselseitig wiederholen.

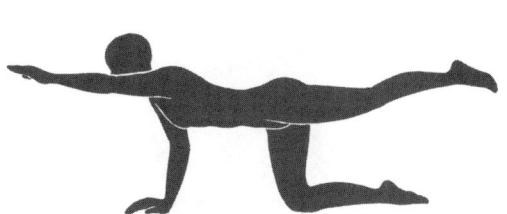

»Es ist absolut keine Schande, hin und wieder aus dem Gleichgewicht zu kommen.«

KLAPPMESSER

Schaukeln Sie in der Stellung, indem Sie das Gewicht von der einen Gesäßhälfte auf die andere verlagern. Fordern Sie Ihr Haltevermögen heraus! Wie weit geht es?

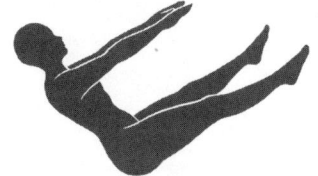

»Ich übergebe mich ganz dem Rhythmus des Lebens.«

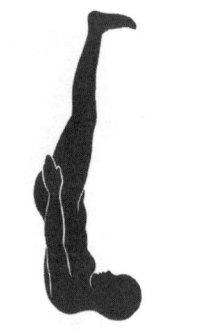

KERZE ALS BALANCE-AKT

Die stützenden Hände erst wegnehmen, wenn sich der Leib in der Senkrechten befindet und Sie sich sicher fühlen. (Die Stellung ist nichts für schwache Rücken oder Nacken.)

»Mein ganzes Sein übergebe ich meiner ordnenden Kraft, die nur das Beste für mich will.«

FÖTUS

Fassen Sie unter der Kniekehle durch, und legen Sie die Hände an die Unterarme. Nun wiegen Sie sich sanft nach rechts und links.

»Ich liebe mich so, wie ich bin.«

WECHSELATMUNG

Das linke Nasenloch verschließen, durch das rechte einatmen, kleine Pause. Das linke Nasenloch öffnen, das rechte schließen und ausatmen. Mehrmals wiederholen.

RUHELAGE

»Ordnung und Harmonie erfüllt mein ganzes Sein. Ordnung und Harmonie manifestiert sich in meinem Leben. Ordnung und Harmonie – Ordnung und Harmonie – Ordnung und Harmonie.«

Dritter Teil

Innere Kräfte, die sich im Laufe unserer Entwicklung aufbauen

Schön ist der Tropfen am Halm
und nicht zu klein,
der Sonne ein Spiegelglas zu sein.
Friedrich Rückert

Unbewußte Vollkommenheit

Wie die ersten sechs Kräfte allgemein in allen Lebewesen wirken, so ist die *unbewußte Vollkommenheit* die erste individuell dominierende Kraft des Menschen. Allerdings finden wir ihre Wirkung auch in Pflanzen und Tieren.

Wer Wachstum und Gedeihen von Pflanzen und Tieren studiert, merkt bald, wie sehr die weitere Entwicklung von den ersten Minuten, Stunden, Tagen, Wochen und Jahren geprägt ist. Beim Menschen ist es nicht anders. Die Grundlagen für die Verhaltensmuster des menschlichen Bewußtseins werden schon im Babyalter festgelegt. Wie weit reicht das Bewußtsein eines Babys? Dies wird immer ein Mysterium bleiben, auch wenn heute die Wahrnehmungen von Säuglingen eingehend untersucht werden.

Sie sind sicher mit mir einig, daß ein Baby, jedes in seiner Art, vollkommen ist und daß sein Dasein auf die Umgebung einen enormen Einfluß ausübt. Ein Baby rührt uns ans Herz, und wir möchten alles tun, damit es ihm gutgeht. Wir versuchen, ihm ein Lächeln zu entlocken, das uns nachher selbst viele Stunden vergoldet. Ein gesundes, glückliches Baby macht die Umgebung reich, es ist die Sonne, der Mittelpunkt einer Familie.

Ein Baby ist hilflos und ganz von seiner Umwelt abhängig. Es meldet seine Bedürfnisse an und geht voller Vertrauen davon aus, daß diese erfüllt werden; sehr schnell findet es heraus, wie es sich noch mehr Zuwendung verschaffen kann. Ein Baby ist verletzlich und sensibel, und es registriert die Stimmungslagen seines Umfelds, insbesondere seiner Betreuer.

»Unbewußte Vollkommenheit« nenne ich diesen Bewußtseinszustand, weil das Baby an sich eine vollkommene Schöpfung darstellt, in der sich das Bewußtsein noch entwickeln wird. Laut Yoga ist der Sinn eines Menschenlebens, aus dieser unbewußten Vollkommenheit über die unvollkommene Bewußtheit zur bewußten Vollkommenheit zu gelangen.

Das Verhaltensmuster des Babys nimmt der Mensch mit in sein Kind- und Erwachsenendasein. Es begleitet jeden bis zu seinem Tod. Im Alter macht sich dieser Archetyp vermehrt bemerkbar. Egal, welche Maske wir aufsetzen, in unserem Innersten schlummert ein verletzliches, hilfloses Wesen, das so

gerne blindlings vertrauen würde, gerne verwöhnt und verhätschelt werden
möchte und gerne der Mittelpunkt seiner Welt wäre.

Das Wirken dieser Kraft erahnten bereits die alten Völker. Wir finden sie
wieder in den Charakterzügen gewisser Götter der alten Mythen, in der Geschichte von Adam und Eva und in unseren Volksmärchen. Denken wir nur an
das Prinzeßchen, das liebe, gute und etwas naive Geschöpf, das ins harte Leben geworfen wird, aber schließlich dann doch von einem Prinzen oder Helden gerettet wird … und sie lebten glücklich … Auch zu meinem Puppenspiel
(ich spiele ab und zu für Kinder) gehört selbstverständlich eine Prinzessin, die
ich aber gar nicht so besonders hübsch finde, denn sie hat ein Pockengesicht.
Anders die Kinder, die nach dem Spiel das Prinzeßchen nochmals sehen wollen, es ganz liebevoll streicheln und in die Arme nehmen (ich war schon zu
Tränen gerührt). Sie finden es einfach vollkommen, lieb und wunderschön.

Wie macht sich dieser Archetyp konkret in unserem Leben bemerkbar?
Zuerst einmal, indem wir uns hin und wieder verletzlich oder hilflos fühlen,
oder indem wir uns in gewissen Situationen naiv vorkommen und uns auch
so verhalten. Gerne hätten wir auch unsere Wünsche, kaum daß sie auftauchen, schon erfüllt, und wir meinen, dann wären wir glücklich. Bei aller Ehrlichkeit müssen wir uns eingestehen, daß wir gerne öfters im Mittelpunkt
stehen würden. Vielleicht rebellieren Sie nun, weil Sie meinen, Ihr Lebens-
mittelpunkt sei Ihre Familie, Ihr Beruf, Ihre Firma oder eine Organisation, für
die Sie sich einsetzen. Der Schein kann aber trügen. In dieser Hinsicht machen
wir uns gerne etwas vor, weil uns schon früh eingetrichtert wurde, wie
schlecht, egoistisch, hochmütig, ja sogar lächerlich es sei, sich selbst in den
Mittelpunkt zu stellen. So kann beispielsweise eine Mutter ihre Familie oder
ein Chef seine Firma dazu bringen, um die Dame bzw. den Herrn des Hauses
zu tanzen. Dabei behaupten beide, sie würden sich für die lieben Mitmenschen bis aufs Blut aufopfern und ihnen »dienen«.

Der Schatten der unbewußten Vollkommenheit

Leider zwingen wir diesen Archetyp öfters zu einem Schattendasein, indem
wir uns unsere Verletzlichkeit, Hilflosigkeit oder Naivität nicht eingestehen
wollen, oder noch schlimmer: Wir beschimpfen uns sogar deswegen. Trösten
wir uns, Menschen, die Großes leisten und selbstsicher in ihrem Auftreten
und Handeln wirken, kennen diese Gefühle genauso wie wir. Gefühle der
Verletzlichkeit, Hilflosigkeit, Unzulänglichkeit oder Schwäche können depri-
mieren und unser Handeln blockieren. Sind diese Gefühle so schlecht? Sicher
nicht! Vielleicht sind sie ein Zeichen, daß wir Ruhe brauchen und seelisch-
geistig ausgehungert sind.

Andererseits können Gefühle der Hilflosigkeit und Verletzlichkeit Ängste verursachen, die ihrerseits Aggressionen auslösen. Betrachten Sie einmal die Aggressionen ihrer Mitmenschen aus diesem Blickwinkel, dann können Sie darauf anders reagieren und vielleicht auch vielen Auseinandersetzungen eine neue Richtung geben.

Menschen, die nicht zu diesem Archetyp stehen, projizieren ihn auch gerne auf andere. Sie stellen Ihren Star auf den Sockel, um ihn dann wieder zu stürzen. Das kann der/die Partner/-in, das Kind, der Chef, ein Mitglied einer Königsfamilie oder ein Guru sein.

Dominiert dieser Archetyp, dann kann jemand im »Sich-Verletzt-Fühlen« richtig schwelgen und die Umgebung damit manipulieren. Ich kenne einen kultivierten, älteren Herrn, der monatelang schmollen kann, wenn ihm etwas nicht paßt, was seine Gattin spricht oder tut. Er hüllt sich in Schweigen. Andererseits wird oft auch Hilflosigkeit vorgegaukelt, die nur darauf aus ist, daß der Betreffende verwöhnt wird oder sich Verpflichtungen entziehen kann.

In gewissen Kreisen, besonders in der Künstlerwelt, kann man beobachten, wieviele Menschen es gibt, die alles daran setzen, um im Mittelpunkt zu stehen. Leider stellen sie sich damit nicht in den Mittelpunkt ihres eigenen Lebens, sondern ihrer Mitmenschen und geraten in eine leidvolle Abhängigkeit. Sie brauchen beispielsweise den Applaus oder die Kritik und verachten oder hassen sogar die Applaudierenden bzw. die Kritiker. Frei und glücklich macht das nicht. (Im Augenblick drängt sich mein Kater in den Mittelpunkt, indem er auf der Tastatur tanzt. Er will *jetzt* sein Fressen. Na also!)

Integration der unbewußten Vollkommenheit

Menschen, die sich ihrer eigenen Verletzlichkeit und ihrer Gefühle der Hilflosigkeit bewußt sind, werden selbst weicher. Sie bringen den Mitmenschen mehr Mitgefühl und Toleranz entgegen, was zur Folge hat, daß auch ihnen mit mehr Toleranz und Mitgefühl begegnet wird.

Wir dürfen uns eingestehen, daß wir gerne verwöhnt werden. Verwöhnen wir uns doch zuerst selbst, und lassen wir diese Fürsorge auch anderen zukommen, ohne Gegenleistungen zu erwarten – sondern einfach aus Freude. Damit schaffen wir ein liebevolles Klima. Auf ein Baby nimmt die ganze Familie Rücksicht, warum diese Zuneigung nicht auch Erwachsenen entgegenbringen? Aus lauter Angst, ausgenützt zu werden, wagen es viele nicht. Eingebrannt im Hinterkopf stehen Leitsätze wie: »Ich zeige Verletzlichkeit, und sie wird gegen mich ausgespielt. – Ich verwöhne ihn/sie und werde dann ausgenützt. – Zuerst soll er/sie …, dann werde ich …« So funktioniert das aber nicht. Das macht uns und unsere Mitmenschen nicht glücklich. Solche »Hirn-gespinste« sollten ausgelöscht werden. Probieren Sie das Gegenteil aus, und warten Sie ab, was dann passiert. Sie werden staunen!

Wie steht es nun mit dem Satz: »Ich bin der Mittelpunkt meines Lebens.«? Wenn wir andere Menschen, den Beruf oder unser Hobby in den Mittel-punkt stellen, dann sind wir selbst nicht in unserer Mitte und verbrauchen viel Energie, um immer wieder ins rechte Lot zu kommen. Wir können nur so viel geben, wie wir haben, und die Kraft zu handeln und zu geben, schöp-fen wir aus unserer Mitte. Darum habe ich auch jede Meditation und jede Körperübungsfolge so aufgebaut, daß sie uns von neuem zentriert.

Es ist also ganz in Ordnung, daß wir den Wunsch verspüren, im Mittel-punkt zu sein. Tatsächlich sollten wir sogar immer darauf bedacht sein, den Mittelpunkt in unserem Leben einzunehmen, sonst sind wir, wie schon ge-sagt, »außer uns«. Je mehr wir in unserer Mitte ruhen und aus unserer Mitte handeln, umso vitaler und selbstsicherer werden wir. Dadurch stellt sich ein natürliches Selbstvertrauen ein. Diese Selbstsicherheit und dieses Selbstver-trauen strahlen wir aus und bringen damit Licht, Hoffnung, Geborgenheit und Freude in unsere Umwelt.

Die Zentriertheit vergleiche ich auch gerne mit dem Halt, der durch einen Magneten im Bauch des Steh-auf-Männchens entsteht. Egal, auf welche Seite man das Figürchen kippt – es steht einfach wieder auf. Punktum!

Ein Baby schläft fast den ganzen Tag und doch passiert körperlich und seelisch in ihm Erstaunliches während der ersten Zeitspanne seines Lebens. Oft meinen wir, wir müßten immer alles selbst tun. Warum lassen wir es nicht, wie ein Baby, einfach geschehen und uns beschenken. »Den Seinen gibt's der Herr im Schlaf.« Oder wir verteilen unsere Aufgaben im Geschäft oder Haushalt an andere und lassen uns von den Mitarbeitern bzw. Fami-lienmitgliedern vermehrt helfen und verwöhnen. Ich wundere mich immer wieder, wie gerne mir Menschen helfen, mit welcher Freude jemand etwas mir zuliebe tun möchte. Wenn wir es verstehen und vor allem wagen, diesen Archetyp in unser Leben zu integrieren, dann können wir vermehrt Augen-blicke der Wärme, der Zuneigung und der Liebe erfahren.

Wie klein doch ein Baby ist – es kann uns ein großer Lehrmeister sein.

Das Lächeln ist ein Licht,
das sich im Fenster eines Gesichts zeigt
und anzeigt, daß das Herz daheim ist.
Östliche Weisheit

Meditation: Ich bin der Mittelpunkt meines Lebens

Ein großes kosmisches Symbol für die Mitte ist der Kreis mit einem Punkt mittendrin. Wir finden dieses Symbol überall in der Welt. Die Mandalas der Tibeter und die Steinkreise bei den Kultstätten alter Völker symbolisieren den Mittelpunkt im Kreise. In alten Gärten wurden die Beete oft nach der Form eines Rads angelegt, und in der Mitte stand ein Brunnen oder eine Statue auf einem erhöhten Sockel. Auch in vielen Volkstänzen tanzen die Menschen im Kreise um einen Baum oder Kultgegenstand. Man meint, daß von dieser Anordnung eine besondere Kraft ausgeht, die Fruchtbarkeit, Wachstum, Stärke und Heilung von Natur und Mensch unterstützt. So wird die folgende Meditation sicher eine regenerierende und kraftspendende Wirkung haben.

Wir können auch Muster im Unbewußten kennenlernen, die uns hindern, unseres Lebens Mittelpunkt zu sein. Alles was groß ist, hat auch einen großen Schatten. So sind mit dem Stehen im Mittelpunkt viele dunkle Assoziationen verbunden. Schon Kinder, die im Mittelpunkt stehen, weil sie nicht der Norm entsprechen, haben oft darunter zu leiden. So träumt jeder heimlich davon, im Mittelpunkt zu sein, aber wäre es so, bekäme er es mit der Angst zu tun. Wie stehen wir dazu? Achten wir während der folgenden Meditation auf die aufkommenden Gefühle. Achten wir auch darauf, wie es ist, wenn sich alle unsere materiellen Wünsche erfüllen.

*Begeben Sie sich
in den Alphazustand
(siehe Seite 24)*

Sie visualisieren eine Gartenanlage, die in der Form eines Rads angelegt ist, und in deren Mitte sitzen Sie auf einem runden Sockel. Wie die Speichen eines Rads führen alle Wege zu Ihrem Platz ... Ein Vogel bringt Ihnen wunderschöne Kleider, die Sie anziehen, und  einen Kranz, den Sie sich auf den Kopf legen ... Nun kommen Menschen in festlichen Kleidern ... Bekannte und Unbekannte tanzen zu himmlischer Musik im Kreise um Sie herum. Sie tanzen zu Ihrer Ehre ... Jeder bringt Ihnen eine Gabe, etwas, das Sie sich schon seit langem wünschen ...

Solange Sie mögen, verweilen Sie bei diesem Bilde und lassen es dann mit einem Dankeschön an Ihre Vorstellungskraft verblassen. Mögen alle Wünsche, die für Sie gut sind, in Erfüllung gehen.

Übungsreihe, um sich selbst zu verwöhnen

Wie oft vergessen wir das Wichtigste, nämlich uns selbst zu verwöhnen. Lassen Sie es sich wohl sein, in jeder Lage und mit jeder Bewegung.

Zu viele unerfüllte Wünsche und Bedürfnisse, das Gefühl, alles selbst machen zu müssen, oder ein Mangel an Ruhe erhöhen den Spannungstonus im Körper. Sollten Sie sich verspannt in Körper oder Geist, überlastet, gestreßt und/oder seelisch ausgelaugt fühlen, dann kann Ihnen die folgende Übungsreihe wieder ganzheitliches Wohlbefinden bringen.

SAMMLUNG
Richten Sie Ihre Achtsamkeit auf den Bauch, und beobachten Sie Ihren Atem.

»Jede unnötige Spannung in Körper, Geist und Seele löst sich langsam auf.«

FÖTUS
Sie spüren in den Lendenwirbelbereich und stellen sich vor, daß dieser Körperbereich weich und warm wird. Sie wiegen sich nun sanft wie ein Baby hin und her.

»Ich verwöhne mich und genieße es, verwöhnt zu werden.«

BÄR
a) Hände und Füße locker schütteln.
b) Hand- und Fußgelenke langsam und bewußt kreisen lassen.
c) Die gebeugten Arme und Beine locker kreisen lassen.

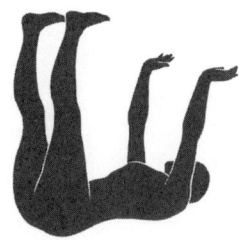

»Ich fühle mich wie ein junger, verspielter Bär.«

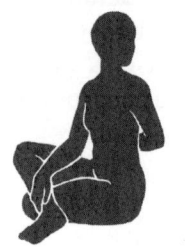

BABY WIEGEN UND DREHUNG

Schneidersitz, wiegen Sie Ihr Bein 30mal von Seite zu Seite. Sie legen nun das Bein über das andere Knie, drehen sich und bleiben 15 Atemzüge in der Stellung. Nun üben Sie die andere Seite.

»Ich bin mir selbst in Liebe zugeneigt.«

LIEGEN – WIE AM SANDSTRAND

Es wäre schön – nicht wahr! Schließen Sie die Augen, und stellen Sie es sich einfach so vor.

Ausatmend lassen Sie nun die Beine zur einen Seite sinken, und den Kopf drehen Sie zur anderen Seite. Einatmend stellen Sie den Standfuß wieder auf und drehen den Kopf zur Mitte. Mehrmals wiederholen. Beinstellung wechseln und wiederholen.

»Ich wende mich voller Liebe Pflanzen und Tieren zu und finde wieder zurück in meine Mitte.«

SEITENDEHNUNG

Rückenlage – das eine Bein weit spreizen, wobei die Hand in die Kniekehle faßt. Nun die andere Seite dehnen, indem die Ferse nach vorn und ebenfalls das Handgelenk nach hinten geschoben wird. Sie halten die Dehnung 20 Atemzüge lang und dehnen danach die andere Seite.

»Ich wende mich liebevoll den Menschen zu und finde wieder zurück in meine Mitte.«

BRUSTÖFFNENDE ÜBUNG

Wölben Sie den Brustkorb, so als wollte Ihnen jemand ein Kissen unter die Schulterblätter legen. Mit jedem Einatmen Brustbein immer noch weiter anheben.

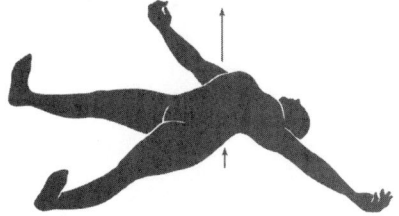

»Ich öffne mich den guten Kräften des Kosmos.«

Ziehen Sie danach die Knie zur Brust und umarmen diese locker. Bleiben Sie ruhig einige Atemzüge so liegen.

ENERGIEWECKENDE ÜBUNG

Rückenlage. Die Beine liegen locker an der Brust. Einatmend die Beine strecken und die Innenkanten der Fersen dehnen, ausatmend die Knie beugen und die Beine entspannen. Mehrmals wiederholen.

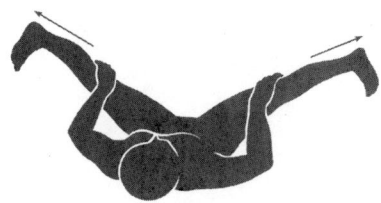

»Ich habe die Kraft, mein Leben nach meinen Wünschen zu gestalten.«

RÜCKEN ROLLEN

Ausatmend die Füße hinter den Kopf führen, einatmend den Rücken zurück auf den Boden legen. Mehrmals wiederholen.

»Ich vertraue, daß Wünsche, die für mich gut sind, im richtigen Augenblick erfüllt werden.«

RUHELAGE

»Ich bin die strahlende Sonne meines Lebens.«

Vergiß nie, daß das Leben nichts ist
als ein Wachsen in der Liebe
und eine Vorbereitung auf die Ewigkeit.
Christoph Probst

Das innere Kind

Schon viel wurde die letzten Jahre über das *innere Kind* geschrieben. Weitere Namen, die diesen Archetyp ebenfalls gut beschreiben, sind »der Erwachende« oder »der Verwaiste«.

Versetzen wir uns nochmals in die Situation des Babys, das zur großen Freude seiner Eltern wächst und gedeiht, die ersten Laute lallt, bereits sitzen kann und bald auch schon die ersten Schritte wagt. Es ist neugierig und betrachtet alles genauestens. Alles wird betastet, erforscht, wenn möglich auseinandergenommen und in den Mund gesteckt. Bald wird aus dem holden Sonnenschein ein kleiner Plagegeist, der die Eltern recht auf Trab hält. »Du darfst das nicht, das sollst du nicht ...« Die ersten Meinungsverschiedenheiten sind in vollem Gange. Das Kind lernt zu unterscheiden zwischen Ich und Du, zwischen Mein und Dein. Es zeigt seinen Willen, und danach soll sich die Umwelt gefälligst richten.

Auch für das Kind ist diese Zeit kein bloßes Honiglecken, denn es ist gewohnt, im Mittelpunkt zu stehen und verwöhnt zu werden. Die meisten seiner Wünsche wurden bis jetzt erfüllt. Nun ist das anders, und es werden sogar Anforderungen an das Kind gestellt. Denken wir dabei z. B. an die leidige Sauberkeitserziehung. Es werden ihm Grenzen gesetzt, die es noch nicht verstehen kann. Es muß unterscheiden lernen zwischen dem, was es darf und was es nicht darf. Es ist frustriert, wenn es Dinge, die die Großen tun, nicht tun darf.

Der Nachahmungsinstinkt ist im Kind sehr ausgeprägt. Es kopiert das Verhalten und den zwischenmenschlichen Umgang der Eltern und Geschwister, macht nach, wie miteinander gesprochen, gestritten wird, Machtkämpfe ausgetragen, Liebe und Zuneigung gezeigt werden.

Die meisten Kinder tragen in den ersten Lebensjahren eine latente Angst in sich – die Angst verlassen zu werden. Das Kind entwickelt nun Strategien, um sich die Liebe und Zuneigung der Umgebung zu sichern. Diese lernt es teilweise von seiner Umgebung oder durch gute und schlechte Erfahrungen. Was macht den Erwachsenen Freude, was sichert mir ihr Wohlgefallen, oder

was macht sie zornig? Das findet das Kind schnell heraus, danach richtet es
sich, und daraus entstehen die Verhaltensmuster, die es mit ins Erwachsenendasein nimmt.

Einerseits will das Kleinkind erwachsen werden, andererseits möchte es
aber wieder verwöhnt werden und in die Geborgenheit der Babywelt zurückkehren. Auch diesen Wunsch nimmt es mit ins Erwachsenenalter. Nicht
selten sucht es im späteren Partner die Geborgenheit, das Verwöhntwerden
der Kindheit. Der Preis kann hoch sein, denn oft werden dafür Eigenständigkeit und Freiheit geopfert.

Dem Kleinkind ergeht es wie Adam und Eva, als sie aus dem Paradies vertrieben wurden. Nachdem sie vom Baum der Erkenntnis gegessen hatten,
wurden sie in die böse Welt getrieben. Auch in den Volksmärchen werden
die späteren Helden daheim verspottet, geplagt und schließlich in die Ferne
getrieben oder sogar ausgesetzt. Sie müssen viel Leid ertragen, Hindernisse
überwinden und Aufgaben lösen, bis sie ihr Glück finden.

Die Sorge mit dem inneren Kind

Unser ganzes Leben ist geprägt von diesen so wichtigen ersten Lebensjahren.
Da werden die Verhaltensmuster und Leitsätze festgelegt, welche den Umgang mit den Mitmenschen und die Bewältigung der Lebensaufgaben maßgebend bestimmen. Eine positive Umgestaltung negativer eingeprägter Muster
kann Jahre dauern – aber es lohnt sich.

Denken wir an die latente Angst, verlassen zu werden oder sich »unbeliebt« zu machen. Strategien, die wir als Kleinkinder gelernt haben, behalten
wir bei und setzen sie gezielt ein, um die Anerkennung und Liebe unserer
Mitmenschen zu erobern oder zu erhalten. Als Kind haben wir damals die
Eltern nachgeahmt, und nun agieren und reagieren wir oft immer noch so.
Auch Einschätzungen, was gut und was schlecht ist, oder alltägliche Gewohnheiten werden ins Erwachsenendasein übernommen, ohne sie neu zu
hinterfragen. Decken sich die Strategien, Meinungen oder Gewohnheiten,
die wir im Kleinkindesalter gelernt und angenommen haben, nicht mit einem
glücklichen Erwachsenendasein, dann können uns diese sehr zu schaffen
machen. Niemand hat unfehlbare Eltern. Das wäre weder möglich noch gut.
Verheerend für unsere Weiterentwicklung ist es, den Eltern die Schuld für ein
Leben, das uns viel Leid bringt, zuzuweisen. Machen Sie dies bitte nie – auf
gar keinen Fall! Ich selbst hätte sicher jeden Grund dazu, aber je mehr ich
mich von Schuldzuweisungen gegen meine Eltern oder gegen mich freimachen konnte (das war nicht so einfach), mit umso größeren Schritten ging
ich innerer Freiheit und einem freudvollen Leben entgegen. Heute kann ich

sogar sagen, ich wäre nie soweit gekommen, wenn ich nicht gerade diese Eltern gehabt hätte. Dafür bin ich dankbar. Ich habe in der Zwischenzeit viele Menschen kennengelernt, die eine schwere Jugend hatten und nun Großes leisten und glücklich sind. Sobald sie mit jeglicher Schuldzuweisung Schluß machten, waren sie geheilt, körperlich und seelisch. Sie hatten nun die nötige Energie, um große Aufgaben anzupacken und Erfolg zu haben. Ich sage es noch einmal, ich weiß, wie schwer die Vergebungsarbeit ist, aber es lohnt sich tausendmal.

Um so besser ist es für Sie, wenn Sie wunderbare Eltern hatten, die es immer gut mit Ihnen meinten und ihr Bestes gaben. Dann besitzen Sie kostbarsten inneren Reichtum und haben sicher viel zu geben!

Eine liebende Verbindung zum inneren Kind aufnehmen

Um in Kontakt zu kommen mit dem inneren Kind, müssen wir es grundsätzlich annehmen, ihm unsere ganze Liebe und Zuneigung schenken und ihm Verständnis, Geduld und Wohlwollen entgegenbringen. Wir dürfen Fehler machen, sei dies nun im Umgang mit den Mitmenschen oder durch schlechte Gewohnheiten, die uns immer wieder einholen. Dies heißt nicht, daß wir unser Verhalten gutheißen sollen, besonders wenn es uns und anderen Leid bringt. Statt dieses Verhalten aber zu verdammen, können wir versuchen, es in Zukunft zu ändern. Die meisten Fehler entspringen der Angst und dem Mißtrauen, das wir den Mitmenschen entgegenbringen. Wir agieren und reagieren oft wie damals als Kind, so wie wir es von den Erwachsenen gelernt haben oder aufgrund schlechter Erfahrungen, die wir schon in den ersten Lebensjahren machen mußten. Diese übernommenen Verhaltensweisen sind versteckt, und es braucht eine große Portion Ehrlichkeit, um sie aufzudecken. Wenn wir achtsam sind und unser Verhalten beobachten lernen, können wir langsam, aber sicher Veränderungen herbeiführen.

Schon seit Jahren sehe ich in jedem Mitmenschen, der mir Mühe macht, eine Herausforderung, die hinterfragt und verarbeitet werden muß. Diese Sichtweise weist mir die Richtung, wie ich meinem Gegenüber begegne: Ich ziehe mich nicht mehr zurück, sondern gehe auf den Menschen zu; ich stelle an ihn nur solche Anforderungen, die er erfüllen kann; ich respektiere ihn und glaube an seinen guten Kern, auch wenn ich sein schlechtes Verhalten nicht toleriere. Dies sind nur kleine Beispiele, denn so viele Menschen, wie es gibt, so viele verschiedene Muster von Verhaltensweisen existieren.

Daß wir unser inneres Kind respektieren und lieben, ist also eine Voraussetzung für die Aufdeckung alter, leidbringender Verhaltensmuster. Kein Schimpfen und Herumnörgeln mehr! Andererseits wird die Liebe zum inneren Kind oft mit maßlosem Verwöhnen und Verhätscheln gleichgesetzt. Wie auch dem Kleinkind Grenzen gesetzt und ihm Forderungen gestellt werden, so sollen auch wir dem inneren Kind Grenzen setzen und vernünftige Forderungen stellen. Wir können mit ihm eine Partnerschaft eingehen, die auf Verständnis und Liebe basiert. Das innere Kind macht gerne mit und hilft uns sogar dabei – treten wir doch mit ihm in Dialog. *Besprechen wir unsere Vorhaben mit unserem inneren Kind.* Es ist begeisterungsfähig und hin und wieder sogar für ein Abenteuer zu haben. Nehmen wir dabei aber aufsteigende Ängste und Unsicherheiten wahr, schauen wir sie uns genau an – woher sie kommen und wohin sie führen. Die meisten Ängste wurden uns als Kind durch Drohungen, Frustrationen oder durch die Unsicherheit der Eltern eingeprägt und stecken noch immer in uns. Setzen wir uns mit ihnen auseinander, so werden wir sehen, daß sie meistens unbegründet sind. Besprechen wir also auch jede Angst, die aufsteigt mit dem inneren Kind. Lassen wir uns von ihm sogar Vorschläge machen.

Ein Kind ist grundsätzlich vertrauensselig. Aber wie oft wird sein Vertrauen mißbraucht. Das ist der Nährboden für späteres Mißtrauen, Vorurteile und Ängste vor Kontakten. Wagen wir Neues, bauen wir Vertrauen auf, probieren wir neue Verhaltensweisen aus und sehen, was geschieht – dann passiert auch wirklich Neues. Wie schön kann das Leben sein, wenn wir wissen: »Ich werde geliebt, so wie ich bin. Egal, wer und was auf mich zukommt, ich habe den Mut und das Selbstvertrauen, ihm entgegenzutreten, um schöne und interessante Erfahrungen zu machen.« F. W. Lewis sagt: »Vertrauen in einen Menschen bringt das Beste in ihm ans Licht.« Das gilt für uns und für andere.

Vielleicht verspüren Sie Lust, sich mit diesem Archetyp noch weiter und tiefer auseinanderzusetzen. Ein gutes Buch zu diesem Thema ist *Die Aussöhnung mit dem inneren Kind* von Erika Chopich und Margaret Paul.

Das Leben ist ein großes Abenteuer zum Licht.
Paul Claudel

Meditation: Durchbruch zum Licht

Ein Kleinkind, das partout laufen will, auch wenn es immer wieder hinfällt, das Entdeckungsreisen unternimmt, auch wenn sie oft mit schmerzlichen Erfahrungen enden, erinnert mich an einen Vogel, der seine ersten unbeholfenen Flugversuche unternimmt oder den zarten Keimling, der oft durch harten Boden dringen muß, um ans Licht zu kommen. Da ist eine treibende Kraft am Werk, die jedes Leben zum Wachsen und Gedeihen treibt. Pflanze, Tier und Mensch müssen sich dabei auch mit der Umwelt arrangieren, um sich den entsprechenden Platz zu erobern. Diese Kraft wirkt im Menschen auf jeder Ebene – in Körper, Geist und Seele. Sind wir uns dieser gewaltigen Kraft bewußt, die alles Leben zur Entwicklung antreibt? Was bedeutet sie? Glauben wir an diese Kraft? Vertrauen wir dieser Kraft? Wie es die Bestimmung des Keimlings ist, nicht nur zu wachsen, sondern auch zur gegebenen Zeit in voller Blüte zu stehen und Früchte zu tragen, so ist es auch die Bestimmung des Menschen, nicht nur vor sich hinzuvegetieren, sondern etwas zu leisten und glücklich zu sein. Glücklich sind wir nur, wenn wir Herausforderungen freudig anpacken und bewältigen, wissend, daß uns innere wie äußere Kräfte dabei helfen.

Machen wir uns diese Kraft während der folgenden Meditation bewußt. Versuchen wir Glauben, Vertrauen und unsere Sicherheit zu steigern. Sehen wir, wie der kleine, zarte Keimling gegen schwere Steine und festen Boden kämpft und schließlich siegt. Er hat schon in der Dunkelheit der Erde den Spürsinn für das Licht. Die gleichen Kräfte, die dem Keimling helfen, daß er das Licht findet, wirken auch in uns. Übergeben wir uns diesen Kräften! Lassen wir uns von ihnen den Weg weisen und uns beim Durchbruch ans Licht helfen. Aber wir wissen, daß wir das unserige dazutun. Wie wahr ist doch der Spruch: »Hilf dir selbst, dann hilft dir Gott.«

*Begeben Sie sich
in den Alphazustand*
(siehe Seite 24)

Sie visualisieren eine karge Landschaft. Es weht Ihnen ein Früh-
lingswind um die Nase, und die
Sonne schickt ihr lebenspenden-
des Licht ... Sie setzen sich auf
einen großen, bequemen Stein
und sehen zu, was im Kleinen
und Großen um Sie herum passiert ... Die ganze Natur, Pflan-
zen und Tiere haben sich auf den Frühling eingestellt ... Zu
Ihren Füßen sehen Sie, wie sich Keimlinge durch die Ritzen
dem Licht entgegenstrecken ... Dabei haben sie sich eine
interessante Technik zugelegt. Sie drücken nicht das Köpf-
chen nach oben, sondern der kleine Stiel biegt sich, und sie
drücken sich in gebeugter Haltung ans Licht. Was könnte
dieses Phänomen für Ihr Leben bedeuten? Sinnen Sie noch
eine Weile darüber nach, über die Kraft, die in Ihnen und
in der Natur herrscht, und bringen Sie das Geschehen mit
Ihrem eigenen Leben in Verbindung.

Fußübungen und Übungen zur ganzheitlichen Kräftigung

Wie wir im Leben auf den Füßen stehen und wie wir vorwärts gehen, damit bestimmen wir schon weitgehend unser Schicksal. Ob wir standhaft sind, etwas ausstehen oder durchstehen können, davon hängt der Erfolg ab. Gesunde, starke Füße und körperliche Kraft, die sich auf Geist und Seele überträgt, sind darum das Ziel dieser Übungsreihe.

FUSSÜBUNGEN
Gehen Sie bei jeder Variante mindestens 3 x zehn Schritte nach vorn und wieder zurück. Sie sind dabei ganz locker.

a) Gehen Sie auf den Außen-Fußkanten,

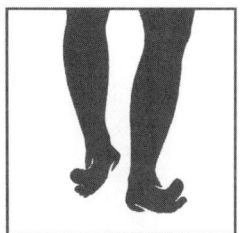

b) auf den Innen-Fußkanten,

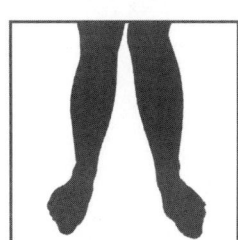

c) mit nach innen gedrehten Füßen,

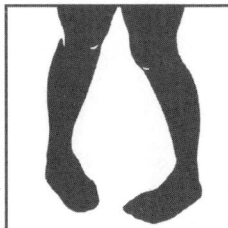

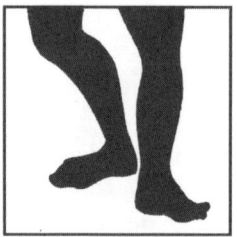

d) mit nach außen gedrehten Füßen,

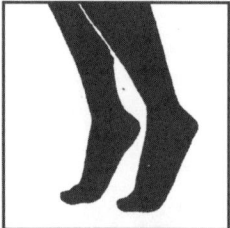

e) auf Zehen,

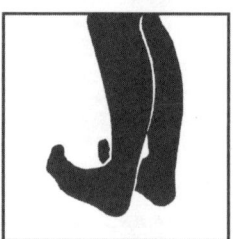

f) auf Fersen (Zehen gespreizt).

g) Schreiten Sie bewußt und langsam. Sie erspüren das Abrollen der Fußsohlen.

*»Ich liebe meine lebendigen Füße, die mich
durchs Leben tragen.«*

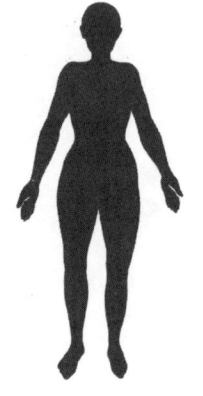

LOSLASSEN
Bleiben Sie nun stehen, die Füße stehen paral-
lel, die Knie sind locker, die Schultern hängen,
das Gesicht ist weich.
    Stellen Sie sich vor, unter einer warmen
Dusche zu stehen – mit dem Wasser fließt jede
Spannung und Schwäche von Ihnen ab und
versickert im Boden.

DEHNUNG DURCH DIE MITTE

Einatmend die Arme nach oben nehmen, den Körper kräftig durchstrecken und die Spannung eine Weile so halten. Stellen Sie sich vor, wie die Erdkraft durch die Füße in den Körper steigt und Sie ganz erfüllt.

»Ich vertraue den Kräften der Erde und den Kräften des Himmels, die mich jederzeit aufrichten.«

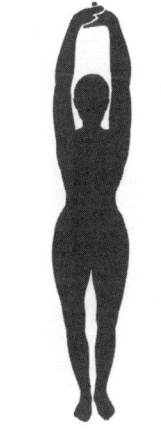

DREIECK

Weite Grätsche einnehmen und Arme ausbreiten. Den rechten Fuß zur rechten Seite drehen, die linke Schulter und die Hüfte nach links schieben. Nun drehen Sie sich wie eine Scheibe nach rechts und spüren den Atem in der linke Seite. Halten Sie die Stellung 15 Atemzüge lang, und üben Sie dann die andere Seite.

»Ich beuge mich den Anforderungen, die das Leben an mich stellt, und bleibe doch immer verbunden mit dem Licht, das mich belebt, erhellt und mir den Weg weist.«

DREHUNG IN DER VORBEUGE

Die Beine sind durchgestreckt und beide Hände auf dem Boden aufgestellt (Hände falls nötig auf dicke Bücher stellen). Nun einatmend den einen Arm heben, Oberkörper drehen und ausatmend den Arm wieder senken. Mehrmals im Wechsel wiederholen.

»Ich bin gefestigt und zugleich beweglich im Denken und Handeln.«

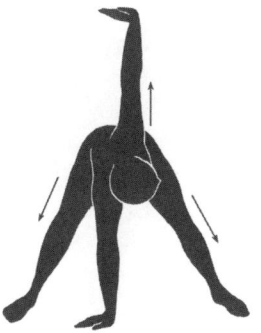

BLÜHENDER BAUM

Bleiben Sie 15 Atemzüge auf dem einen und danach 15 Atemzüge auf dem anderen Bein stehen.

»Ich wachse, blühe und trage reiche Früchte.«

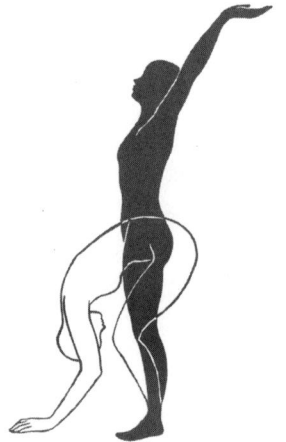

RÜCKBEUGE UND VORBEUGE

Einatmend Arme nach oben führen und Brust öffnen, indem die Arme hinter die Ohren genommen werden, ausatmend nach vorn beugen und 10 Atemzüge gebeugt bleiben. Der Oberkörper liegt locker auf den stützenden Oberschenkeln. Mehrmals wiederholen.

»Ich bin offen und bereit, Hilfe anzunehmen, und dankbar, daß mir in jeder Situation geholfen wird.«

ZEHENSTAND

Halten Sie die Stellung so lange wie möglich.

»Ich spüre und genieße meine Kräfte.«

BOOT

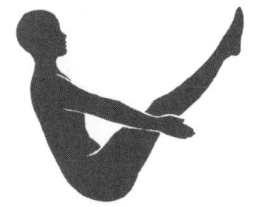

»Mein Körper ist mein Boot, mein Geist der Kapitän, die Seele mein Gast; auf der Reise dem Licht entgegen.«

KERZE

Ziehen Sie die gebeugten Knie zur Brust, und bringen Sie die Beine in die Senkrechte.

Schütteln Sie zuerst leicht die Füße aus, und dann wiegen Sie die Beine – wie ein Grashalm, der vom Wind sachte hin bewegt wird.

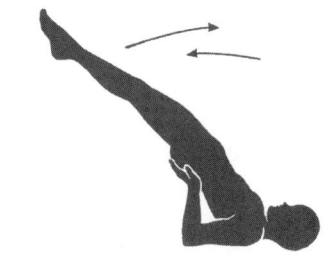

»Vom Wind lasse ich mich sanft liebkosen und lasse mich ein auf das Spiel des Lebens.«

RUHELAGE

»Mit jedem Atemzug lasse ich mich tiefer in meine Ruhe sinken und schöpfe Kraft für Körper, Geist und Seele.«

Auf einer Lilie zittern
zwei Tropfen rein und rund,
zerfließen in Eins und rollen
in des Kelches Grund.
Friedrich Hebbel

Männlich und Weiblich

Als Adam und Eva vom Baum der Erkenntnis gegessen hatten, merkten sie, daß sie nackt waren. Auch das Kleinkind wird sich sehr bald seines Geschlechts bewußt. Weiter merkt es, daß der Vater ein Mann und die Mutter eine Frau ist, daß Bruder und Schwester oder seine Spielkameraden männlichen oder weiblichen Geschlechts sind – ein Thema, das »aufgeweckte« Kinder brennend interessiert.

Jedes Kind sieht seine Eltern nicht nur als Mutter und Vater, sondern auch als Mann und Frau schlechthin. Es geht vorerst davon aus, daß Mutter und Vater immer recht haben und alles richtigmachen, auch wenn es vielleicht dagegen protestiert. Ihre Verhaltensweisen werden kaum in Frage gestellt. Es empfindet sie in jeder Beziehung vollkommen als Mutter und Vater, vollkommen als Mann und Frau. Diese Überzeugung überträgt es im späteren Leben unbewußt auf alle Frauen und Männer. Das Bild vom Weiblichen und Männlichen wird auch durch die Geschwister und engeren Bezugspersonen in den ersten Lebensjahren geprägt. Sie können sich sicher vorstellen, wie prägnant und mächtig diese Vor-Bilder in uns wirken.

Was ist, wenn ein Kind ohne Vater aufwächst, oder sein Vater sehr oft körperlich oder auch geistig-seelisch abwesend ist? Ein Homosexueller sagte mir einmal, viele Homosexuelle seien, solange sie leben, auf der Suche nach dem Vater, auch wenn sie sich dessen gar nicht bewußt seien. Das gleiche konnte ich auch bei Frauen mit einem sehr vagen oder frustrierenden Mutter-Bild beobachten. Ob sie nun lesbisch sind oder nicht, ist hier nicht von Bedeutung, sie suchen und brauchen Frauenfreundschaften, wo sie sich verstanden, geborgen und geliebt fühlen.

Wie die ersten weiblichen und männlichen Personen im Leben eines Kindes sind, welche Charakterzüge sie haben, wie sie handeln und mit den Mitmenschen umgehen, davon wird das Kind geprägt, und diese Muster werden es ein Leben lang begleiten.

Nach der Theorie von C. G. Jung trägt der Mensch beide Geschlechter in sich. Wir sprechen dabei vom inneren Mann, der in jeder Frau lebt, und von der inneren Frau, die in jedem Manne lebt. Wir müssen uns bewußt sein, daß wir auch Charakterzüge des anderen Geschlechts in uns haben. Nur wenn wir beide Seiten, die männliche und die weibliche, in uns akzeptieren und integrieren, sind wir heil und ganz.

Destruktiver Umgang mit dem männlichen und weiblichen Element

Wenn wir im Mann nur »den Mann« sehen, der halt so ist, weil er ein Mann ist (wie beispielsweise unser Vater oder Bruder, oder wie ein Mann laut Liebesroman zu sein hat), oder wenn wir in der Frau nur »die Frau« sehen (wie eben eine Frau nach unseren speziellen Vorstellungen ist oder zu sein hat), dann werden wir nie befriedigende, erfüllte und herzliche Beziehungen zum anderen Geschlecht aufbauen können. Unbewußt reagieren wir häufig so, wie wir es daheim gesehen und erlebt haben. Viele Männer und Frauen können sich dem anderen Geschlecht nur »flirtend« nähern, auch das ist ein Spiel, das der Würde des anderen jedoch nicht gerecht wird. Es ist sicher ein hübsches Spiel und macht Spaß, aber darauf kann man keine dauerhafte Lebensgemeinschaft und kein harmonisches Arbeitsverhältnis aufbauen.

Manche Frauen sagen: »Wie meine Mutter will ich nie werden«, während Außenstehende bemerken, daß die Betreffende doch genau wie ihre Mutter ist. Keine Mutter und auch kein Vater sind perfekt und vollkommen, wie dem Kind beim Heranwachsen immer klarer wird. Leider werden diese Enttäuschungen oft ins spätere Leben übertragen, und im Hintergrund der Beziehungen lauert das Mißtrauen, die Anklage oder sogar Haß und Wut. Da der Mensch aber Beziehungen braucht, wird immer von neuem nach der idealen Frau bzw. dem idealen Mann gesucht. Letztlich entstehen dann wieder diese alten, negativen Gefühle, wenn wir unser Männer- und Frauenbild nicht hinterfragen und nötigenfalls ändern. Wir ziehen sogar die Menschen an, die in dieses negative Muster passen. Es ist ein kosmisches Gesetz, daß sich unser Leben nach unseren Erwartungen gestaltet. So habe ich eine Freundin, die von ihrem Vater gemein und schlecht behandelt wurde; jeder Mann, dem sie begegnete, behandelte sie nicht besser als damals ihr Vater. Interessanterweise haben sich damals die gleichen Männer mir gegenüber korrekt und liebenswürdig verhalten – sicher nicht, weil ich so gut bin, sondern weil ich in mir andere Vorstellungen und Muster habe (mein Vater war eine Seele von einem Mann). Ich sage es noch einmal: Unsere inneren Bilder sind wie Magnete. Lange Zeit hat meine Freundin an ihren negativen Bildern und Verhaltensmustern gearbeitet, jetzt lebt sie in einer glücklichen Partnerschaft.

Viele Menschen können in sich die gegenschlechtlichen Eigenschaften nicht akzeptieren. Männer haben oft Mühe, Gefühle zu zeigen, und Frauen

trauen ihrem scharfen Verstand zu wenig. So können dann die gleichen
Männer Gefühle, die ihre Frauen zeigen, nicht akzeptieren und auf sie eingehen. Oder Frauen verurteilen die Intelligenz der Männer als kalt und be-
rechnend. Wer mit seiner inneren Frau bzw. mit seinem inneren Mann im
Streit liegt oder diese ablehnt und verachtet, wird den gleichen Streit, die
Ablehnung und Verachtung auch nach außen in seine Beziehungen projizieren.

Konstruktiver Umgang mit dem Männlichen und Weiblichen

Das Männliche und das Weibliche bilden zusammen eine Einheit, und wir
können mit Stolz zu beiden Seiten in uns stehen und ihnen Verständnis und
Liebe entgegenbringen. Wir sollten das Trennende ausschalten. Analysieren
Sie nicht: »Das ist nun das Männliche/Weibliche in mir«, sondern »das bin
ich.« Machen Sie eine Liste von Ihren Eigenschaften, Vorlieben und Interessen, die Sie haben oder wünschen. Schauen Sie diese öfters an und denken
Sie darüber nach. Bei näherer Betrachtung werden Sie bemerken: Es gibt
keine einzige Eigenschaft, die nur dem Männlichen bzw. dem Weiblichen zugeordnet werden könnte. Alles, was dem einen Geschlecht zugeordnet wird,
ist gesellschaftlich geprägt und wurde den Kindern so anerzogen. Wir müssen herausfinden, was unsere speziellen eigenen Interessen und Vorlieben
sind. Ob sie nun mehr männlichen oder weiblichen Charakters sind, spielt
gar keine Rolle. Zu unseren Interessen und Vorlieben, mögen diese auch
ganz spezieller Art sein (wunderbar!), dürfen und können wir stehen.
    Wie sieht es aus mit den Beziehungen zum anderen Geschlecht? Es kann
gut sein, sich nochmals kurz in die Kindheit zu versetzen und sich zu er-
innern, wie Vater und Mutter waren. Welche Eigenschaften waren stark ausgeprägt, wie gingen sie miteinander um, wie gingen sie mit uns um, als Mutter und Vater, als Mann und Frau? Was habe ich übernommen? Was ist gut
und bringt Freude in meine Beziehungen, und was bringt Leid in meine Beziehungen? Vielleicht fragen wir sogar einen guten Freund oder eine Freundin, was er/sie dazu meint, denn wie gerne machen wir uns selbst etwas vor.
Beobachtungen durch andere können viel ans Licht bringen, denn nur wenn
uns etwas bewußt wird, können wir Veränderungen vornehmen. Dazu ist es
nie zu spät. Auch in einer langjährigen Partnerschaft können wir wenn nötig
noch vieles verändern. Jede Beziehung lebt nur, wenn der Umgang immer
von neuem hinterfragt wird. Dieses Miteinander-Arbeiten an einer Beziehung
kann sogar Spaß machen.
    Bei Beziehungsproblemen denken wir automatisch an den Umgang mit
dem anderen Geschlecht. Aber genauso viele Probleme können auch in Be-

kanntschaften und Freundschaften mit dem gleichen Geschlecht entstehen. Wie viele Männer haben keine echten Freunde, wieviele Frauen haben keine Freundinnen? Was läuft da schief? Wer meint, er kommt ohne jegliche Beziehung aus, begibt sich ins Abseits, und seine Vereinsamung ist vorauszusehen. Wer sich einredet, er hätte keine Zeit oder keine Lust, der macht sich etwas vor.

Versuchen wir, neuen Bekanntschaften – Männern oder Frauen, neuen Arbeitskollegen, neuen Nachbarn – vertrauensvoll, nicht vertrauensselig, zu begegnen. Untersuchen wir negative Gefühle, sobald sie sich zeigen. Setzen wir die Erwartungen nicht zu hoch, denn genau wie unsere Eltern und wie wir selbst sind auch diese neuen Bekannten nicht vollkommen.

Bevor ich diese Betrachtungen anstellte, gab es in meinem Leben eigentlich nur drei Kategorien von Menschen: Die einen fand ich sympathisch, und sie fanden mich auch sympathisch; die zweite Gruppe lehnte ich ab, und sie lehnte mich ab. Die dritte Gruppe war mir gleichgültig. Seit ich nicht mehr Angst, Vorurteile und andere negative Gefühle bei menschlichen Begegnungen ins Spiel bringe, sondern offen auf die Mitmenschen zugehe, hat sich vieles – ich könnte sogar sagen: alles – geändert. Es sind sogar Freundschaften entstanden mit Menschen, die mich und die ich vorher ablehnte. Ich unterscheide weniger zwischen Mann und Frau, sondern sehe den ganzen Menschen. Oft höre ich jetzt von alten Bekannten: »Du bist anders, als ich dachte, ich habe Dich damals falsch eingeschätzt.« Da muß ich dann ehrlich gestehen: »Du hast mich damals wahrscheinlich richtig eingeschätzt, aber ich habe an mir gearbeitet und bin anders geworden.« Ich bin das geworden, was ich eigentlich bin.

Das Weibliche wie auch das Männliche sind nur die beiden Teile eines Ganzen, und das Ganze sollen wir in allem sehen. Nur dann werden wir unserer eigenen Würde und der Würde des Mitmenschen gerecht. Jede Begegnung ist eine neue Herausforderung, die uns glücklich macht, wenn wir wagen, offen, wohlwollend, vorbehaltlos und liebevoll zu sein. Dann können wir anders auf andere Menschen zugehen.

Früher war ich sehr darauf bedacht, was ich in der Gesellschaft sagte, tat oder wie ich mich gab. Oft entsprach ich dann doch nicht meinen Vorstellungen. Heute sind – egal wo ich hingehe – die Ängste vor Begegnungen und vor meinen eigenen Reaktionen verflogen. Ich begegne Menschen, die mich interessieren, denn es gibt keine uninteressanten Menschen. Ich bin einfach da und habe Spaß, weil mir Zuneigung und Wohlwollen entgegengebracht werden und ich wieder viel Interessantes erfahre und daraus Neues lerne.

Man kann es tatsächlich lernen, mit Frauen wie mit Männern gleichermaßen umzugehen, wertvolle Freundschaften aufzubauen und zu erhalten.

Die Begegnungen eines Lebens sind wie die Würze einer Speise, welche das Essen aromatisch und genußvoll oder fad und ungenießbar machen. So wünsche ich Ihnen viele glückliche, bereichernde und liebevolle Freundschaften und Beziehungen.

Menschen treten in unser Leben
und begleiten uns eine Weile.
Einige bleiben für immer,
denn sie hinterlassen ihre Spuren
in unseren Herzen.

Unbekannt

Meditation: Umgang mit dem anderen Geschlecht

Mit Toleranz und offenem Herzen den Mitmenschen beiderlei Geschlechts zu begegnen – dies zu lernen, kann ein langer Prozeß sein. Das Abbauen alter Vorurteile und Ängste und das Erlernen neuer Verhaltensmuster kann man vorerst während der Meditation üben. Beobachten Sie, ob und wie unterschiedlich Sie sich verhalten, wenn Sie Menschen des eigenen oder des anderen Geschlechts begegnen (diese Unterschiede können sehr versteckt sein und unterschwellig wirken). Überlegen Sie sich, wie Sie wohl auf diese wirken. Stellen Sie sich vor, wie der/die andere reagiert, wenn Sie ihm/ihr mit einem unbefangenen Lächeln oder kleinen Scherz begegnen. Sie haben doch Humor – also setzen Sie ihn ein.

In der folgenden Meditation setzen Sie Ihrer Phantasie bitte keine Grenzen – nur das Abschweifen vom Thema sollten Sie vermeiden. Meditieren Sie über Monate hinaus öfters auf diese Weise, es werden Wunder passieren – das kann ich Ihnen versichern.

*Begeben Sie sich
in den Alphazustand*
(siehe Seite 24)

Stellen Sie sich vor, Sie wären
eine weise Frau bzw. ein weiser Mann. Das Aussehen spielt
keine Rolle. Ein weiser Mensch
strahlt sowieso Würde, Güte,
Liebe und innere Schönheit
aus … Es kommt nun ein Mensch des anderen Geschlechts
zu Ihnen – einfach, um ein wenig bei Ihnen zu sein … Sie
sitzen schweigend beisammen. Zuerst denken Sie über die
guten Eigenschaften des/der Anwesenden nach … und erfin-
den noch einige dazu … Nun stellen Sie sich ihn/sie gütig,
wohlwollend, verständnisvoll, rücksichtsvoll, humorvoll und
liebevoll vor … Auch Sie selbst bringen ihm/ihr nun Wohlwollen, Verständnis und Zuneigung, vielleicht sogar etwas
Humor entgegen … Hinterfragen Sie nun, was an Ihrem
Verhalten die Interaktionen mit dem anderen Geschlecht
möglicherweise erschweren könnten. Versteckte Ängste
decken Sie auf. Suchen Sie nach der Ursache. In allem, was
»schlecht« ist, steckt der Kern des Guten, decken Sie ihn
auf, den guten Kern … Nun schenken Sie der oder dem Anwesenden drei Blumen: eine gelbe als Symbol Ihres höheren
Verständnisses, eine blaue als Symbol Ihres Glaubens an das
Gute und eine rote als Symbol Ihres Wohlwollens oder gar
Ihrer Liebe. Werden Sie nun einfach ganz still, vielleicht
möchte Ihnen Ihr Mitmensch auch etwas sagen oder sogar
schenken. … Bleiben Sie noch eine Weile in der Stille sitzen,
beobachten Sie den Atem … Atmen Sie tief durch, recken
und strecken Sie sich, und beenden Sie dann die Meditation.

Übungsreihe zum Ausgleich beider Körperseiten

Jeder Mensch hat zwei Seiten. Symbolisch gesehen entspricht die rechte Körperseite der männlichen und die linke der weiblichen. Oft sind die Körperseiten ungleich, verspannt oder weniger verspannt, kraftvoll oder schwach. Auf alle Fälle geht es uns besser, wenn beide Seiten ausgeglichen sind und harmonisch zusammenwirken. Das hat auch seelisch-geistig mehr Ausgeglichenheit zur Folge. Dann sind wir heil und ganz.

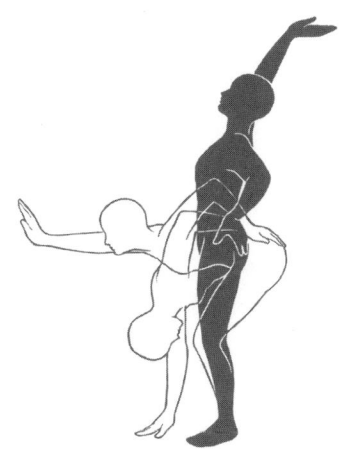

SCHWINGENDES PENDEL
Einatmend Arm heben und ausatmend Knie beugen. Oberkörper nach vorn beugen und auf die Oberschenkel legen. Einatmend wieder aufrichten, Arm heben. Mehrmals wiederholen und die andere Seite üben.

»Jede Disharmonie, Spannung und Schwäche in Körper, Geist und Seele soll sich auflösen.«

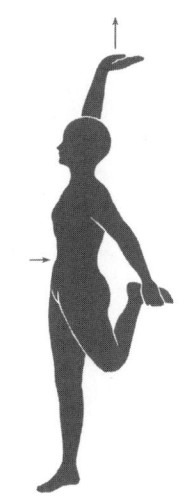

ARM- UND BEINSTRECKSTELLUNG
Bein- und Armmuskulatur sind und bleiben angespannt. Einige Atemzüge in der Stellung bleiben, auflösen und die andere Seite üben.

»Ich spüre und genieße meine innere Spannkraft.«

SCHEIBENWISCHER

Ausatmend den Oberkörper zur Seite neigen und einatmend wieder zur Mitte kommen. Ganz locker bleiben! Wiederholen Sie dies mehrmals.

»Meine rechte und meine linke Seite werden weich und warm.«

INTENSIVE SEITENDEHNUNG

Weite Grätsche einnehmen und Arme ausstrecken, rechten Fuß nach rechts drehen und Knie beugen. Sich nun nach rechts beugen und die Hand aufstellen. Die Außenkante des linken Fußes kräftig auf den Boden pressen und die Dehnung vom Fuß über das Bein stärken und spüren, die linke Körperseite, den Arm – bis in die Fingerspitzen. 15 Atemzüge lang in der Haltung bleiben. Stellung auflösen, indem Sie die linke Hand ebenfalls auf dem Boden aufstützen, das linke Bein nach vorn ziehen und einige Atemzüge in der Kauerstellung bleiben. Die Übungen wiederholen Sie anschließend mit der anderen Seite.

»Mein Herz ist offen und weit, mein inneres Licht strahlt und erhellt meine Umwelt.«

VORBEUGE MIT GEGRÄTSCHTEN BEINEN

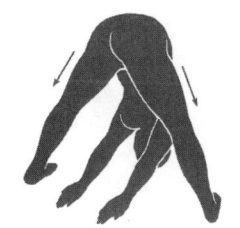

(Falls Sie sich mit den Händen nicht auf dem Boden aufstützen können, stützen Sie sich auf Ihren Beinen auf.)

»Ich achte und respektiere jeden Menschen, in jedem steckt der Kern des Guten.«

OHR AM KNIE

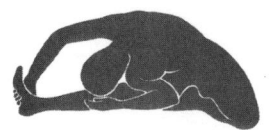

Bleiben Sie locker 10 Atemzüge in der Stellung, und spüren Sie in die gedehnte Seite. Beinstellung wechseln und sich zur anderen Seite beugen (evtl. das ausgestreckte Bein leicht gebeugt halten).

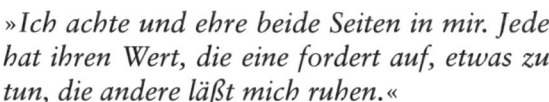

»Ich achte und ehre beide Seiten in mir. Jede hat ihren Wert, die eine fordert auf, etwas zu tun, die andere läßt mich ruhen.«

DREHSITZ

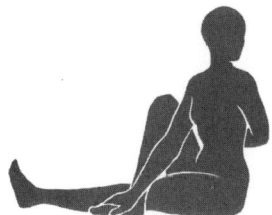

Sie sitzen auf beiden Sitzhöckern, der Rücken ist aufgerichtet. Bleiben Sie 10 Atemzüge in der Drehung. Sie wechseln dann die Beinstellung und drehen sich zur anderen Seite.

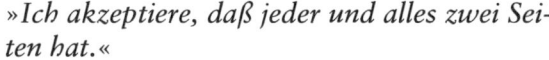

»Ich akzeptiere, daß jeder und alles zwei Seiten hat.«

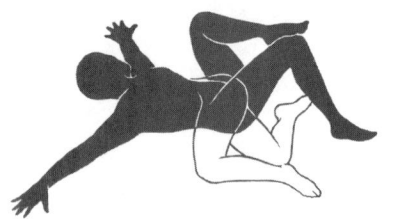

KROKODIL

Lassen Sie ausatmend die Knie zur einen Seite sinken, und kommen Sie einatmend wieder in die Grundstellung zurück. Senken Sie danach die Knie zur anderen Seite, und wechseln Sie dann die Beinstellung. 8 x wiederholen.

»*Mein Leben ist ein Wechselspiel von Geben und Nehmen.*«

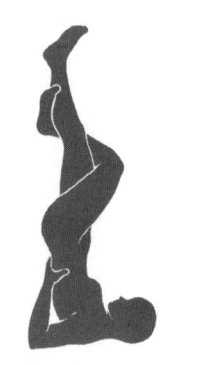

KERZE

Die Knie zur Brust ziehen und dann in die Senkrechte bringen. Einige Atemzüge in der Stellung bleiben. Die Beinstellung 6 x wechseln. Die Stellung auflösen, indem die gebeugten Knie zur Stirn sinken und der Rükken sorgfältig auf den Boden zurückgelegt wird.

»*Im Tiefsten und Höchsten fällt jede Dualität weg.*«

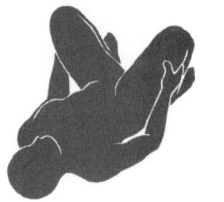

FÖTUS

Lassen Sie es sich einige Atemzüge in der Stellung wohl sein.

»*Jeder Atemzug bringt mich weiter in meine Mitte, aus meiner Mitte schöpfe ich die Kraft.*«

RUHELAGE

»*Ich genieße es, mit Menschen zusammenzusein, und ich genieße es, alleine zu sein.*«

Das Herz sieht weiter als das Auge.
Aus Afrika

Gerechtigkeit und Gewissen

Eine weitere große Kraft, die im Menschen wirkt, ist der angeborene und zum größten Teil auch anerzogene Gerechtigkeitssinn. Dazu gehört auch das Pflicht- und Verantwortungsgefühl. Schon das Kind lernt, was gut und schlecht ist, was seine Aufgaben und Pflichten den anderen gegenüber sind und was gerecht oder ungerecht ist. Es lernt dies von seinen Eltern, die es ihrerseits von ihren Eltern übernommen haben. So wird das Kind von seiner Herkunft und Familie geprägt, und es übernimmt die gleichen Werte und Anschauungen.

Auch die religiöse Zugehörigkeit einer Familie prägt maßgebend die Überzeugungen von Gut und Böse und die (Vor-)Urteile der Kinder. Stammt beispielsweise ein Mädchen aus einer orthodoxen Moslem-Familie, kann es schon Schuldgefühle entwickeln, wenn es seine schönen Haare nicht unter dem Schleier verstecken möchte. Mit den verschiedensten Verhaltensregeln, die in allen Gesellschaftsschichten in mehr oder weniger ausgeprägter Form gepflegt werden, könnte man dicke Bücher füllen. Aber wir brauchen gar nicht so weit zu gehen. Welche Pflicht- und Verantwortungsgefühle werden z. B. dem ältesten Kind einer durchschnittlichen Familie oder dem jüngsten Kind derselben Familie abverlangt? Welcher Unterschied wird zwischen Buben und Mädchen gemacht? Eine gute Tochter hat für die Eltern zu sorgen, oder eine Schwester hat für ihren Bruder zu sorgen, falls es ihm schlechtgeht. Wird dasselbe auch vom Sohn gleichermaßen erwartet? Ein Mann hat seinerseits wieder für seine Familie zu sorgen, obwohl er vielleicht vorher das Übernehmen von Verantwortung gar nicht gelernt hat.

Ich habe einmal in der Straßenbahn ein Gespräch mitanhören müssen, wie eine Frau ihrer ca. achtjährigen Tochter Vorwürfe machte, weil sie es unterlassen würde, für ihre arme Mutter zu sorgen. Sie machte das kleine Mädchen für ihre eigenen Depressionen und Suchtprobleme verantwortlich. Ich war für einige Stunden aus Mitleid für dieses kleine Mädchen wie gelähmt, und es stiegen in mir Erinnerungen aus meiner Kindheit auf – Erinnerungen an meine unglückliche Mutter, die auch erwartete, daß ich ihr helfen würde.

Daß es große Unterschiede der Erwartungen in den Familien und in den verschiedenen Gesellschaftsformen in bezug auf Pflichterfüllung und Verantwortungsübernahme gibt, werden wir nicht verhindern können. Wenn wir aber annehmen, daß unser Gerechtigkeitssinn und unsere Anschauung von Gut und Böse, von Pflicht und Verantwortung die einzig richtigen seien, kann diese Meinung in unserem Leben viel Leid verursachen. Unser »Gewissen« sollten wir ernstlich hinterfragen.

Viele Menschen leiden ein Leben lang unter Schuldgefühlen, weil zu große Anforderungen an sie gestellt werden oder wurden. Leider entsteht daraus ein Teufelskreis. Wer sich gegen zu hohe Anforderungen nicht wehrt, stellt diese auch an sich selbst und verlangt sie ebenfalls der Umgebung ab. Wird ihnen nicht entsprochen oder kann ihnen durch ein menschliches Unvermögen nicht entsprochen werden, so entstehen viele Frustrationen und Leid auf beiden Seiten. Der eine leidet, weil seine Erwartungen nicht erfüllt werden, und beim anderen entstehen Schuldgefühle. Viele Krankheiten, körperliche und seelisch-geistige oder auch Süchte nach allem Möglichen und Unmöglichen haben ihren Ursprung genau an diesem Punkt. Pflichtgefühl und Verantwortungsbewußtsein hat man nicht einfach, sondern sie wurden uns anerzogen oder sogar aufgezwungen. Es lohnt sich, darüber nachzudenken.

Der große Schatten des Gewissens

Wird einem Menschen zuviel Druck durch geforderte Verantwortung und Pflichten auferlegt oder von ihm auch in sittlichen Belangen Unmögliches und Unnatürliches abverlangt, dann passiert folgendes: Er bricht aus und entledigt sich allem, oder er wird selbst zum Tyrannen und Fordernden. Weiter wird derjenige, welcher sich als Versager vorkommt, Schuldgefühle aufbauen und unbewußt nach Selbstbestrafung oder nach Bestrafung durch andere verlangen. Der eine schlägt andere, obwohl er die Schläge gegen sich selbst richten möchte, und der andere will geschlagen werden, da auch er sich selbst verachtet oder sogar haßt. Ob die Schläge nun durch die Hand, durch Worte oder durch andere Maßnahmen erfolgen, im Grunde gelten sie immer dem eigenen Schuldgefühl. Sicher kommen die meisten Menschen nicht so weit. Aber um andere zu verstehen, auch wenn wir ihre Handlungsweise nicht tolerieren, ist es gut, wenn wir die Ursache und nicht nur die Auswirkung kennen. Nur wenn sich die Ursache ändert, wenn diese Menschen frei von Schuldgefühlen werden, dann können falsche und leidbringende Verhaltensweisen aufgelöst werden.

Ein weiterer Punkt, der viel Leid für alle Beteiligten bringt, ist die Haltung des Selbstgerechten und Verurteilenden. Kritik üben und Verurteilen kann zu einer Sucht werden und viele, die dem Lesen der Boulevardpresse fröhnen, sind davon betroffen. Da ist immer ein böser Täter, über den man in Gedanken noch lange herziehen kann: Wie abgrundschlecht ist dieser Mensch, während ich doch ein guter Mensch bin. Wenn diese Menschen allerdings Biographien von »Tätern« genauer studieren würden und erfahren könnten, was passierte, als dieser Mensch noch ein Baby oder Kleinkind war, würde jede Verurteilung wie ein Kartenhaus im Wind zusammenbrechen. Ihre selbstherrlichen Verurteilungen wären wie ein Hohn. Die sogenannte Gerechtigkeit ist wie ein schmaler Weg auf einem Gipfelgrat, und jeder kann abstürzen, wenn er nicht achtgibt, wohin er tritt, und statt dessen zu den anderen schaut.

Transformation des Gewissens

Viele Menschen machen sich das Leben schwer und leiden unter Schuldgefühlen, die sie aus der Vergangenheit mitschleppen oder die ihnen von den lieben Mitmenschen stets von neuem eingeimpft werden. Dabei haben sie damals etwas getan oder unterlassen, das sie aus innerem oder äußerem Unvermögen gar nicht anders hätten machen können. Oder es werden von ihnen heute noch Verpflichtungen verlangt, die ihre seelisch-geistigen Kräfte übersteigen.

Ich bitte Sie, liebe Leser, lassen Sie jegliche Schuldgefühle sofort los – jetzt sofort. Vergeben Sie sich selbst, und vergeben Sie auch den Mitbeteiligten. Die Mitmenschen von damals, die Ihnen Leid zufügten, egal welcher Art, waren selbst unglücklich, unzufrieden, sie waren oder sind heute noch in ihre eigenen unglücklich machenden Verhaltensmuster verstrickt.

Versuchen Sie ernstlich, nicht zu verurteilen. Stellen Sie sich die Beteiligten von damals jetzt glücklich vor, lassen Sie diese in Liebe gehen. Übergeben Sie die Situationen und Menschen den göttlichen Kräften. Vielleicht können Sie das nicht, weil Ihnen die Menschen damals sehr weh taten. Bitten Sie trotzdem die göttlichen Kräfte, daß sie sie glücklich machen. Immer, wenn wieder alte Schuldgefühle oder alter Groll aufkommt, lassen Sie los. Vergeben Sie sich und den anderen. Sie brauchen dazu nicht alte Kontakte aufzufrischen, denn damit würden Sie nur Altes wieder aufrollen. Die Menschen würden Sie vielleicht auch gar nicht verstehen. Wenn Sie das Bedürfnis haben oder meinen, Sie müßten etwas gutmachen, dann haben Sie genug Gelegenheit hier und jetzt. Zeigen Sie den Mitmenschen, mit denen Sie *jetzt* leben und arbeiten, Ihre Güte, Ihr wahres Wesen. Die Mitmenschen brauchen nicht unsere Verurteilung, sie brauchen unseren Glauben an das Gute in ihnen, unser Wohlwollen, unser Verständnis, unsere Geduld und unsere Liebe. Ein Fehlverhalten oder eine Missetat können wie ein Schrei nach Liebe sein: »Liebe mich dann am meisten, wenn ich es am wenigsten verdiene, denn dann habe ich es am nötigsten.«

Die Vergebungsarbeit ist ein langer Prozeß, sogar ein zyklischer. Wir können sie einbinden in den Jahresrhythmus. Ideal dafür ist im Vorfrühling die Fastenzeit oder der Herbst, wenn die Bäume die verwelkten Blätter fallen lassen; die Blätter auf der Erde verrotten und werden wieder zur Nahrung für das Neue. Lassen auch wir alle negativen Gefühle aus der Vergangenheit los. Die Erfahrungen von damals, recht ausgewertet, können uns in der Gegenwart und Zukunft nützen.

Wie sieht es denn mit den aufkommenden Schuldgefühlen des Alltags aus? Wenn wir eine Pflicht erfüllen »sollten«, dabei aber Gefühle der Unlust, Aggression, Müdigkeit oder Trauer verspüren, dann ist es höchste Zeit, diese Pflicht genauer zu betrachten und sich zu fragen, ob da eine zu hohe Anforderung an uns gestellt wird oder ob wir uns selbst überfordern. War diese Anforderung schon immer zuviel, oder wurde sie erst mit der Zeit einfach zu schwer? Wenn Sie krank wären, müßten andere einspringen – lassen Sie es nicht soweit kommen. Suchen Sie Lösungen, Entlastungen, Wege, um die Pflichten, welche Schuldgefühle verursachen, zu erleichtern.

Vielleicht paßt das Ihrer Mutter, Tochter, Ihrem Sohn oder Ehemann nicht. Das macht vorerst gar nichts. Ihnen muß es passen, Sie müssen sich wohlfühlen. Ihre eigenen Gefühle sind wichtig und müssen zuerst von Ihnen, dann von anderen, ernstgenommen werden. Vielleicht können Sie sogar zusammen eine Lösung finden, die allen entspricht. Sprechen Sie von Ihren unguten Gefühlen. Unsere Mutter, Töchter oder Ehemänner wollen doch immer nur unser Bestes und daß wir uns glücklich fühlen, jetzt geben wir ihnen die Gelegenheit, auf unsere Bedürfnisse einzugehen. Ich weiß, das klingt etwas ironisch. Ich möchte damit nur sagen, daß wir unsere Gefühle auch aussprechen können und dürfen. Keine Angst – damit werden die Mitmenschen sicher nicht übermäßig strapaziert. Unsere Mitmenschen können sich danach richten, und wir bewahren sie vor aufkommenden Schuldgefühlen. Zudem müssen sie dann auch nicht mit einer unglücklichen, aggressiven oder still vor sich hinleidenden Person fertigwerden. Das Leben kann so schön sein, wenn wir unsere Kräfte einteilen und sogar noch einige aufsparen für kleinere und größere Höhepunkte im Leben!

Wie wir wissen, sind Gewissen, Gerechtigkeit, Schuld und Strafe ein sehr weitgehendes und komplexes Gebiet, das uns oft narrt und auf dunkle Pfade des menschlichen Irrens führen kann. Viele meinen, zumindest die Gerechtigkeit sei für alle eine klare Sache, und merken nicht, wie ungerecht sie gerade mit dieser selbstgerechten Meinung sind.

Man muß das Unmögliche so lange anschauen,
bis es eine leichte Angelegenheit wird.

Carl Einstein

Meditation: Reinwerden von Negativem und Belastendem

Der Spruch von Carl Einstein kann uns Hoffnung machen, falls wir alte
Schuldgefühle, Groll und Selbstmitleid loswerden wollen. Das sind üble Ge-
sellen: Wenn wir sie durch das Hauptportal hinauswerfen, kommen sie
heimlich durch die Hintertür wieder herein und richten sich in unserer besten Stube ein. Da gibt es nur eines: den Besen nehmen und wieder hinaus-
kehren, sonst kommen sie das nächste Mal mit Verstärkung zurück. Wir
müssen diese Gefühle ins Auge fassen und auflösen, denn wir können nie
richtig glücklich werden mit Schuldgefühlen, Groll oder Selbstmitleid im
Herzen. Diese Gefühle sind Gift für die Seele. Sie machen auch kein Unrecht
wieder gut. Wir strafen damit auch nicht die anderen, sondern schaden nur
uns selbst.

Wasser ist das Symbol für Gefühle, und es wirkt reinigend. Außerdem ist
es nötig für das Keimen und Wachsen von neuem Leben. Mit der folgenden
Meditation wünschen wir ein Reinwerden von allen negativen, belastenden
Gefühlen. Ebenfalls wünschen wir uns Kraft und Energie für das Neue, das
auf uns zukommen wird.

Lassen Sie das folgende Meditationsbild öfters während des Tages in sich
entstehen, insbesondere wenn Sie wieder von negativen Gefühlen heimge-
sucht werden. Wenn Sie nur wenige Atemzüge beim Bild verweilen, egal wo
Sie gerade sind – vielleicht sogar auf der Toilette –, wird Ihnen das helfen.
Vielleicht schon bald oder auch erst nach einigen Wochen, werden Sie sich
unsagbar leicht und frei fühlen. Sie werden voller Energie sein und Lust auf
Neues spüren. Sie möchten die Menschen, Tiere, Pflanzen, ja die ganze Welt,
in Ihr Herz schließen und wünschen, daß alle so glücklich sind wie Sie – so
leicht und so frei.

*Begeben Sie sich
in den Alphazustand*
(siehe Seite 24)

Stellen Sie sich vor, Ihr Becken
sei ein Brunnen ... In der Mitte
sprudelt Wasser hervor ... Während des Ausatmens lenken Sie
das Bewußtsein durch die Wirbelsäule nach unten ins Becken
und tauchen tief ins Wasser ...
Einatmend lenken Sie das Bewußtsein vom Becken wieder nach oben bis weit über den
Scheitel hinaus. Dabei steigt auch der Wasserstrahl immer
höher und höher ... Beim Herunterfließen spüren und genießen Sie das angenehm warme, weiche, sanfte Wasser ...
Sie wünschen sich dabei, daß alle negativen Gefühle weggeschwemmt und aufgelöst werden. Kosten Sie das angenehme Gefühl, rein und frei zu sein, voll aus ... Während
der nächsten Atemzüge lassen Sie sich vom regenerierenden
Wasser Kraft und Energie schenken – wie eine Pflanze, die
frisch begossen wird und der man ansieht, wie ihr das Naß
guttut und sie neu belebt wird ... Genauso soll es Ihnen
ergehen.

Übungen für einen entspannten und starken Nacken

Das Chakra (Energietransformator) der Reinheit und Freiheit befindet sich im Hals. Da sitzt auch sein Schatten, indem oft »hartnäckig« an längst überholten Schuldgefühlen, Verhaltensmustern und Vorurteilen festgehalten wird. Darum stehen Nackenübungen auf dem Programm.

Sie setzen sich vorn auf eine Stuhlkante und achten darauf, daß der Rücken aufgerichtet und gerade ist und die Schultern nach hinten und unten fallen. Der Nacken ist gestreckt, indem das Kinn etwas angezogen wird. Die Füße haben guten Bodenkontakt.

BEUGE NACH VORN UND NACH HINTEN

Ausatmend das Kinn an den Kehlkopf drük-ken und den Kopf nach vorn senken. Ein-atmend den Kopf nach hinten senken. Ach-tung: Kurz vor dem Anschlag stoppen. Beim Ausatmen den Kopf wieder nach vorn sen-ken. Wiederholen Sie dies mehrmals.

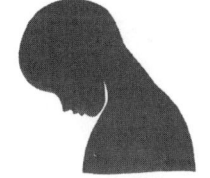

»Loslassen – loslassen – loslassen.«

DREHEN

Ausatmend den Kopf zur Seite drehen und einatmend wieder zur Mitte kommen. Mehr-mals nach links und nach rechts wieder-holen.

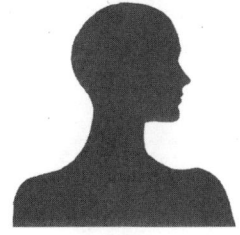

»Alles Belastende löst sich in nichts auf.«

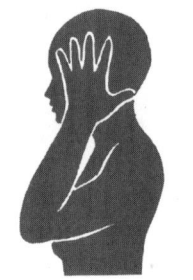

KRÄFTIGUNG DER HALS-MUSKULATUR – ÜBUNG I

Die Hand kräftig an das Ohr pressen und mit dem Kopf dagegen Widerstand leisten. Während 10 Atemzügen die Spannung halten und nachher die andere Seite üben.

»*Gegen negative Gefühle kann und will ich Widerstand leisten.*«

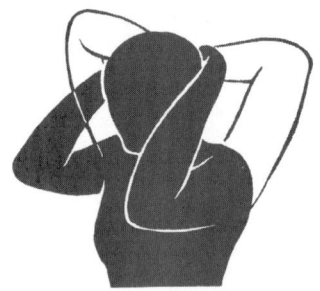

KRÄFTIGUNG DER HALS-MUSKULATUR – ÜBUNG II

Hände kräftig an den Hinterkopf pressen und mit dem Kopf dagegen Widerstand leisten. Einige Atemzüge lang die Spannung halten.

»*Ich erobere meine innere Freiheit.*«

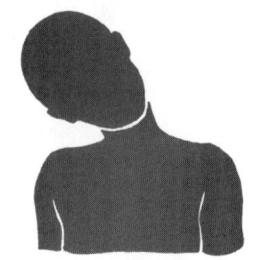

SEITENBEUGE

Ausatmend den Kopf seitlich senken, einatmend wieder heben und ausatmend zur anderen Seite senken. Mehrmals wiederholen.

»*Frei und gelassen wende ich mich der Umwelt zu.*«

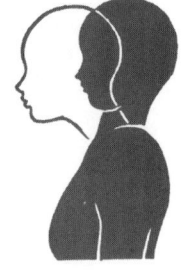

KINN NACH VORN UND ZURÜCK SCHIEBEN

Einatmend das Kinn nach vorn schieben und ausatmend zurücknehmen. Wiederholen Sie dies mehrmals.

»*Großer Fortschritt und kleine Rückschritte wechseln sich ab.*«

MASSAGE

Die Fingerkuppen an den Hinterkopf legen
und nach unten ziehen, indem sie fest in den
Nacken gegraben werden. Dann die Hände
an die Ohren oder Wangen legen und nach
unten, nach hinten und nach oben streichen.
Wiederholen Sie dies mehrmals. Gönnen Sie
sich eine wunderbare, sanfte Gesichtsmas-
sage.

»Ich liebe mich so, wie ich bin.«

RUHELAGE

»Ich lebe und webe in Liebe und Freiheit.«

Die Liebe weist dem Menschen seines Lebens Ziel.
Die Vernunft schenkt ihm die Mittel, sie zu erreichen.

Aus China

Verstand und Gefühl

Spätestens mit Beginn der Schulzeit setzt sich das Kind mit seinem Verstand und seinen Gefühlen auseinander. Es bemerkt beispielsweise, wie ein Mitschüler etwas schneller und besser versteht oder überhaupt nichts begreift. Es lernt zu unterscheiden zwischen einem schüchternen, verschlossenen und aufbrausenden, lauten Kind. Es beobachtet, wie seine Eltern denken und wie sie ihre Gefühle ausdrücken.

Im Schachspiel können diese beiden Kräfte mit dem König (Verstand) und der Dame bzw. Königin (Gefühl) verglichen werden. Der König, der das ganze Spiel beherrscht, kann wohl seinen Standpunkt verändern und jeden im unmittelbaren Umfeld schlagen, aber weit kommt er nicht, da er immer nur ein Feld weiterrücken darf. Er ist recht hilflos und ganz auf sein Umfeld angewiesen. Er selbst kann nicht geschlagen, sondern schachmatt gesetzt werden. Er ist der Mittelpunkt, und von ihm hängt der Ausgang des Spieles ab. Aber im Spielverlauf ist er nicht der Stärkste. Die stärkste und mächtigste Figur, der sich auch der König beugen muß, ist vielmehr die Dame. Schon als Kind machte mir das Schachspiel nur so lange Spaß, wie meine Dame noch im Spiel war. War die Dame geschlagen, dann wurde das Spiel ein herzloser Kampf. Die Dame kann den ganzen Spielraum beherrschen (und verrückt machen) und hat die Fäden oft ganz in ihrer Hand. Sie kann im Frontalangriff brutal zuschlagen, aber auch im Hinterhalt kann sie auflauern und den König arg bedrängen oder eben schachmatt setzen.

Das Schachspiel kann mit dem Spiel des Lebens verglichen werden. Auch da ist der Verstand sehr wichtig, und alles hängt von ihm ab. Und doch ist er recht begrenzt. Oft kommt er gegen die Gefühle nicht an. Sie bedrängen ihn arg oder setzen ihn sogar schachmatt. Wem ist nicht schon »die Sicherung durchgebrannt«, so daß er den Kopf verloren hat? Aus lauter Angst legen viele Menschen ihre Gefühle in Ketten. Schade! Denn es sind weitgehend die Gefühle, die unser Leben bereichern und verschönern.

Das Spiel der inneren Königin

Die Sinnlichkeit ist eine Sache der Gefühle. (Sind Sie sinnlich? Falls nicht, wo ist Ihre Sinnlichkeit geblieben? Als Kind waren Sie sinnlich!) Die Sinne nähren unsere Gefühle, und Lust und Freude sind Gefühle, die ganz von unseren Sinneswahrnehmungen abhängen. Wer seine Sinnlichkeit tötet, der ist auch abgeschnitten von Freude und Glücksempfindungen. Ein Teil davon gehört sicher zur Sexualität, aber Sinnlichkeit und Leidenschaftlichkeit sollten nicht nur darauf beschränkt werden. Naturbetrachtungen – denken Sie dabei nur an einen wunderschönen Sonnenaufgang, Blumen, Berge, Meereswellen, Blitz und Donner, Regenbogen, das Gehen durch warmen Sand oder nasses Gras, Musik und Kunst – können unsere Sinne aufwecken und in uns schöne und leidenschaftliche Gefühle erzeugen. Yoga beispielsweise spricht alle Sinne an. Man wird angehalten, den Körper zu spüren (Tastsinn), in sich hineinzuhorchen (Gehörsinn), sich etwas vorzustellen oder genau zu beobachten (Gesichtssinn), bewußt zu essen (Geschmackssinn) und zu riechen (Geruchssinn).

Wir meinen oft, zu unserem Wohle sei es besser, Augen, Ohren, Mund und Nase zu verschließen. Sei dem, wie es wolle, aber der Preis ist hoch, denn dann können wir auch das Schöne und Gute nicht mehr wahrnehmen. Wir werden nach außen gleichgültig und abgestumpft, und das kann der Beginn einer Depression sein, denn die Sinne können sich nach innen kehren und Gefühle erzeugen, die den Menschen zermalmen. Oft nehmen die Sinne dann nur noch das Negative wahr. Die ganze Leidenschaft wird im Destruktiven ausgelebt. Unsere Sinne sind wie die Tore oder die Nahrung für unsere Gefühle und Stimmungen. Je nachdem, auf was wir unsere Sinne lenken, sind wir gestimmt.

Gefühle und Stimmungen können von innen her hochkommen, besonders dann, wenn sie früher unterdrückt wurden. Sie sind aus der Vergangenheit in unserem Unterbewußtsein gelagert. Zu diesem Thema schrieb Alice Miller das Buch *Das Drama des begabten Kindes*. Sie beschreibt unter anderem, was passiert, wenn ein Kind seine Gefühle nicht ausdrücken darf, weil diese von den Erwachsenen als unbequem oder banal angesehen und übergangen werden. Sie deckt damit in ihrer Untersuchung einige Ursachen von Depressionen und Narzißmus auf.

Die Gefühle sind auch Gewohnheiten unterworfen, d. h., daß sich immer wieder die gleichen Gefühle in uns breitmachen. Das kommt daher, daß jedes Gefühl und jede Stimmung die Hormondrüsen anregt und das entsprechende Hormon ausgeschüttet wird. So wird z. B. bei Streß, Zeitnot, Aggressionen oder anderen aufputschenden Gefühlen das Hormon Adrenalin aus-

geschüttet. Die Wissenschaft weist nach, daß im Blut gelagertes Adrenalin
wiederum neue aufputschende Gefühle auslöst, wodurch dann erneut Adrenalin ins Blut fließt. Das ist wie ein Teufelskreis. Er kann nur ganz gezielt
und diszipliniert durchbrochen werden, indem der Betroffene versucht, über
eine längere Zeit alles zu meiden, was von neuem Adrenalin ins Blut schüt-
tet. Aus eigener Erfahrung weiß ich, daß das stimmt.

Jede Stimmung – Angst, Traurigkeit, Freude, Liebe, Gelassenheit usw. –
löst im Gehirn den entsprechenden chemischen Prozeß aus. Der Auslöser, die
Ursache des ganzen Geschehens, sind allerdings die entsprechenden Gedanken. Mit Gedankenbeherrschung und Kontrolle können diese Prozesse günstig beeinflußt werden. Die logische Schlußfolgerung ist, daß Gefühle, die
hochkommen, nicht einfach unterdrückt werden sollten, weil sie sich sonst
im Unterbewußtsein breitmachen, daß man andererseits aber nicht einfach in
unguten Gefühlen schwelgen sollte, sondern die Sinne am besten auf Dinge
gerichtet hält, welche die Stimmung verbessern und so aufbauend, harmonisierend und freudebringend wirken.

Die Stellung unseres inneren Königs

Genau wie der König im Schachspiel ist der Verstand sehr wichtig, denn das
Wesentliche hängt von ihm ab. Aber wir müssen wissen, daß seine Macht
auf dem Spielfeld des Lebens doch sehr begrenzt ist. Er sollte sich nicht zum
Diktator aufspielen und die Gefühle beherrschen oder gar entmachten wollen. Er sollte sich mit ihnen anfreunden und sie für sich arbeiten lassen. Über
die Sinne bekommt der Verstand die Informationen, die er dann ordnet, analysiert und zu einer neuen Einheit wieder zusammenfügt. Leider ist es so,
daß heute oft die Hauptaufgabe des Verstandes darin besteht, etwas aus-
einanderzunehmen, zu analysieren, zu kritisieren, um es dann in tausend
Stücke zerlegt liegen zu lassen. Menschen, die zu diesem Verhalten tendieren, sind nicht glücklich – im Gegenteil, denn nur das Zusammenfügen
macht glücklich. Diese Feststellung beweisen die vielen zufriedenen Menschen, die durch ein Hobby, in dem es um das Zusammenfügen und Verarbeiten von Ideen oder Material geht, neue Kraft schöpfen und ein Glücks-
empfinden erfahren.

Wir sollten beachten, daß der Verstand nur eine begrenzte Sicht hat. Er ist
mit dem Tagesbewußtsein gekoppelt und kann nur erfassen, was unmittelbar erfaßbar ist. Auch wenn er oft versucht, Zukunftsprognosen aufzustel-
len, wird ihm meistens ein Strich durch die Rechnung gemacht. Gefühle reichen weiter. Wie oft ahnt man etwas, das man nicht versteht, das sich aber
später als wahr erweist. Der Verstand kann Großes leisten und uns helfen,

die gesteckten Ziele zu erreichen. Er kann Probleme lösen, indem er etwas auseinandernimmt, zerlegt und analysiert. Aber dann soll er gefälligst die einzelnen Teile wieder zu einem Ganzen zusammenfügen. Er kann Ideen verwirklichen. Aber er sollte seinen zugewiesenen Spielraum nicht verlassen und meinen, er könne alles beherrschen. Der Verstand kann sich zu einem Tyrannen entwickeln, wenn wir nicht aufpassen.

Da unsere Lebensqualität weitgehend von den Gedanken abhängt, kann und sollte man mit dem Verstand auf die Qualität der Gedanken einwirken – dort kann er zeigen, was er kann. Halten Sie während des Tages hin und wieder inne, oder fragen Sie sich während der Meditation: Wie waren meine Gedanken? Waren sie negativ oder konstruktiv? Wir sollten lernen, unsere Gedanken zu beherrschen, sonst kann es passieren, daß wir von ihnen beherrscht werden.

Verstand und Gefühl: das ideale Paar

Im Märchen heißt es so schön: »Und als König und Königin regierten sie ihr Land in Liebe und Klugheit. Sie hatten ein langes Leben, viele Kinder, ein fruchtbares Land, und sie waren glücklich. Und wenn sie nicht gestorben sind ...«

Gefühl und Verstand sind tatsächlich ein unschlagbares Paar, wenn sie zusammenarbeiten. Wenn wir in jede Arbeit und in jedes Projekt Gefühl und Verstand einbringen und sie zusammen am gleichen Strick ziehen, dann können wir Großes vollbringen. Wir lassen liebe- und verständnisvolle Vorsicht, Rücksicht und Umsicht walten. Gefühle verhelfen uns zu Visionen, und der Verstand verarbeitet sie. Gefühle strecken ihre Fühler aus und nehmen wahr, ob unsere Projekte auch in die Umgebung passen und für alle eine bereichernde Wirkung haben. Der Verstand vollzieht die nötige Anpassung.

Die Fähigkeit zu denken und zu fühlen kann uns also zum Segen oder zum Verderben werden, denn wir fühlen und denken *immer*, und was wir fühlen und denken, das bestimmt unseren Lebenslauf – unser Schicksal. Meditationen können uns die Sinne öffnen und sie sammeln helfen. Der Verstand wählt aus, worauf wir die Sinne richten wollen. Wollen wir ungute Gefühle aus der Vergangenheit verarbeiten, dann lassen wir sie hochkommen und analysieren sie, bevor wir sie endgültig verabschieden und uns wieder neuen Projekten und Herausforderungen zuwenden. Wir wollen und sollen auch hin und wieder Traurigkeit, Wut und Unzufriedenheit zulassen und ausleben. Aber wir wollen auch entscheiden können, wann wir diese beenden, um wieder das zu fühlen und zu denken, was uns im Leben Freude macht und uns etwas leisten läßt.

Wie schön und voller Licht ist das Leben, wenn wir alles liebevoll verstehen und alles voller Verständnis lieben können, wenn jedes Analysieren und jede Kritik von Wohlwollen und Liebe getragen wird, wenn alles, was der Verstand kreiert, für uns selbst und für unsere Umgebung von aufbauender und heilender Wirkung ist, wenn der Mensch die Erde, die Mineral-, Pflanzen- und Tierwelt mit liebender Sorgfalt erforscht! Der Verstand sollte hin und wieder zurücktreten und sich eingestehen, daß das Höchste und das Tiefste nicht verstanden werden kann, nicht verstandesmäßig erfaßbar ist. Vieles kann nur gefühlt werden, aber auch dem sind Grenzen gesetzt. Das Ewige, das Unendliche und Unfaßbare wird uns immer ein großes Geheimnis bleiben, ein Geheimnis, das unsere Sehnsucht weckt und wachhält.

Helle Gedanken und ein heiteres Gemüt
machen schöne Tage. D. T. Thoreau

Meditation: Innere Freiheit und Frieden finden

Gedanken und Gefühle haben großen Einfluß auf unsere Atmung. Sind wir erregt oder sonstwie angespannt, dann atmen wir heftig, schnell und unregelmäßig. Sind wir deprimiert oder müde, dann ist die Atmung matt und flach. Nun können wir die Sache auch umdrehen und den Atem benützen, um unsere Gefühle und Gedanken zu beruhigen und zu harmonisieren. Alles, was sich in uns aufbauscht und erregt, braucht viel Energie. Ruhe im Körper, Stille im Geist und Frieden in der Seele hingegen schenken uns Kraft. Die Ruhe, die wir ausstrahlen, schlägt sich auch günstig in der Umgebung nieder. Wie sie wirkt, bestätigte mir eine Kindergärtnerin, die durch ihre eigene Ruhe auch die lautesten Kinder beruhigen kann. Wenn wir ruhig sind, können wir Gefühle und Gedanken, die uns heimsuchen, beobachten und wenn nötig verändern. Macht uns das gewohnte Denken glücklich? Wenn ja, wunderbar; dann sollten wir uns darüber freuen. Leider sind nicht alle Denkgewohnheiten freudebringend. (Bei mir dauerte es lange, bis ich meine Kritiksucht und meinen Zynismus los war.) Innere Freiheit ist dann in uns, wenn wir frei wählen können, welche Gedanken wir denken wollen und welche Gefühle wir aufsteigen- und zulassen wollen.

Mit der folgenden Meditation wecken wir zuerst die Sinne und werden dann still, indem wir uns auf den Rhythmus des Atems einstellen. Wir lassen die Gedanken kommen, schauen sie uns kurz an und lassen sie wieder gehen. So lernen wir unsere Gedanken- und Gefühlsstrukturen kennen. Sind sie eher destruktiver Art, dann ist es höchste Zeit, sie zu ändern. Stellen Sie Ihre Anforderungen in bezug auf die Konzentration nicht zu hoch. Es harmonisiert, zentriert und wirkt schon kraftspendend, auch wenn Ihnen die Konzentration nur einige wenige Atemzüge lang gelingt.

*Begeben Sie sich
in den Alphazustand
(siehe Seite 24)*

Stellen Sie sich selbst als
eine Waage vor: Das Bek-
ken ist der Sockel, die
Wirbelsäule die Mittel-
achse, die Hände sind die
Waagschalen ... Auf der
linken Hand liegt ein Symbol Ihrer Gefühle, und auf der
rechten Hand liegt ein Symbol Ihres Verstandes ... Betrachten, ertasten, hören, riechen oder schmecken Sie nun das
Symbol in der linken Hand ... Nun machen Sie sich Gedanken über das Symbol in der rechten Hand ... Schließlich
lenken Sie Ihr Bewußtsein ins Becken und beobachten dort
einfach den Atem. Der Atem ist fein, fließend, tief, langsam
und regelmäßig. Wie schon gesagt, betrachten Sie Gefühle
und Gedanken, die hochkommen und Sie heimsuchen ...
Lassen Sie diese wieder gehen, und beobachten Sie erneut
den Atem ... Lassen Sie sich erfüllen von Ruhe, Stille und
Frieden.

Übungsreihe zur Harmonisierung des Hormonsystems

Weitgehend verantwortlich für unsere Stimmungen sind die Hormone. Alle Drüsen schütten hemmende *und* antreibende Hormone aus. Wirken diese harmonisch zusammen, dann ist uns wohl. Wir sind ruhig und gelassen, können klar denken und sind optimistisch eingestellt. Wir haben Lust, Freude und den nötigen Elan, etwas Sinnvolles zu leisten.

Die folgenden Übungen fördern die Durchblutung und somit die Belebung der Hormondrüsen. Aus eigener Erfahrung weiß ich, daß sie auch harmonisierend, beruhigend und kräftigend wirken.

SAMMLUNG IN DER RÜCKENLAGE
Bei jedem Ausatmen stellen Sie sich vor, daß jegliche Disharmonie aus Ihnen wie eine dunkle Wolke entweicht, und beim Einatmen füllt sich Ihr Körper mit strahlendem Licht.

KERZE MIT ZUSAMMENGEPRESSTEN
SCHULTERBLÄTTERN
Die Knie zur Brust ziehen und die Beine in die Senkrechte strecken. Das Brustbein so nah wie möglich zum Kinn bringen, die Finger verschränken und die Arme strecken. Einige Atemzüge die Stellung halten und das Bewußtsein in den Hals lenken. Die Knie wieder zur Stirn bringen und den Rücken langsam auf den Boden ablegen.

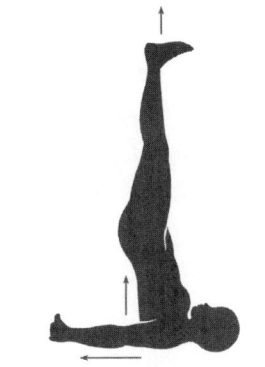

»Ich wünsche mir innere Freiheit, und die will ich voll auskosten und genießen.«

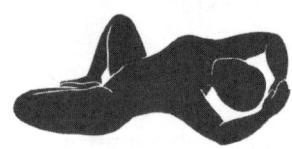

FISCH – BRUST UND BECKEN
WEIT GEÖFFNET
Wölben Sie den Brustkorb, als würde Ihnen jemand ein Kissen unter die Schulterblätter schieben. Einige Atemzüge in der Stellung bleiben und das Bewußtsein auf das Brustbein richten. Rücken wieder auf den Boden ablegen und danach die Knie zur Brust ziehen und umarmen.

»Ich öffne mein Herz allem Schönen.«

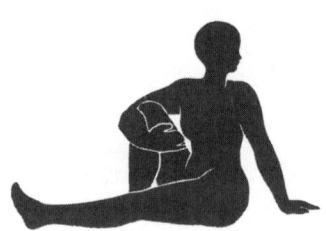

DREHSITZ
Sie sitzen mit aufgerichteter Wirbelsäule, drehen sich zur Seite und bleiben 15 Atemzüge in dieser Stellung. Sie wechseln die Arm- und Beinstellung, richten sich wieder auf und bleiben 15 Atemzüge zur anderen Seite gedreht.

»Rücksicht, Vorsicht und Umsicht lasse ich in all meinem Tun walten.«

VORBEUGE
Sie bleiben einige Atemzüge in der Stellung und spüren den Atem im Bauchraum.

»Voller Anerkennung und Dankbarkeit verneige ich mich vor der Liebe und der Intelligenz, die den Gesetzen der Schöpfung zugrunde liegen.«

SEITENBEUGE IM QUERBALKENSTAND

Sie bleiben 15 Atemzüge in der Seitenbeuge, wechseln dann die Beinstellung und üben die andere Seite.

»Herz und Kopf, meine innere Königin und mein innerer König, sind mein ideales Helferpaar.«

GESCHLOSSENER BALANCESITZ

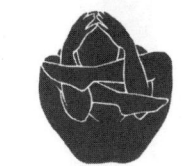

»Ich wünsche mir innere Ausgewogenheit im Fühlen und Denken.«

KOBRA

Die Stellung einige Atemzüge halten. Kein Druck auf die Hände. Sie spüren die haltende Kraft im Schulterblätterbereich.

»Ich wünsche mir die Kraft der Ausdauer.«

HEUSCHRECKE

Einatmend ein Bein heben, einen Augenblick oben halten und ausatmend wieder senken. Im Wechsel wiederholen Sie dies mehrmals.

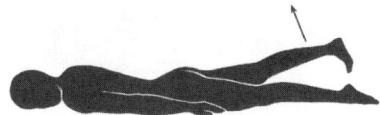

»Ich wünsche mir die nötige Widerstandskraft.«

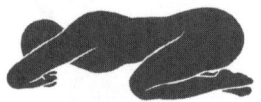

GEROLLTES BLATT

Lassen Sie jede Spannung los, und spüren Sie den Druck in der Stirn, die auf den Händen aufliegt.

»Ich wünsche mir die Kraft der Gelassenheit und Geduld.«

HALBER KOPFSTAND

»Ich fühle mich mit dem Tiefsten und Höchsten verbunden.«

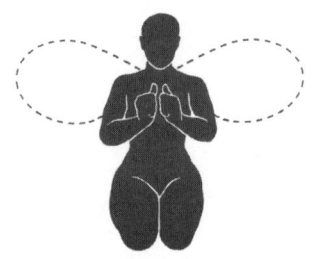

LIEGENDE ACHT MALEN

Mit den Daumen eine liegende Acht zeichnen und den Blick ruhig und gelassen mitschweifen lassen. Die Übung wirkt synchronisierend auf die rechte und linke Gehirnhälfte.

»Ich bestimme bewußt, was ich fühlen und denken will.«

RUHELAGE

»Ruhe, Kraft und Harmonie erfüllen mein ganzes Wesen.«

Die Sehnsucht ist es,
die unsere Seele nährt,
und nicht die Erfüllung.
Arthur Schnitzler

Wanderer

Versetzen wir uns in die Welt des Kindes, das schon viel gelernt hat. Es weiß, wie es sich verhalten muß, um geliebt und anerkannt zu werden. Es lernt zu unterscheiden, was gut und schlecht und was männlich und weiblich ist. Es lernt, seinen klaren Verstand zu gebrauchen, weiß aber trotzdem, daß es nicht immer vernünftig handeln kann oder auch will. Die meisten Kinder und Heranwachsenden möchten nun das, was sie gelernt haben, erproben. Es gibt kaum einen gesunden Menschen zwischen 15 und 25 Jahren, der nicht losziehen und eigene Erfahrungen sammeln möchte. Oft verhindern die Eltern diesen Drang mit allen Mitteln. Sie verwöhnen die Jugendlichen maßlos oder flößen ihnen Ängste und Schuldgefühle ein; oder sie versuchen, alle Probleme der jungen Leute selbst in die Hand zu nehmen und zu lösen. Sie binden die Kinder an sich, indem sie ihnen die Selbständigkeit rauben. Die Heranwachsenden passen sich dann an oder verschaffen sich auf andere Arten ihre Abenteuer. Oder sie kompensieren ihre Sehnsüchte mit gesteigertem Konsumverhalten.

Alle Kinder lieben Märchen und Geschichten von Helden und Heldinnen, die auszogen, »um das Gruseln zu lernen«. Nach vielen bestandenen Abenteuern finden die Märchenhelden Reichtum, Ansehen und oft auch ihre(n) Herzallerliebste(n). Die Kinder wollen immer wieder die gleichen Märchen hören. Sie identifizieren sich mit dem Held oder der Heldin. Sie bangen mit ihnen in Zeiten der Gefahr und sind glücklich, wenn zum Schluß alles »schön und gut« wird. Diese Märchen zeigen die innere Entwicklung des Menschen auf. Viele Lebensphilosophien sind sich heute einig, daß alle äußeren Umstände und alle Herausforderungen, die an den Menschen gestellt werden, dem Zweck dienen, um den innerlichen, spirituellen Reifungsprozeß in Gang zu halten. Damit erfüllt sich der Sinn des Lebens.

Wer kennt nicht selbst die Sehnsucht nach etwas Bestimmtem oder Unbestimmtem? Wer hat noch nie von Abenteuern geträumt, nachts oder auch tagsüber? Viele begeben sich auf fantastische Innenreisen mit Hilfe von Krimis, Science fiction, Liebesromanen, esoterischen Büchern und Kursen, Meditationen oder Therapien, aber leider auch mit Drogen – eine Sehnsucht, die zur Sucht werden kann.

Wer hat nicht schon auf einem Berggipfel oder am Meer gestanden, in die Ferne geschaut und wurde von einer süßen Melancholie gepackt – einer unbegreiflichen Sehnsucht? *Die Sehnsucht, die Suche nach dem Sinn des Lebens*, des Daseins, gehört zum Menschsein und bewirkt die Evolution des Bewußtseins. Zufriedenheit ist gut und schön, aber zuviel davon läßt den Menschen stagnieren und »faulen«. Wie wir sehen, ist die Kraft des Wanderers sehr rege in uns, und wie die Touristikbranche zeigt, auch sehr lukrativ für die Wirtschaft.

Der dominierende und der verdrängte Wanderer

Es gab in meinem Leben eine Zeit, da lebte ich nur für das Reisen – mit dem Sechs-Kilogramm-Rucksack und einem gutgepolsterten Scheckheft. Ich war dabei sehr glücklich, kannte aber auch Zeiten, wo mir elend zumute war. Es war wie eine Sucht, und ich wußte, einmal sollte das zu Ende sein ... und dann? In Zürich habe ich viele, denen ich auf den Reisen begegnete, wiedergetroffen. Es war tragisch, denn »daheim« waren wir nur glücklich, wenn wieder die nächste Reise in Sicht war. Neugierde ist eine immer wiederkehrende Gier nach Neuem, die ganz beharrlich auf ihre Rechte pocht. Kaum wird einem etwas vertraut, dann will man wieder weg, um einer aufkommenden Gewöhnung und Langeweile zu entrinnen. Es gibt kein Land und keinen Ort, egal wie schön er ist, wo man bleiben möchte oder könnte. Man ist und bleibt überall ein Fremder. Es treibt einen immer weiter ... immer weiter ...

Manche fröhnen dem unersättlichen Wanderer, indem sie jedes Wochenende im Auto sitzen und fahren, fahren, fahren – ohne Zweck, ohne Sinn. Andere wiederum verdrängen den Wanderer, indem sie sich von einem Nest (Elternhaus) ins andere Nest (Ehe) begeben – zur Freude der Eltern, die es kaum erwarten können, Enkelkinder zu hüten und zu verhätscheln. Bei diesen Menschen meldet sich der Wanderer oft später um so gewaltiger. Mit sexuellen Seitensprüngen oder anderen, für alle Beteiligten leidvollen Verhaltensweisen wird die versäumte Wanderschaft später nachgeholt. Viele holen die versäumten Wanderjahre sogar im Pensionsalter nach, was sicher nicht schlecht ist, wenn nicht Isolation, Einsamkeit oder gar Verwahrlosung die Folge davon sind.

Die Geschenke des Wanderers

Wie uns der Wanderer bis zur Selbstzerstörung treiben kann, so kann er uns auch die größten Höhenflüge bereiten. Das Leben mit all den Verpflichtungen kann Enge verursachen. Mit dem Wanderer schaffen wir uns wieder neue Weite, und neue Horizonte tun sich auf. Es kann ein großes Wagnis sein, einmal eine Reise alleine zu machen. Zeiten der Einsamkeit können uns überfallen und uns auf uns selbst zurückwerfen, um uns dann, wie eine Rückfederung, ins Unbekannte zu schleudern. Fast jeder, der einmal ohne Begleitung gereist ist, wird es immer wieder tun. Man öffnet sich automatisch mehr für die neue Umgebung und für Menschen. Die neue Umgebung bietet großzügig ihre Schätze an. Sogar ein simpler Marsch oder Lauf alleine durch einen Wald kann Neues bringen. Denn nun kann die Aufmerksamkeit ungeteilt auf Pflanzen, Tiere, Himmel und Erde gerichtet werden. Man begegnet der Natur mit offenen Sinnen, wird mit ihr vertraut, gewinnt sie lieb und möchte mehr darüber wissen. Man möchte sie schützen, man tut sich vielleicht sogar mit gleichgesinnten Menschen zusammen, und das Leben gewinnt von Neuem an Weite und Tiefe.

Vielleicht geht man aber durch den Wald und bemerkt, obwohl man alleine ist, die Umgebung überhaupt nicht, denn man ist ganz mit sich selbst beschäftigt. Dann ist man auf Wanderschaft in seine inneren Welten – ein Abenteuer ganz besonderer Art. Wer auf dem Spaziergang allerdings nur über die Fehler seiner lieben Mitmenschen nachgrübelt, der braucht dazu nicht in den wunderschönen Wald zu gehen.

Die Einsamkeit ist der begleitende Schatten des Wanderers. Jeder, der alleine losgezogen ist, kennt das Heimweh, das Ausgeschlossensein und die Einsamkeit. Man denke dabei nur an Emigranten, die gezwungen wurden auszuwandern. Viele große Werke sind gerade in schweren Zeiten der Einsamkeit entstanden.

Es gibt eine äußere und eine innere Einsamkeit. Auch wenn die Einsamkeit auf den ersten Blick leidvoll erscheint, ist sie ein Geschenk. Wie oft heißt es: Freud und Leid sind nah zusammen. Dies gilt im besonderen für die Einsamkeit. Wer die Einsamkeit richtig versteht und sich in sie versenken kann, wird sie immer wieder suchen und möchte sie nicht missen. Wer in diesen stillen Zeiten mit seinen höheren Kräften, die später im Buch noch beschrieben werden, in Kontakt kommt, der wird auch in einsamen Stunden, Tagen oder Wochen nicht mehr einsam sein, sondern sich immer mehr *all-ein* fühlen. Man fühlt die wunderbare Verbundenheit und Einheit mit dem All. Es ist ein Zustand, der das Köstlichste beinhaltet, ein Zustand, der sogar das Sterben zu einem Höhenflug machen kann.

Von unersättlichem Getriebenwerden, von lebenzerstörenden Süchten bis zu höherem Wissen, unergründlicher Weisheit und Zuständen von unbegreiflicher Glückseligkeit reicht die Skala dieser Kraft.

Planen wir Zeiten der Einsamkeit in unser Leben ein. Machen wir uns auf, immer Neues, Interessantes und Besinnliches kennenzulernen. Forschen und suchen wir immer von neuem nach dem Sinn unseres Lebens. Treten wir in Kontakt mit den inneren und äußeren Kräften, mit Gott! Dann entwickelt sich jede Einsamkeit in ein glückliches *All-ein-sein*.

Pflege den Zustand der Erwartung in dir,
dann bist Du wie ein Land bereit,
die Samen der Lüfte zu empfangen,
zu blühen und Früchte zu tragen.
Friedrich Kayssler

Meditation: Innere Reise

Jede Meditation ist eine innere Reise – eine Reise, um Neues zu erforschen und zu erfahren; oder eine Reise in die Wüste, um aus der Leere neue Fülle zu schöpfen. In der Stille kann etwas aufbrechen und schmerzen, etwas, das darauf wartet, entlassen zu werden.

Jeder Aufbruch erfordert ein Abschiednehmen von Altem und ist oft mit leidvollen Gefühlen verbunden: Trauer, Schuldgefühle, Trotz oder Aggressionen. In der folgenden Meditation können wir uns dem »Abschiednehmen« stellen. Welche Gefühle kommen dabei hoch? Wie reagieren die Menschen, die wir verlassen? Oder wie reagieren wir, wenn wir verlassen werden?

Wir lassen uns auch auf die Farbe Blau ein. Blau ist die Farbe der Sehnsucht und lockt in die Ferne, ins Ungewisse. Blau kann täuschen; obwohl Meer und Luft uns aus der Ferne blau erscheinen, ist bei näherer Betrachtung »nichts«. Gleichzeitig ist Blau die Farbe der Treue. Warum nicht gar sich selbst die Treue halten, seine eigenen Bedürfnisse und Sehnsüchte ernst nehmen und leben? Das Bedürfnis, aus der Enge auszubrechen, oder das Bedürfnis, sich in seine eigenen Welten zurückzuziehen, ist wichtig.

*Begeben Sie sich
in den Alphazustand*
(siehe Seite 24)

Stellen Sie sich Ihr Zuhause vor ... Sie teilen nun Ihrer Familie mit, daß Sie verreisen werden, daß Sie sich fremde Luft um die Ohren wehen lassen wollen. Betrachten Sie nun eine Weile still die Reaktionen Ihrer Familie ... Wie fühlen Sie sich selbst dabei? ... Sie packen das Nötigste ein und machen sich auf den Weg ... Sie reisen zu Fuß, mit dem Rad oder mit anderen Verkehrsmitteln ... Sie lassen sich ins Ungewisse der Ferne locken ... Sie lernen neue Orte und Menschen kennen ... Sie lernen sich selbst besser kennen, besonders wenn Sie die Einsamkeit hin und wieder zulassen ... Nehmen Sie sich Zeit innezuhalten, und versenken Sie sich in das Blau des Himmels ... Sie lernen die Gesetze der göttlichen Kräfte besser kennen, wenn Sie das *All-ein-sein* zulassen und sich darauf einlassen ... Bleiben Sie noch eine Weile in der Stille, mit Ihren inneren Bildern – Bilder, die Ihnen den Sinn Ihrer Lebensreise aufzeigen können.

Übungsreihe für ein gesundes Hüftgelenk und starke Beine

Menschen, die im Leben »anstehen«, nicht mehr weiterwissen oder weiterkommen oder sich von Zukunftsängsten plagen lassen, erkranken oft in den Hüftgelenken und haben schwache Beine. Starke Beine und die Beweglichkeit im Hüftgelenk machen Mut und wecken die Lust, Neues zu entdecken und sich vorbehaltlos und vertrauensvoll darauf einzulassen.

LOSLASSEN
Den ganzen Körper schütteln, wie ein nasser Pudel, oder als hätten Sie das »Knieschlottern«.

»Alle Wenn und Aber, die gegen eine äußere oder innere Entdeckungsreise sprechen, schüttle ich einfach ab.«

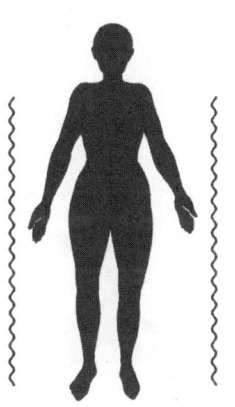

HÜPFEN AM ORT

»Alles Belastende und Einengende fällt von mir ab.«

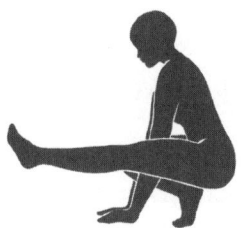

BEINKREISEN IN DER KAUERSTELLUNG

Das eine Bein nach vorn, zur Seite, nach hinten ausstrecken und den Fuß wieder neben den anderen aufstellen. Im Wechsel wiederholen Sie dies mehrmals.

»Neuen Schwung bringe ich in Körper, Geist und Seele.«

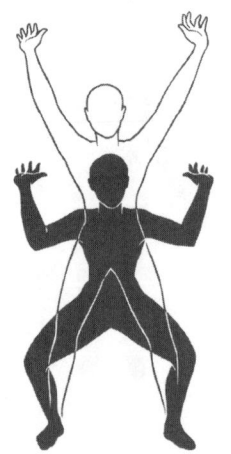

HAMPELMANN

Ausatmend das Gesäß senken und Knie und Ellenbogen beugen. Einatmend Beine und Arme wieder durchstrecken. Mehrmals wiederholen.

»Ich lasse es mir wohl sein und freue mich aufs Unbekannte.«

FLIEGENDER VOGEL

Locker die Arme schwingen wie ein Vogel, der auf dem Nestrand steht, seine Flügel ausbreitet und bald wegfliegen wird.

»Wie der Vogel lasse ich mich von Luft und Wind in die Freiheit der Ferne tragen.«

DREHUNG

Weite Grätsche einnehmen; mit ausgestreckten Armen den Oberkörper so weit wie möglich nach rechts drehen. Ausatmend die linke Hand an die Außenkante des rechten Fußes legen und den rechten Arm nach oben strecken. 15 Atemzüge in der Stellung bleiben, einatmend hochkommen und sich zur anderen Seite drehen.

»Neue Herausforderungen will ich mutig beim Schopf packen.«

TÄNZER MIT GLOBUS

Stellen Sie sich vor, den Globus in den Händen zu halten. Beim Einatmen führen Sie die obere Hand nach unten und gleichzeitig die untere Hand nach oben. Ausatmend halten Sie still, und einatmend wechseln Sie wieder die Handstellung. 8 x wiederholen, die Beinstellung wechseln und nochmals wiederholen.

»Meine Welt ist voller Möglichkeiten, die mich beglücken.«

SEITENDEHNUNG IM KNIESTAND

Sie bleiben 15 Atemzüge in der Stellung und spüren den Atem in der gedehnten Seite. Beinstellung wechseln und die andere Seite üben.

»Ich öffne mein Herz den Schätzen der Zukunft.«

VORBEUGE MIT UMARMTEN BEINEN
Der Oberkörper liegt auf den Oberschenkeln auf (eventuell ein Kissen dazwischenlegen). Kopf locker hängen lassen. 20 Atemzüge lang in der Stellung bleiben. Sie beenden die Haltung, indem Sie die Knie beugen, sich auf den Rücken legen und die Knie umarmen.

»Still kehre ich bei mir selbst ein und genieße meine innere Ruhe.«

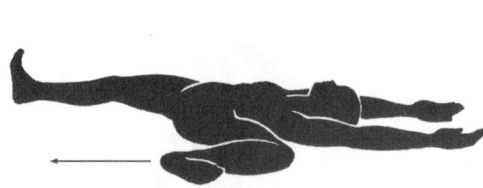

ÖFFNEN UND WEITEN IN DEN HÜFTGELENKEN
Ausatmend das eine Knie beugen und zur Brust ziehen. Einatmend das Bein zur Seite legen und langsam dem Boden entlang ausgleiten lassen. Im Wechsel wiederholen Sie dies mehrmals.

»Die Stille liegt in der Weite und die Weite in der Stille.«

KERZE
Die Knie beugen, zur Brust ziehen, die Beine in die Senkrechte bringen und den Rücken mit den flachen Händen gut stützen. Schütteln Sie nun locker die Füße, und lassen Sie nachher langsam und bewußt die Fußgelenke kreisen.

»Dort sein – hier sein, beides kann schön sein.«

RUHELAGE

*»Jedesmal, wenn ich ausatme, lasse ich mich
in die Ferne locken, und mit jedem Einatmen
komme ich wieder um vieles bereichert heim
in meine innere Heimat.«*

Die menschliche Liebe ist nur die Vorstufe
der unendlichen Liebe.

Zenta Maurina

Liebende

Es kommt der Zeitpunkt, wo der junge Mensch seine Lehr- und Wanderjahre beendet und beschließt, sich häuslich niederzulassen, ein eigenes Nest
zu bauen und vielleicht sogar eine eigene Familie zu gründen. Die Natur
mischt da eifrig mit, indem sie im Menschen Gefühle der Verliebtheit und
ein Verlangen nach Geborgenheit und Häuslichkeit erzeugt. Ob nun in der
heutigen Zeit die Jugendlichen diesen Bedürfnissen nachgeben, ist eine andere Sache, aber Gedanken darüber machen sich alle.

Allgemein betrachtet können wir die Liebe als die Verbindung und Ver-
einigung schaffende Kraft bezeichnen, durch die wieder neues Leben entsteht. Nur so wird die immerwährende Evolution aufrechterhalten. Diese
Kraft finden wir auch in der Pflanzenwelt mit ihren raffinierten Anzie-
hungsmechanismen, womit die Insekten und Vögel zur Bestäubung der
Blüten angelockt werden. Ist es nicht ein Wunder, wie die Pflanzen far-
bige, wunderschön geformte Blüten und spezielle Düfte produzieren können? Auch die mannigfaltigen Paarungsspiele der Tiere, die gar nicht immer
so friedlich verlaufen, lassen uns die Gewalt und Raffinesse dieser Kraft erahnen.

Die Triebkraft der Sexualität ist auch im Menschen nicht zu unterschätzen. Sie beeinflußt nicht nur die Körperfunktionen und steuert sie in die gewünschte Richtung, sondern auch das Fühlen und Denken. Da können der
hochgepriesene freie Wille und der scharfe, kühle Verstand gegebenenfalls
das Feld räumen. Auch wenn die Sexualität nicht immer gelebt wird, heißt
das noch lange nicht, daß sie sich nicht in Gemüt und Geist ausbreitet. Wenn
aber der »vernünftige« Mensch mit der Zeit lernt, daß diese Gefühle kommen und gehen, so sicher wie es immer wieder Neu- und Vollmond wird,
kann er mit etwas Geduld einfach warten, bis die turbulenten Zeiten der
Verliebtheit wieder vorbei sind.

Der Yoga lehrt, daß der Mensch in jeder Lebensphase ganz bestimmte
Aufgaben zu erfüllen hat, daß er immer neue, andere Verbindungen eingehen wird. Die ersten 20 Jahre soll er seiner körperlichen Entwicklung

gerecht werden, von 20 bis 40 eine Familie gründen, Kinder in die Welt setzen und die Pflichten der Erziehung wahrnehmen. Ab 40 soll er sich wieder von der Welt zurückziehen und sich vermehrt seiner eigenen, inneren Entwicklung zuwenden. Dies ist auch die Zeit, in der sich viele nach dem Sinn und Zweck ihres Lebens fragen. Ab 60 soll er seine Lebenserfahrungen und seine -weisheit der Allgemeinheit zukommen lassen und ab 80 sich auf das Lebensende vorbereiten, indem er vermehrt in Verbindung mit den göttlichen Kräften tritt. Die Kraft der Liebe richtet sich immer wieder neu aus, je nachdem worauf sich der Mensch einläßt – auf die eigene Entwicklung, Ehepartner, Kinder, Beruf oder die spirituelle Entwicklung.

In den späteren Lebensphasen bekommt die Liebe, die Verbindung suchende Kraft in uns, einen neuen Stellenwert, ohne daß ihre Macht eingebüßt wird. Wir schaffen Verbindungen auf einer anderen Ebene. Die Liebe geht mehr aus der Herzebene hervor und richtet sich ohne Unterschied auf viele Menschen. Frauen- und Männerfreundschaften finden einen neuen Stellenwert. Die Liebe zu Natur, Kunst und Kultur kommt zur Entfaltung. Und der Mensch, nun dem Tod schon etwas näher, sucht schließlich die Verbindung zu den höheren Mächten.

Der Schatten der Liebe

Nun wissen wir aber, daß das Leben der meisten Menschen nicht ganz nach dem Schema der Yoga-Philosophie verläuft. Die Kraft der Liebe kann uns das Leben recht schwermachen, wenn sie unersättlich wird oder wenn sie auf einer niederen Ebene stehen bleibt. Wer immer wieder neue Partner sucht, bloß um die Sexualität auszuleben, bleibt im Herzen oft einsam und kalt. Wir können diese Kraft andererseits auch nicht einfach verdrängen, denn das läßt sie nicht zu. Sie wird uns dann ganz unerwartet am unpassendsten Ort und zur unpassendsten Zeit überfallen. Sie gaukelt uns vielleicht wahre Liebe, eine Herzensverbindung vor, obwohl nur Sexualität im Spiel ist. Oder sie schafft Verbindungen des Hasses, denn Haß und Liebe sind auf der gleichen Skala zu finden. Vielen Menschen wird das Leben zur Hölle, wenn ihre Liebes-Verbindung in eine Haß-Verbindung umschlägt. Haß entsteht auch, wenn die Liebe zu besitzergreifend wird oder wenn Hörigkeit entsteht; das ist eine Art der Abhängigkeit, die aus Angst vor Verlust oder dem Verlassenwerden entsteht. Viele Menschen lassen sich aus Angst vor dem Partnerverlust ausnützen und verletzen. So etwas ist gewöhnlich nicht plötzlich da, sondern entwickelt sich im Laufe der Zeit. Manchmal ist es nötig, dann eine Beziehung zu beenden, manchmal aber auch nicht. Es gilt vor allem, sich dieser unglücklich machenden Strukturen bewußt zu werden und sie aufzulösen.

Ein weiterer Schatten der Liebe ist die Gleichgültigkeit. Sie bedeutet, daß keine Verbindung besteht. Haben Sie schon einen gleichgültigen Menschen kennengelernt, der glücklich war? Die Gleichgültigkeit ist das Ursprungsübel vieler seelischer Leiden. Wenn Jugendliche in selbstzerstörerische Machenschaften verwickelt werden, ist oft der Ursprung weitgehend bei einer grenzenlosen Gleichgültigkeit zu suchen. Auch Altersdepressionen und Unzufriedenheit haben den gleichen Ursprung. Jegliche Verbindungen mit der Natur, den Mitmenschen und den kosmischen Kräften, egal welche Namen wir ihnen geben, sind durch die Gleichgültigkeit abgebrochen. Sehr oft ist auch die liebende Verbindung zu sich selbst zerstört. Sozialhelfer können ein Lied davon singen, wie trostlos, ja fast hoffnungslos es ist, Menschen aus ihrer Gleichgültigkeit herauszuholen.

Die Transformation der Liebe

Wie können wir nun diese Kraft transformieren, damit sie uns ein ganzes Leben lang Freude schenkt, egal wie jung oder wie alt wir sind? Es ist nie zu früh oder zu spät, mit der Liebe zu sich selbst zu beginnen. Egal, wie sehr oder wenig wir uns bis zum heutigen Tag geliebt haben, *jetzt* ist der richtige Augenblick zu beschließen, uns *bedingungslos* mit jeder Faser unseres Seins zu lieben. Auch wenn uns die Selbstliebe schon recht gut gelingt, kann es gut sein, sich von neuem zu fragen: Wie steht es mit der Liebe zu meinem Körper? Gönne ich ihm die nötige Bewegung, die nötige Ruhe und das richtige Essen? Wie gehe ich mit ihm um, wenn er nicht ganz zu meiner Zufriedenheit funktioniert? Lasse ich ihm die Zeit, die er für seine Selbstheilung braucht, oder versuche ich, den Heilungsprozeß zu verkürzen? Ich kenne keinen Menschen, der die Liebe zu seinem Körper vollkommen beherrscht. Aber wir können immer ein wenig üben, und sollte es uns einmal nicht gelingen, brauchen wir die Liebe zu uns selbst noch mehr.

Weiter zur Selbstliebe gehört, daß wir uns die Würde, Achtung und Anerkennung entgegenbringen, die uns gebührt. Wir dürfen – ja sollten sogar – nicht sparen mit dem Eigenlob; wir sollten uns selbst zugestehen, was wir sind, können und haben. Damit motivieren wir all unsere inneren Kräfte, und mit Lust und Begeisterung können wir unser Leben so gestalten, wie es unseren Fähigkeiten und Möglichkeiten entspricht.

Beginnen Sie doch sofort damit, und legen Sie das Buch einen Augenblick zur Seite. Mit welchen Gedanken, Gefühlen oder Worten und Taten kön-

nen Sie die Selbstachtung und Selbstanerkennung zum Ausdruck bringen? Vielleicht klappt es auf Anhieb. Vielleicht haben Sie aber auch Mühe
damit – warum? Eventuell rührt dies daher, daß Sie mit Ihrem Leben
und Ihren Handlungsweisen nicht zufrieden sind. Trotzdem, egal wie der
äußere Anschein – Worte und Handlungen – sein mag, wir haben in uns
ein Zentrum, das die Würde des Menschseins in sich trägt. Der Volksmund nennt es den »guten Kern«, und die christliche Religion spricht vom
»inneren Licht« des Menschen. Wir können zu diesem Zentrum durch-
dringen und daraus die Kraft schöpfen, um unser Leben so zu gestalten, wie
es uns, unseren Talenten und Vorlieben entspricht. Je eher wir mit der
Selbstliebe beginnen, indem wir Gedanken und Worte der Achtung und
Würde uns selbst gegenüber gebrauchen, umso mehr werden sich auch
unsere Stimmungen und damit auch unsere Handlungen und Beziehungen
wandeln.

Wenn Sie vor mir stünden und sagten: »Ich habe in Gedanken schon öfters
jemanden umgebracht; ich habe viele betrogen, belogen und viel ›Schlechtes‹ getan«, dann würde ich Ihnen raten: Verzeihen Sie sich selbst jede
»schlechte« Tat, jeden »schlechten« Gedanken, denn es hat sicher seine
Gründe, daß Sie so handelten und dachten. Sie wurden oder werden vielleicht verletzt, verängstigt, frustriert, irregeleitet oder in die Enge getrieben.
Sie haben jeden Grund, sich zu verzeihen. Sie brauchen *Ihre* Liebe ganz besonders. Beginnen Sie *jetzt* mit der Selbstliebe, der Selbstachtung und Selbst-
wertschätzung. Versuchen Sie, ab *heute* so zu leben, wie es Ihrem wahren
Wesen entspricht. Denken Sie immer daran: Die größten Sünder wurden die
größten Heiligen.

Im Hinterkopf vieler steckt noch die Aussage: Wer sich selbst liebt, ist ein
Egoist. Kennen Sie einen Egoisten, der sich selbst wirklich liebt? Ich nicht.
Ich kenne beispielsweise eine wunderschöne Frau, die sich einmal voller Haß
im Spiegel anspuckte, weil sie bei einer bestimmten Party nicht der Mittelpunkt war. Sie zeigt alle Merkmale einer Egoistin, aber sie liebt sich nicht
wirklich. Weil Egoisten sich selbst nämlich gar nicht lieben können, darum
fordern sie alles von ihrer Umwelt.

Zudem können wir von niemandem verlangen, daß er oder sie uns Achtung, Respekt und Liebe entgegenbringt, wenn wir all dies nicht uns selbst
zugestehen. Wenn wir dies allerdings tun, dann brauchen wir an unsere Mitmenschen keine Liebesansprüche zu stellen. Es ist auch gar nicht nötig, denn
wir strahlen Würde und Anerkennung aus, und die Umgebung spiegelt sie
uns wieder zurück – freiwillig und gerne.

Echte Wertschätzung und Achtung, wahre Zuneigung und Liebe werden
wir dann selbstverständlich auch unseren Mitmenschen zukommen lassen.
Und weiter werden wir jedes Tier, jedes Pflänzchen und jedes Ding mit

liebender Aufmerksamkeit behandeln. Liebende Menschen sind glückliche Menschen, und glückliche Menschen können der Welt nur mit einem offenen und liebenden Herzen begegnen. Die Welt wird sich ihnen von der besten Seite zeigen.

Die Liebe ist der einzige Schlüssel,
der aufzuschließen vermag.

Otto Betz

Meditation: Herzenstüren öffnen

Je mehr wir uns selbst Respekt, Achtung, Wohlwollen und Liebe zugestehen, umso mehr öffnet sich unser Herz, und wir können eintreten in unsere inneren Räume. Yoga lehrt, hier wohnt »sat-cit-ananda«: das reine Sein, das reine Wissen und die reinste Glückseligkeit. Egal wie die äußeren Umstände sind, wir können in unserer Vorstellung unsere inneren Räume immer betreten und hier Zustände der Freude und des Friedens erleben. Lassen Sie Ihre Fantasie spielen. Ob Ihre Innenräume wie die Säle von Schlössern, Tempeln oder wie Gärten erscheinen, ob Sie nichts tun, ein Fest feiern, einem Hobby nachgehen oder eine Beschäftigung ausüben, die Sie gerne machen, spielt keine Rolle. Es ist auch egal, ob Sie alleine oder mit Freunden zusammen sind. Wichtig ist nur, daß Sie sich glücklich sehen. Hier stellt sich natürlich die Frage: Was macht mich eigentlich glücklich? Welche Tätigkeit ist das? Welche materiellen Mittel sind das? Welche Menschen sind das?

Vielleicht kommen Sie durch die folgende Meditation zu ganz neuen Erkenntnissen.

*Begeben Sie sich
in den Alphazustand
(siehe Seite 24)*

Sie legen nun beide Hände auf
Ihr Herz und stellen sich vor,
daß unter Ihren Händen Wärme
entsteht ... Es soll Ihnen so richtig warm werden ums Herz ...
Nun nehmen Sie die Hände
wieder weg, bleiben aber mit
Ihrem Bewußtsein im Herzbe-

reich. Mit den nächsten Atemzügen stellen Sie sich immer
wieder Türen vor, die von Raum zu Raum führen und die
sich, wenn Sie ausatmen, öffnen ... Gehen Sie so weit nach
innen, bis Sie denken, daß Sie da einige Minuten in Freude
und Frieden verbringen möchten ... Gestalten Sie nun den
Raum so, daß Sie sich wohlfühlen. Farben, Formen, Musik,
Naturobjekte, die Sie lieben, umgeben Sie ... Sie sind, tun
und haben das, was Ihnen entspricht und Freude bereitet.

Beenden Sie die Meditation mit einem »Dankeschön«,
beugen Sie sich nach vorn, und dehnen Sie sich nach Herzenslust.

Übungsreihe zur Weitung des Brustraums

Weite im Brustbereich wirkt sich günstig auf die Herztätigkeit und die Atmung aus. Je besser Atmung und Blutkreislauf funktionieren, umso vitaler fühlen wir uns. Geistig-seelisch wirkt sich die Weite der Brust auf Toleranz, Großzügigkeit und Mut aus (wie bei einer beherzten Person!).

Unsere Körperarbeit soll ein Akt der Liebe sein. Wir stehen mit uns selbst in liebender Verbindung und lassen unser Herz weit und groß werden.

LOSLASSEN (RÜCKENLAGE MIT EINEM KLEINEN KISSEN UNTER DEN SCHULTERBLÄTTERN)

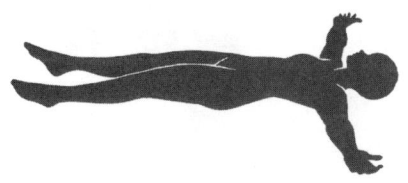

Einatmend stellen Sie sich eine Seifenblase vor, in die Sie etwas legen oder stellen, was Sie belastet oder beschäftigt. Ausatmend lassen Sie die Seifenblase samt Inhalt in den Kosmos entschweben

Machen Sie diese Übung so lange, bis Sie die nächsten Minuten unbelastet genießen können.

LUNGENWEITENDE ÜBUNG

Ausatmend die Knie fest zur Brust ziehen. Die Hände umfassen die Fußinnenseiten. Im Zustand der Atemleere Füße auf den Boden stellen. Einatmend die Knie nach außen senken, die Beine weggleiten lassen und die Arme seitlich nach oben nehmen. In der Atemfülle kräftig dehnen. Den Bewegungszyklus mehrmals wiederholen.

»Jeder Atemzug soll mir Tür und Tor öffnen für innere Freiheit, Freude und Frieden.«

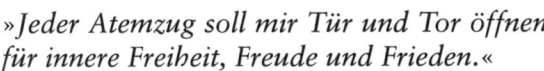

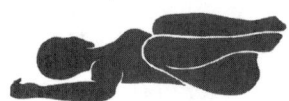

KROKODIL

Ausatmend die Knie zur Seite senken, ohne daß die Füße verrutschen, und einatmend die Beine wieder aufstellen. Mehrmals wechselseitig wiederholen. Danach die Knie eine Weile umarmen.

»*Ich liebe meinen Körper.*«

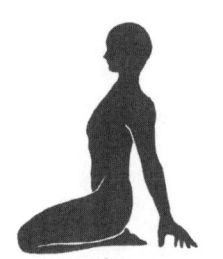

BRUSTWEITENDE ÜBUNG

Einatmend die Ellbogen nach hinten, die Schulterblätter zusammen- und das Brustbein nach vorn pressen. Ausatmend die Spannung lösen. Wiederholen Sie dies mehrmals.

»*Ich lasse meine Brust groß und weit werden und öffne mein Herz.*«

VORBEUGE AUS DEM FROSCHSITZ

20 Atemzüge in der Vorbeuge bleiben und in den weiten Brustraum spüren.

»*Innere, wohltuende Ruhe soll mich erfüllen.*«

PANTHER

Sie sitzen auf den Fersen, die Arme sind nach
vorn ausgestreckt und die Hände zueinander-
gekehrt aufgestellt. Nun einatmend das Kinn
am Boden entlangführen bis zu den Händen,
sich aufstemmen, ausatmend einen Katzen-
buckel machen und sich wieder zurück auf
die Fersen setzen. Wiederholen Sie dies mehrmals.

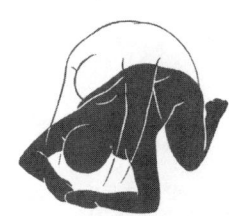

*»Meine Liebe gilt der Kraft der Erde, die mich
nährt und trägt.«*

DREHUNG IM KNIESTAND

Kniestand, den rechten Fuß nach vorn stellen, die rechte Hand neben den Fuß. Nach
links drehen, indem Sie den linken Arm auf
den Rücken legen. 15 Atemzüge in der Stellung bleiben und die andere Seite üben.

*»Meiner Umwelt bin ich wohlwollend zuge-
wandt.«*

QUERBALKEN

Die Stellung 15 Atemzüge halten und die andere Seite üben.

*»Ich akzeptiere meine Schwächen wie auch
meine Stärken.«*

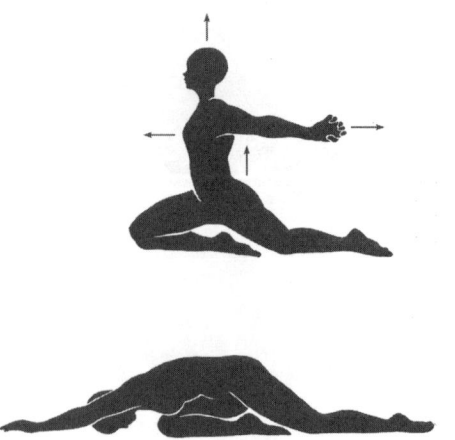

TAUBE
Vierfüßlerstand; ein Bein nach hinten gleiten lassen und sich auf dem anderen Unterschenkel niederlassen. Bleiben Sie auf den Händen gestützt, oder breiten Sie die Arme aus wie eine Taube ihre Flügel. Das Brustbein nach vorn drükken und die Schulterblätter zusammenpressen. 15 Atemzüge die Stellung halten und danach entspannt während 10 Atemzügen über dem gebeugten Bein liegenbleiben. Wieder in den Vierfüßlerstand kommen und die andere Seite üben.

»Die Macht der bedingungslosen Liebe weist mir den Weg.«

DELPHIN IM FLUG

»Meine Liebe ist die Kraft, die alles möglich macht.«

RUHELAGE
Durch die sechs Zacken eines Sterns, den Sie sich auf der Brust vorstellen, strahlen Sie Wohlwollen, Verständnis und Liebe in jeden Körperteil.

Es muß von Herzen kommen,
was auf Herzen wirken soll.

Goethe

Fürsorge

Die Kraft der Fürsorge, die Sorge füreinander, die gegenseitige Unterstützung in Wachstum und Gedeihen finden wir schon im Pflanzenbereich. Interessanterweise sind es aber nicht die Gleichartigen, die gegenseitig das Wachstum fördern, sondern es sind die Kleinen, die den Großen helfen, und die Großen, die sich den Kleinen als Wirte zur Verfügung stellen. Denken wir beispielsweise an die interessante Beziehung zwischen den Moosen und den Bäumen.

Im Tierreich finden wir diese Kraft schon recht ausgeprägt. Viele Tiere suchen allerdings bloß den geeigneten Ort für die Geburt der Jungen und überlassen sie dann sich selbst. Anders die Beuteltiere, die Vögel oder die Säugetiere, deren Fürsorge sich in den verschiedensten Varianten ausdrückt. Die Aufzucht der Jungen erfordert oft von den Elterntieren das Äußerste.

Jede Fürsorge-Beziehung in der Natur, auch wenn sie noch so befremdend anmutet, hat ihren bestimmten Sinn und Zweck. Es gibt kein Zuviel oder Zuwenig, alles ist im richtigen Maß. Die verschiedenen Formen der Fürsorge zu studieren und auf das menschliche Leben zu übertragen, kann vorgefaßte Vorstellungen ins Wanken bringen und aufzeigen, wie wichtig es ist, sich mit dieser Kraft näher zu befassen.

Für viele Menschen ist es von vornherein klar, daß sie einmal Kinder haben möchten. Sie wissen, daß sonst in ihrem Leben etwas Wesentliches fehlt. Sie wissen, daß viele Opfer von ihnen verlangt werden, und trotzdem möchten sie auf Kinder nicht verzichten. Andere wünschen sich schon von Kindesbeinen an eine Arbeit im Pflege- oder Erziehungsberuf. Sicher werden solche Wünsche von der Gesellschaft beeinflußt, aber viele spüren, daß diese Neigung aus den Tiefen ihres Innersten kommen. Diese Menschen sehen ihren Lebenssinn darin, daß sie für Kinder, alte Menschen, Kranke oder Behinderte sorgen.

Die Kraft der Fürsorge ist gewaltig, und mit der richtigen Einstellung kann sie Großes vollbringen. Denken wir nur, wie sich Mütter in Kriegs- und anderen Krisenzeiten für ihre Kinder einsetzen, um für sie bestmöglich zu sorgen. Denken wir an die Frauen der Dritten Welt, die ihr Äußerstes für ihre Familie geben. Denken wir an Mütter von Behinderten, die oft rund um die Uhr ihrer »Pflicht« nachkommen. Meistens bleiben Menschen, die im Leben viel »geben mußten« und das mit der richtigen Einstellung taten, körperlich, seelisch und geistig gesund bis ins hohe Alter. Gerade sie sind zufrieden und glücklich und nicht verbittert.

Die Kraft der Fürsorge läßt im Alter nicht nach. Viele alte Menschen wären um einiges glücklicher, wenn sie noch für jemanden dasein oder noch einige kleine Aufgaben für andere erfüllen könnten.

Maßvoller Einsatz der Fürsorge

Wenn Frauen in Krisensituationen allein mit einer Schar hungriger Kinder zurechtkommen und dabei sogar dem Dasein noch Freuden abgewinnen können, dann sollte es doch möglich sein, daß eine Mutter, die sich auf die Geldeinnahme des Familienvaters verlassen kann, mit zwei Kindern klarkommt. Doch wieviele Frauen sind heute überfordert und glauben, bei der Erziehung ihrer Sprößlinge an ihre Grenzen zu stoßen. Ich glaube nicht, daß die Ursache dieser Schwäche bei den betroffenen Frauen zu suchen ist, sondern eher bei der Gesellschaft, welche die verrücktesten Erziehungsformen fordert und den Frauen das »Schwachsein und Überlastetsein« suggeriert. Aussagen wie »Ich fühle mich ganz ausgelaugt«, »Ich kann das nicht durchstehen«, »Ich kann nicht mehr geben«, blockieren die Kraft der Fürsorge.

Was diese Kraft fordert, ist eine gewisse Disziplin und Gelassenheit, den Willen, etwas anzupacken, durchzuhalten und zu Ende zu führen, Unpäßlichkeiten zu überwinden und trotzdem weiterzumachen. Die Gelassenheit und das Vertrauen, daß die Kraft, die für die Herausforderungen des Lebens nötig ist, zur Genüge in uns vorhanden ist und jederzeit zur Verfügung steht, befähigt den Menschen, über sich hinauszuwachsen.

Zuwenig an Fürsorge und äußerem Halt während der ersten Lebensjahre kann für die Kinder später ein Manko an innerem Halt und Geborgenheit, Egoismus und Verwahrlosung bedeuten. Zuviel an Fürsorge kann aber interessanterweise das gleiche auslösen, denn zuviel Fürsorge ist eine Macht, die Abhängigkeit schafft und das Selbstwertgefühl der Kinder beeinträchtigt. Die Unselbständigkeit und die damit verbundenen Ängste sind heute recht verbreitet. Viele Jugendliche sind heute nicht mehr imstande, für ihr Verhalten die Konsequenzen zu tragen und die Verantwortung zu übernehmen. In der Altersfürsorge konnte ich oft beobachten, daß alte Menschen, die auf den Staat angewiesen waren, in ihrer Selbständigkeit besser unterstützt wurden als solche, die von ihren Familien abhängig waren. Leider können Menschen in Erziehungs- und Pflegeberufen statt liebevoller Fürsorge eigennützige Macht ausüben, die für die Hilfsbedürftigen viel Leid bedeutet.

Eine wunderbare Kraft

Draußen in der Natur oder daheim im eigenen Haus und Garten Tieren bei der Erziehung und Fütterung ihrer Jungen zu beobachten, ist interessant und beglückend. Man nimmt teil an einem Prozeß des Wachsens und des Werdens. Mit Sorgfalt und Hingabe werden die Jungtiere zur Selbständigkeit erzogen und für das Leben vorbereitet. Ebenso beglückend können die Erziehung eines Kindes, die Pflege eines Kranken oder Hilfeleistungen für einen alten Menschen sein. Die eigene Befriedigung hängt immer vom richtigen Maß und der liebenden und uneigennützigen Hingabe des Sorgenden ab. Wie groß ist das Engagement? Wieviel Mut und Glaube begleiten die Arbeit? Ist der Mensch bereit, seine Hilfeleistung zu hinterfragen, wenn nicht alles nach Wunsch läuft oder wenn unabsehbare Widerstände auftauchen? Empfindet er die Aufgabe als Last, oder erledigt er sie gerne? Ist er bereit, das Werk am Ende loszulassen? Jede Fürsorge sollte ein Weg zur Selbsthilfe sein.

Aus meinen eigenen Erfahrungen und durch Beobachtungen bei anderen konnte ich feststellen, daß Menschen, die bedingungslos geben können und wissen, daß alles, was sie geben, einmal in entsprechender Form zu ihnen zurückkommt, die besten »Fürsorger« sind. Es sind Menschen, die durch ihre Fürsorge und ihr Engagement erstarken.

Das Naturgesetz der Atmung entspricht dieser Kraft. Man atmet aus und gibt etwas ab. Man atmet ein und wird beschenkt. Besser gesagt: Es atmet ein, denn die Einatmung kann nur stattfinden, wenn man ausgeatmet hat, indem die Lunge durch einen Vakuumeffekt die Luft wieder einzieht. Im übertragenen Sinn bedeutet das für uns, daß wir zuerst etwas geben, um dann dementsprechend etwas anzuziehen. Schenken wir unsere Zeit, Liebe, Sorge und unser Wohlwollen, dann ziehen wir schöne Zeiten, liebende Herzen, Freude und uns wohlgesinnte Menschen an. Es ist allerdings falsch, wenn wir meinen, daß von denselben Menschen, denen wir geholfen haben, wieder etwas zurückkommt. Das Universum ist nicht so eng und kleinlich, es reagiert in seiner ganzen Größe und Weite. Jede Erwartungshaltung blokkiert den natürlichen Fluß, wie jedes Zuviel an Spannung auch die Atmung blockiert. Ganz gelassen, geduldig und vertrauensvoll muß unsere Haltung sein. Jedes ungeduldige Wann, Wo oder Wie ist zuviel.

Oft schwächen wir unsere Fürsorge-Kraft, indem wir nur den großen Berg vor uns sehen, beispielsweise die vielen Jahre, in denen die Kinder oder unsere alternden Eltern uns fordern. Lassen wir doch die Zukunft sein, und konzentrieren wir uns auf die Gegenwart: Heute kochen wir ein feines Essen, helfen den Kindern bei den Hausaufgaben, spielen mit ihnen oder besuchen die Mutter, putzen ihre Wohnung, trinken ein Täßchen Kaffee mit ihr und treffen noch eine Freundin.

Planen Sie nur Tag für Tag. Planen Sie jeden Tag so, daß Sie Zeit für andere haben und auch Zeit für sich selbst. Jeder Tag hat 24 Stunden. Das ist wie ein runder Kuchen, der zu verteilen ist nach dem Motto: Dir ein Stückchen, mir ein Stückchen. So leben wir mit den Kräften der Natur in Harmonie.

Wir sehen: Die Kraft der Fürsorge ist in jedem von uns. Sie beschenkt uns reich, wenn wir bereit sind, sie im Leben einzusetzen. Sie macht uns stark und läßt uns auch die notwendige Hilfe zukommen, wenn dafür die Zeit gekommen ist.

Nur was man sich selbst ist,
kann man auch anderen sein.
Henriette Feuerbach

Meditation: Sich beschenken lassen und andere beschenken

Nur wenn man bei aller Sorge für andere auch für sich selbst sorgt, sind Geben und Empfangen im Gleichgewicht. So fällt es einem leichter, für andere zu sorgen, und man verausgabt sich nicht. Oft meinen wir, dies und jenes müßten wir für andere tun. Dabei verhindern wir, daß sie sich selbst helfen. Will jemand, daß nur wir sie/ihn pflegen und umsorgen, dann mag das für uns schmeichelhaft sein, aber es belastet auch. Statt immer etwas zu »tun« oder »unsere Zeit zu opfern«, können wir diese Menschen auch ins Licht stellen und der Fürsorge der göttlichen Kräfte übergeben. Statt dessen können wir dann unserem Gefühl nachgeben, für uns selbst etwas zu tun, auch einmal allein sein zu wollen.

In der folgenden Meditation lassen wir uns beschenken, und wir verschenken Erhaltenes wieder weiter. So schaffen wir laufend Raum für neue Geschenke. Je kostbarer und wertvoller unsere Geschenke sind, umso Kostbareres und Wertvolleres wird uns geschenkt. Ist das nicht wunderbar?

*Begeben Sie sich
in den Alphazustand
(siehe Seite 24)*

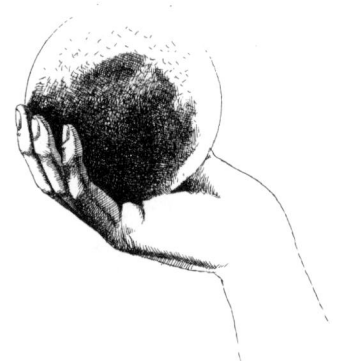

Sie sehen vor sich einen Haufen goldener Kugeln liegen ... Benennen Sie nun eine dieser Kugeln, und schenken Sie sie einem Mitmenschen ... Es sind geistige Werte, die Sie mit den Kugeln verschenken, beispielsweise Glaube, Hoffnung, Liebe, Wohlwollen, Zeit, Gesundheit, Zuversicht, Geduld, Freude, Sonnenschein, Gemeinsamkeit, Humor, Zufriedenheit oder ein Gebet ... Kaum haben Sie die letzte Kugel verschenkt, da öffnen sich die Himmel, und viele, größere Kugeln schweben zu Ihnen herab ... Nehmen Sie nun eine Kugel in beide Hände, führen Sie diese an Ihr eigenes Herz, benennen Sie sie, und lassen Sie Ihr Herz davon erfüllen ... Im Wechsel schenken Sie den Mitmenschen und sich selbst Kugeln. Das Universum ist unerschöpflich ... Sie erleben das Geben und Empfangen noch eine Weile und beenden die Meditation mit einem großen Dankeschön. »Wer hat, der gibt, wer gibt, der hat.«

Handübungen und Übungen zur ganzheitlichen Kräftigung

Überbelastung durch die Sorge um Mitmenschen kann sich in geschwächten, kranken Händen oder Handgelenken ausdrücken. Der Grund kann allerdings auch eine allgemeine körperliche Schwäche sein. Die folgende Übungsreihe stärkt die Hände im besonderen und den Körper im allgemeinen. Wir können dabei ebenfalls die Art und Weise und das Maß der Fürsorge, die wir anderen zukommen lassen, neu überdenken.

TISCHRÜCKEN
Magische Kräfte, die einen Tisch verrücken können, wünschen wir uns vielleicht öfters auch, um all unseren Verpflichtungen nachzukommen. – Wünsche können wahr werden!

LOSLASSEN
Lassen Sie Ruhe einkehren, und versenken Sie sich in den Atemrhythmus. Mit jeder Ausatmung lassen Sie es zu, daß jegliche Last oder Sorge von Ihnen abfällt und in den Boden sinkt.

HANDÜBUNGEN
Halten Sie dabei alle Sinne auf Ihre Hände gerichtet, und behandeln Sie Ihre Hände liebevoll.

a) Kräftig Fäuste machen, die Hände wieder öffnen und die Finger spreizen. Wiederholen Sie dies mehrmals.

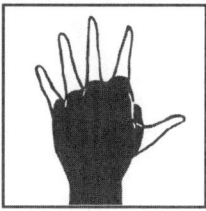

b) Fingerkuppen zusammenpressen und den Druck wieder lösen.

c) Hände »waschen« (mit Druck) und Finger drehen und wegzupfen.

»All meine Liebe lasse ich meinen treuen Händen zukommen.«

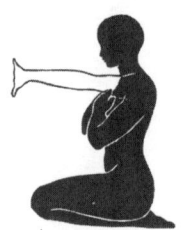

ARME STRECKEN UND BEUGEN

Einatmend die Arme durchstrecken, ausatmend die Hände auf das Brustbein legen und im Herzen die Wärme spüren.

»All mein Tun und Lassen ist weise und im richtigen Maß.«

BAMBUS

Fersensitz; einatmend die Arme über den Kopf heben, Atem anhalten und den Oberkörper nach vorn beugen. Ausatmend wieder zurück in den Fersensitz kommen. Einatmend die Arme wieder über den Kopf heben und die Finger hinten aufstellen, Atem anhalten und das Gesäß heben. Ausatmend das Gesäß wieder senken und die Arme hängen lassen. Den Bewegungsablauf mehrmals wiederholen.

»Meine Hilfe für andere führt immer zur Selbsthilfe.«

TISCH AUF FUSS- UND HANDRÜCKEN

Fersensitz. Die Fäuste sind neben dem Gesäß aufgestützt. Langsam die Knie und das Gesäß anheben, immer höher und höher, bis die Arme durchgestreckt sind. Die Stellung einige Atemzüge lang halten.

»Meine stillen Kraftreserven sollen mir jederzeit zur Verfügung stehen.«

MUSELMANN

Mit jedem Atemzug lassen Sie sich noch mehr in die Entspannung, in die Schwere sinken.

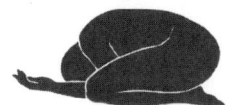

»Ich danke für die Hilfe, die ich im Leben erfahren durfte.«

SEITENDEHNUNG

Bleiben Sie 15 Atemzüge in der Stellung, wechseln Sie die Beinstellung, und beugen Sie sich zur anderen Seite.

»Frische Energie erfüllt mich ganz und gar.«

DREHUNG

Vierfüßlerstand; rechte Schulter und rechtes
Ohr auf den Boden legen, beide Arme zeigen nach links. Nun den linken Arm heben
und die linke Schulter nach oben drehen.
15 Atemzüge in der Haltung bleiben und die
andere Seite üben.

*»Ich entscheide selbst, wieviel und wie oft
ich für meine Mitmenschen dasein kann und
will.«*

HUND

Die Fersen in der Stellung zum Boden pressen
und das Gesäß nach oben strecken. Mehrere
Atemzüge die Stellung halten.

»Ich spüre und genieße meine Kraft.«

BERGATMUNG

Sie sitzen gefestigt und stabil wie ein Berg.
Sie drücken die Hände kräftig und spüren
ihre Stärke. Einatmend die Arme nach oben
und ausatmend die Hände wieder zur Brust
führen. Wiederholen Sie dies mehrmals.

*»Ich habe viel zu geben ... (ein Lächeln,
Glaube, Hoffnung, Liebe, Geborgenheit).«*

RUHELAGE

*»Ich öffne mich allem Guten, Schönen und
Beglückenden, lasse mich ganz davon erfüllen, und mein Leben wird reich sein.«*

Die höchste Erkenntnis, zu der man gelangen kann,
ist die Sehnsucht nach Frieden.

Albert Schweitzer

Krieger

Die Kraft des Kriegers kann bis ins Pflanzenreich zurückverfolgt werden und uns nähere Aufschlüsse geben, wie sie auf natürliche Art und in unverzerrter Weise wirkt. Pflanzen haben ihre Vorlieben und Abneigungen: Wie die einen das Wachstum der anderen fördern, so können sie auch gegenseitig hemmend wirken und einander verdrängen und zerstören. Jede kämpft um den besten Platz an der Sonne, damit sie sich am besten entfalten kann.

Auch die Tiere haben ihre kriegerische Kraft gut entwickelt und verteidigen ihr Terrain verbissen. Sie beanspruchen und erkämpfen sich wenn nötig einen sicheren, geschützten Ort, um ihren Nachwuchs aufzuziehen und um genug Futter sammeln zu können. Ein Tier dient dem anderen als Nahrung, und nur so wird das ökologische Gleichgewicht aufrechterhalten. Tiere greifen auch ihre eigenen Artgenossen an, um ihren eigenen – den »besten« – Befruchtungssamen weiterzugeben.

Wie und wo setzen wir Menschen den inneren Krieger im Leben ein?

Ist das Leben ein Kampf?

»Das Leben ist ein Kampf. Wir müssen kämpfen, sonst werden wir überrollt, ausgenützt oder übervorteilt.« Viele Menschen, die sich in andauerndem Kriegszustand befinden, würden diesen Aussagen voll zustimmen. Dabei gibt es doch den provozierenden Spruch: »Stellt euch vor, es wäre Krieg und niemand ginge hin!«

Die meisten Kriege, die großen in der Welt und die kleinen im Menschenleben, werden durch Angst ausgelöst – die Angst, unterdrückt oder an die Wand gedrängt zu werden. Man hat Angst, daß in das eigene Terrain eingebrochen und die Distanz nicht gewahrt wird. Man greift an oder nimmt von vornherein die Verteidigerposition ein, statt eine Sache schlicht und einfach zu klären und ihr auf den Grund zu gehen. Einmal ist man das Opfer und das andere Mal der Täter. Wir bekriegen einander oft um ganz unwesentliche Dinge, nur um zu zeigen, wer der Stärkere ist. Es gibt Menschen, die immer Streit suchen. Ihre Gedanken kreisen dauernd um Streitigkeiten, um Recht und Unrecht, und wehe, man nähme ihnen die Gründe der Meinungsverschiedenheiten weg. Lustvoll befassen sie sich mit Streitigkeiten anderer, bis sie selbst wieder einen Streit ausfechten können; sie ziehen Streit geradezu an. Wer viel kämpft, dessen Unterbewußtsein ist schon auf »Kämpfen« programmiert, d. h., er kann sogar süchtig danach sein. Durch eigene Beobachtungen in der Sozialarbeit konnte ich feststellen, daß Menschen, die aufs Kämpfen eingestellt sind, auch mehr angegriffen werden. Es ist, als würden Kampfpartner geradezu angezogen.

Am Arbeitsplatz werden oft gemeine, hinterhältige Kriege ausgefochten. Wenn sich doch die Beteiligten nur bewußt wären, wie sehr sie sich damit selbst schaden! Alle diese Kräfte, die wir entfachen, werden sich schließlich gegen uns selbst, den Verursacher, richten. Der Spieß wird umgedreht – daran ist viel Wahres. Es sind keine glücklichen Menschen, die ihre Karriere mit Gewalt, egal welcher Art, aufgebaut haben, selbst wenn sie in den nobelsten Häusern wohnen und die teuersten Autos fahren.

Manche Kriege werden auch im stillen ausgetragen, ohne daß ein lautes Wort gesprochen wird. Aber die Atmosphäre ist geladen. Hiebe jeder Art werden ausgeteilt, die dem anderen Schmerzen bereiten. Solche Kriege können viel gefährlicher und zermürbender sein, als wenn einmal die Teller fliegen.

Weitere Kriege finden in den Menschen selbst statt. Man versucht, seine »schlechten« Gewohnheiten zu bekämpfen und zu besiegen. Aber jede »besiegte« Gewohnheit wird früher oder später wieder aufmucken, sobald der Sieger Schwächen zeigt. Innere Widerstände, Ängste und Schwächen werden bekämpft, statt angeschaut und verarbeitet. Man bestraft sich oft auch für Handlungsweisen, die man bereut. Man unterdrückt sich selbst und engt sich ein. Daß man diese innere Haltung nach außen trägt und die Mitmenschen nach dem gleichen unglücklichen Muster behandelt, leuchtet ein.

Sogar im Gesundheitswesen wird zu oft und zuviel gekämpft. Eine Krankheit wird bekämpft, Viren und Bakterien werden bekämpft. Schon die Wortwahl kann uns aufhorchen lassen, nachdenklich stimmen und uns vielleicht bewußt machen, daß wir diese Behandlungsmethoden einmal gründlich hinterfragen sollten.

In der heutigen Welt wird um fast alles gekämpft. Dabei sehnen sich alle nach Frieden. Dieser kann aber nie durchs Kämpfen errungen werden. Ob es sich nun um Frieden in der Welt oder um Frieden im Menschen handelt, es ist dasselbe. *Es braucht viel Mut und Vertrauen in das Gute, um das Kämpfen sein zu lassen.*

Der friedvolle Krieger

In sinnvolle und friedliche Bahnen kann die kriegerische Kraft durch sportliche Wettkämpfe oder kulturelle Wettbewerbe gelenkt werden. Das Verlangen, der Größte und der Beste zu sein, steckt tief in uns und will zum Ausdruck gebracht werden. Oft kämpfen wir jedoch, weil wir meinen, in *allem* die/der *Beste* sein zu müssen, und das verursacht Unbehagen und Streß. Warum eigentlich? Warum nicht »gut und erfolgreich« in einem ganz kleinen Bereich sein und sich eingestehen, daß in anderen Bereichen andere besser sind. So können wir uns gegenseitig bereichern und beglücken. Echte Mitfreude ist die beste Voraussetzung für schöne und gegenseitig bereichernde Freundschaften. Wir sollten uns bewußt sein, daß jeder Kampf an unseren Kräften zehrt, die wir besser für unsere täglichen Herausforderungen bereithalten und einsetzen.

Es dauert seine Zeit, neue Grundmuster zu schaffen, die vom Kämpfen Abstand nehmen. Ich behaupte, daß mit einer klaren, toleranten, verständnisvollen und wohlwollenden Haltung jedes Ziel im Leben erreicht werden kann und daß mit einem klaren *Nein* und einer entsprechenden konsequenten Haltung auch das eigene Terrain abgesteckt und geschützt werden kann.

Wir sollten versuchen, die inneren Kämpfe gegen unbequeme Gewohnheiten, Süchte, Fehler und Mißgeschicke zu beenden, und uns statt dessen selbst Verständnis, Liebe und Wohlwollen entgegenbringen. Dieser erste Schritt ist von großer Bedeutung und muß getan werden, bevor man weitergehen kann. Es braucht dazu eine gewisse Disziplin, was aber einen liebevollen inneren Dialog und Verständnis uns selbst gegenüber nicht ausschließt. Wir werden eine Zeitlang immer wieder in die alten Muster und Gewohnheiten zurückfallen. Das macht gar nichts und sollte nicht Anlaß zum Selbsttadel sein. Sobald wir es merken, schalten wir einfach wieder den Vorwärtsgang ein. Dazu gibt es ein tröstliches Bild: Unsere Umerziehung vollzieht sich nicht im Marschtempo, sondern im Walzertakt (einen großen Schritt nach vorn und zwei kleine Schritte zurück). Der Marschtakt ist unnatürlich und aggressiv; wenn in der Natur etwas geradlinig nach vorn pirscht, ist eine zerstörerische Macht am Werk. Stellen Sie sich einmal vor, man hätte die Soldaten früher mit Walzerklängen in den Krieg geschickt. Was wäre dann wohl passiert?

Bedenken wir immer, daß wir bei unserer inneren Entwicklung, unserer inneren Arbeit, nicht alleine sind. Wenn wir es zulassen, wird uns geholfen. Halten wir fest an der Verbindung zu den göttlichen Kräften. Oder besser gesagt: Ruhen wir in unserer Mitte, dort, wo das Höchste und zugleich das

Tiefste wohnt. Und wenn wir in unserer Mitte sind (statt außer uns), dann ist die Distanz zur Außenwelt sowieso größer.

Je verständnis- und liebevoller wir mit uns umgehen, um so liebevoller und verständnisvoller gehen wir mit unseren Mitmenschen und der Natur um. Das hat wiederum zur Folge, daß die Umwelt uns mehr Verständnis und Liebe entgegenbringt.

Wie schwer diese Umerziehung ist, weiß ich. Wie sehr sich diese Arbeit lohnt, weiß ich aber auch. Es kommt selten vor, daß mir jemand Härte entgegensetzt; wenn, dann finde ich die Ursache dafür meistens in mir – ich habe es angezogen. Etwas im Menschen, das noch nicht verarbeitet ist – noch nicht weich ist, zieht die Härte, den Widerstand oder sogar die Kampfbereitschaft des Gegenübers an. Dies hat den Zweck, daß wir uns die Dinge genauer anschauen und verarbeiten. In unserem Leben kann sich durch Ängste und Frustrationen einiges an innerer »Härte« aufgebaut haben. Der Umwandlungsprozeß braucht Mut, aber das Resultat ist immer befried(ig)end und beglückend. Der Lohn ist innere Freiheit, Freisein von Ängsten, Freude, unser Bestes zu leisten, und Frieden, die Gelassenheit und das Vertrauen in das Wohlwollen der Mitmenschen und der Kräfte, die in und über uns wirken.

Selbstvertrauen ist die Quelle des Vertrauens
zu anderen.   François La Rochefoucault

Meditation: Das eigene Terrain wahren

Wenn wir beschließen, das Kämpfen gegen uns und gegen die Welt bleiben zu lassen, kann das vorerst eine richtige Mutprobe sein. Wir spüren die Angst vor dem Angegriffen- oder vor dem Ausgenutztwerden. Wir fürchten, unsere Friedfertigkeit könnte als Schwäche oder Feigheit ausgelegt werden.

Trotzdem – probieren Sie es zuerst in kleinen Dingen. Machen Sie sich klar, was passieren könnte, wenn Sie in einer bestimmten Situation nicht wie gewohnt kämpfen. Wahrscheinlich weniger, als Sie befürchten. Der Humor kann helfen, schwierige Situationen zu meistern. Sagen Sie doch einmal einem scheinbaren Gegner: »Streite doch bitte alleine, ich habe jetzt keine Lust dazu. Wenn Du dann fertig bist, können wir in Ruhe darüber sprechen und uns danach einen schönen Tag machen.« So einfach – so schwierig?

Das Kämpfen raubt uns viel Kraft und Substanz, die wir uns besser für Schönes, Gutes und Lohnendes aufheben und einsetzen. So kann sich bei Verzicht auf den Kampf in uns mit der Zeit viel Kraft ansammeln, die wir ausstrahlen und die uns als kraft- und machtvolle Menschen erscheinen läßt. Menschen voller Kraft – damit meine ich nicht nur die körperliche Kraft – werden selten angegriffen. Es ist, als würde sie ein Schutzwall umgeben. Sogar kämpferische und aggressive Menschen werden in ihrer Gegenwart friedlich und sanftmütig. Auch wir können diese Kraft in uns aufbauen – und ausstrahlen. Wenn Frieden in uns ist, dann strahlen wir Frieden aus, und dieser überträgt sich auf unsere Umgebung.

In der folgenden Meditation verbinden wir uns mit dem Feuer. Das Feuer schützt, denn man vermeidet es, ihm zu nahe zu kommen oder es anzugreifen. Wir wünschen uns dabei seine Kraft und Macht, die uns schützen und für uns und die Welt Gutes und Großes leisten lassen.

*Begeben Sie sich
in den Alphazustand
(siehe Seite 24)*

Sie sehen vor sich ein Feuer, das
mit jedem Ihrer tiefen Atemzüge größer und heller wird.
Es ist, als ob der Sauerstoff,
den Sie einatmen, das Feuer
beleben würde ... Das Feuer ist
nun so groß, daß niemand ihm
zu nahe kommen kann. Eine
wohltuende Distanz zur Umwelt wird gewahrt ... Sie sitzen
im Schutz dieses Feuers und fühlen sich sicher und geborgen ... Seine Kraft soll auf Sie übergehen und Ihren Körper, Ihren Geist und Ihre Seele stärken und Ihnen als
Schutzwall dienen ... Die Wärme, die Sie durch Ihre Feuer-
Kraft ausströmen, ist das Wohlwollen und die Liebe, die Sie
Ihrer Umwelt entgegenbringen ... Nach einigen Minuten
beenden Sie die Meditation mit einem herzhaften Recken
und Strecken.

Übungsreihe für starke Arme und Schultern

Starke Arme und Schultern und ein kräftiger Rücken geben uns das Gefühl, sich wehren zu können. Man fühlt sich sicher. Jede Verspannung kostet viel Kraft, die uns eigentlich zum Handeln zur Verfügung stehen sollte. Darum sind neben den Kraft- die Entspannungsübungen eben so wichtig. Schultergürtel und oberer Rücken bilden eine Einheit und werden darum in der folgenden Übungsreihe besonders berücksichtigt. Durch die Rückbeugen, die aus der oberen Region des Rückens erfolgen, wird dieser Bereich gut durchblutet, beweglich und gestärkt.

LOSLASSEN
Einatmend die Arme hinter den Kopf führen und ausatmend zurücknehmen. Wiederholen Sie dies mehrmals.

»Jede unnötige Spannung in Armen und Schultergürtel löst sich auf.«

KLINGE
Die Hände liegen gekreuzt auf dem Herzen. Einatmend die Ellenbogen nach hinten führen und die Schulterblätter zusammenpressen, ausatmend die Hände wieder auf das Brustbein legen. Wiederholen Sie dies mehrmals.

»Ich bin mir der inneren Kraft bewußt, welche mir die nötige Distanz zur Umwelt verschafft.«

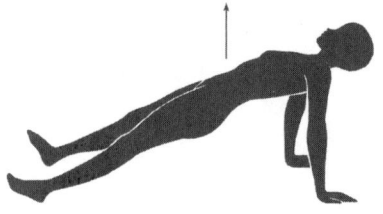

RAMPE

Langsitz. Stützen Sie sich auf die Hände, heben Sie das Becken, und bleiben Sie einige Atemzüge in der Stellung. Die Übung wirkt noch intensiver, wenn die Handstellung bei jedem Anheben des Körpers in eine andere Richtung weist.

»Ich habe die Kraft, mein Bestes zu geben.«

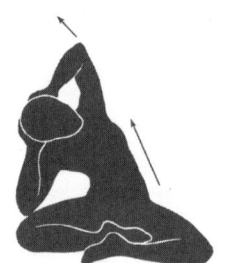

SEITENBEUGE MIT HÄNDEN AM KOPF

Einatmend die Ellenbogen weit nach hinten pressen; Atem anhalten und den Oberkörper zur Seite beugen, zur Mitte kommen. Ausatmend die Ellbogen nach vorn zusammenführen. Mehrmals auf beiden Seiten wiederholen.

»Mein Brustkorb ist weit, und ich habe die Kraft, mich zu wehren oder Widerstand zu leisten.«

LOCKERUNG DER ARME UND SCHULTERN

a) Flügelschlag: einatmend die Unterarme nach oben drehen, ausatmend wieder senken.
b) Arme aus dem Schultergelenk im Atemrhythmus drehen.
c) Arme im Atemrhythmus locker kreisen lassen.

Wiederholen Sie jede Bewegung, bis sich eine angenehme Müdigkeit in den Schultern und Armen einstellt.

»Meine Arme werden schwer, und meine Schultern werden leicht.«

EINHORN

(Falls die Arme zu kurz sind, nehmen Sie ein
Tuch zu Hilfe.)

In der Stellung beide Schultern nach hinten
ziehen und die Hände zwischen die Schulterblätter an den Rücken pressen. 15 Atemzüge
in der Haltung bleiben, die Armstellung wechseln und nochmals üben.

*»Ich begegne der Umwelt offen und voller
Vertrauen.«*

DREHUNG AUS DEM KNIESTAND

Die Hände nebeneinander auf den Boden
aufstützen. Einatmend den einen Arm heben und ausatmend wieder zurückführen. Im
Wechsel 8 x wiederholen.

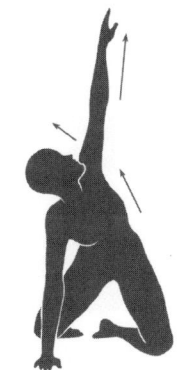

*»Meine Abwehrkraft ist stark und schützt
mich.«*

ERHOBENER BOGEN

Die rechte Hand faßt den linken Fuß. Bleiben
Sie 15 Atemzüge in der Haltung. Bein- und
Armstellung wechseln und wiederholen.

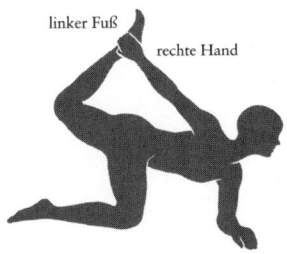

linker Fuß

rechte Hand

*»Körper, Geist und Seele strahlen meine inne-
wohnende Kraft aus wie das Feuer sein Licht
und seine Wärme.«*

GEROLLTES BLATT

Im Atemrhythmus die Arme mehrmals locker kreisen lassen. Danach eine Weile entspannt in der Haltung bleiben und den Atem im Schulterbereich spüren.

»Ich lasse los, ich überlasse mein Tun dankbar den inneren Kräften.«

HANDSTAND

Knien Sie sich mit dem Rücken zur Wand hin. Sie stützen sich auf die Hände und strekken die Beine. Nun wandern Sie gemütlich die Wand hoch und bleiben einige Atemzüge in der Stellung.

»Ich liebe und genieße meine starken Arme und Schultern.«

RUHELAGE

»Einfach dasein und in meiner eigenen, mich schützenden Geborgenheit die Ruhe genießen – das tut gut!«

Lebensbejahung und der Glaube an sich selbst,
an die eigene Lebenskraft und die positive
Einstellung zum Leben – das ist Glück.

Hans Josef Sachs

Magier und Hexe

Zwischen 35 und 55 verspüren viele Menschen, daß ihnen ein großes Maß an Kraft und Macht zur Verfügung steht. Sie klettern voller Elan die Erfolgsleiter nach oben. Sie lieben ihr Können und ihre Meisterschaft im Lösen der Aufgaben, die im Berufsleben, in der Gesellschaft, im Privaten oder in der Politik an sie gestellt werden. Sie sind kreativ und stellen sich immer wieder neuen Herausforderungen, um sich ihre Macht und Kraft zu beweisen. Sie wissen immer besser: Vieles ist machbar, aber anderes passiert durch interessante Zufälle, und eine Portion Glück gehört auch dazu. Andere wiederum, die sich nicht in ihrer Tätigkeit oder in ihrem Umfeld profilieren können, verspüren ebenfalls eine Macht in sich. Sie beeinflußt ihr Leben negativ, statt positiv, oder beherrscht und zerstört es. Zudem scheinen sie öfters das Unglück direkt anzuziehen und vom Pech verfolgt zu werden. Die Macht ist zur Ohnmacht geworden.

Der Mensch hat also eine Macht in sich, die einerseits das äußerlich Machbare verkörpert, die aber auch Umstände so zurechtbiegen kann, daß sie dem Menschen als Glück oder Unglück erscheinen. Warum wandelt sich alles, was der eine in die Hand nimmt, zu Gold, und beim anderen wird alles zu »Pech«? Es ist eine Macht am Werk, die nicht faßbar ist und doch im Leben wirkt und die Lebensqualität maßgeblich beeinflußt.

Dem Magier und der Hexe begegnen wir in vielen Volksmärchen. Sie zaubern Glück oder Unglück herbei, oder sie stellen dem Helden Aufgaben, welche scheinbar unlösbar sind. In der Not wird dem Held geholfen, wenn er sich an die gestellten Aufgaben heranwagt. Kinder lieben diese Geschichten, und jedes Kind wünscht sich hin und wieder eine gute Fee herbei, die ihm beisteht, seine Probleme löst und seine Wünsche erfüllt.

Während der Pubertät befassen sich viele Kinder vermehrt mit dem Magischen. Im schlechtesten Fall können dies Jugendsekten, Satanskulte oder bewußtseinserweiternde Drogen sein. Sie lassen sich auf magische Kräfte ein, die ihnen die Geheimnisse des Lebens enthüllen sollen. Im gleichen Alter befassen sich viele auch mit religiösen Dingen, und sei es nur, daß sie sich auf die Konfirmation vorbereiten. Viele legen diese Themen während der nächsten Jahre auf die Seite und kommen erst darauf zurück, wenn im Leben nicht alles so läuft, wie sie es sich wünschen, oder wenn ihnen Krankheiten zu schaffen machen. Wer im Privat-, Berufs- und Gesellschaftsleben ausgefüllt ist, wird sich dem Thema des Religiösen und des Magischen erst wieder nähern, wenn der Gipfel des Erfolgs überschritten ist, vielleicht mit der fragenden Feststellung: »Das war doch nicht alles?!«

Während der Wechseljahre interessieren sich viele Männer und Frauen wie damals während der Pubertät wieder für Dinge, die sich mit der äußeren Realität nicht vereinbaren lassen. Die einen schwelgen in diesem Alter in ihrem Erfolg und Ansehen in Beruf und Gesellschaft, andere wenden sich Projekten zu, die der Allgemeinheit nützen, und haben das Bedürfnis, hilfreich ihr Wissen und ihre Kraft einzusetzen. Andere wenden sich der Esoterik, der Religion oder Geheimbünden zu, weil sie merken, daß es Dinge gibt, die unser Verstand nicht erfassen kann. Wieder andere lassen sich ewige Jugend vorgaukeln und beginnen mit viel jüngeren Partnern ein neues Leben. Manche fallen auch in Depressionen und Apathie, weil sie den Sinn des Lebens nicht mehr erkennen und den Ausblick auf ihr kommendes Alter und den Tod nicht sehen wollen und können.

Ich kenne keinen Menschen, der nicht auf irgendeine Weise abergläubisch ist; selbst bei den kaltblütigsten Verstandesmenschen verschafft sich der Aberglaube, der Glaube an die Magie, klammheimlich Zutritt durch die Hintertür, und sei es nur, daß sie hin und wieder Lotto oder Karten spielen oder *Dr. Faust* lesen. Warum gehen so viele Menschen ins Spielkasino, obwohl die meisten doch nur ihr Geld verlieren? Die geheimnisvolle Göttin Fortuna ist hier am Werk!

Wir sehen, der Archetyp des Magiers bzw. der Hexe begleitet den Menschen durch sein ganzes Leben, auch wenn er sich nicht immer zeigt. Er ist das Zwischenglied zwischen der persönlichen Macht des Menschen und den unsichtbaren Mächten, die den Lebenslauf beeinflussen. Er gestaltet weitgehend das Schicksal. Wie er sich im Leben bewußt einsetzen läßt, kann der Mensch zu einem gewissen Maß beeinflussen.

Der Magier bzw. die Hexe in uns hat verschiedene Gesichter. Er oder sie kann uns in die höchsten Höhen heben und glücklich machen oder in die tiefsten Tiefen stürzen und uns zerstören. Auch die Naturvölker kennen diesen Archetyp. Sie haben den Schamanen, der mehr weiß und kann als das übrige Volk und der das Verbindungsglied zu den höheren, unfaßbaren Kräften und zu den jenseitigen Welten darstellt.

Die Plagen und die Geschenke des Magiers bzw. der Hexe

Eines ist klar: Diese magische Kraft in uns will gefordert werden, am liebsten mit Projekten, die dem Menschen viel abverlangen und deren Ausgang auch zum Teil vom sogenannten Glück abhängt. Wenn der Ausgang nicht ganz voraussehbar und berechenbar ist, zwingt dies den Menschen, sich dem Magischen und/oder den göttlichen Kräften zuzuwenden. Der Magier bzw. die Hexe ist der Herrscher über die Wahrheit und auch über die Lüge. Er oder sie gaukelt gerne etwas vor oder verführt den Menschen zu Illusionen und Machtgelüsten. Manche Menschen lassen sich auf Projekte ein, die mit dem Konkurs enden, weil sie sich etwas vormachten. Andere versuchen, Macht über Mitmenschen auszuüben, die sie nach ihren Wünschen manipulieren. Manche ruinieren sich, weil sie ein Leben der Lüge führen. Sie wollen mehr scheinen, als sie sind, und führen ein Doppelleben. Viele Menschen werden von einer Unersättlichkeit und Gier getrieben.

Die gleiche Kraft kann uns aber auch zu Höchstleistungen bringen, unsere Abenteuerlust und Begeisterung wecken, etwas zu vollbringen, dessen Ende nicht ganz absehbar ist. In dieser wohltuenden Spannung spüren wir unsere Lebendigkeit. Unsere Fähigkeiten und Raffinesse werden gefordert und geschliffen, ein leichtes Prickeln verzaubert uns. Wir schöpfen unsere Möglichkeiten aus, wir tun, was wir können, und hoffen auf das Beste. Ist da nicht auch immer ein wenig Zauberei dabei?

Wenn wir diese Kraft mit guten Absichten zum Wohl für uns und für die Gemeinschaft und die Umwelt einsetzen, dann gibt das unserem Leben einen Sinn, und es macht uns trotz allen Widrigkeiten, die wir dabei zu bewältigen haben, doch Spaß und Freude. Wir sind wach und unser Denken und Fühlen bleibt jung und kraftvoll.

Mit der Kraft des Magiers bzw. der Hexe können wir nicht nur Neues auf die Beine stellen, sondern auch unerfreuliche Umstände in erfreuliche umwandeln; ja, wir können sogar andere Menschen so beeinflussen, daß ihr guter Kern wieder voll zum Vorschein kommt. Allerdings müssen wir uns vor Manipulationen hüten. Mit dieser Kraft zu wirken, gleicht also immer ein wenig einer Gratwanderung. Schon viele haben mit den allerbesten Absichten begonnen und sind dann ausgerutscht und in den Abgrund gestürzt.

Wir können mit dieser Macht auch etwas Unerfreuliches »bannen«, mit Worten, die immer auch der Ausdruck unserer Gedanken sind, etwas beschwören, heraufbeschwören oder uns etwas einreden oder ausreden. Wir können uns zudem etwas vorstellen, das dann im Leben konkret Gestalt annimmt.

Egal, welches Projekt wir in Angriff nehmen, wir haben die Macht, den Ausgang weitgehend selbst zu programmieren, je nachdem wie wir uns das Resultat vorstellen. Wir können »schwarzmalen« oder buntmalen.

In der Kraft des Magiers steckt auch die »Namensgebung«, die magisch wirkt. Ob Sie sich als einen Dummkopf, Pechvogel, armes Würstchen bezeichnen oder als Genie, Topmanager und Tausendsassa – Sie handeln automatisch so, wie Sie sich sehen und benennen.

Unser Bündnis mit dem Magier bzw. der Hexe

Wer in seinem Leben den Magier bzw. die Hexe voll zum Zug kommen lassen will, der sollte sich Großes vornehmen. Etwas, das ihn auf das äußerste fordert, das ihn zwingt, sich mit den unsichtbaren (göttlichen) Kräften zu verbinden, um mit ihrer Hilfe etwas scheinbar Unmögliches möglich zu machen. Er muß sich gleichzeitig vorsehen, daß er die Resultate, die daraus entstehen, zum Wohle der Umgebung einsetzt und nicht nur für seinen eigenen Gewinn. Die Verführung kann groß sein.

Der innere Magier oder die Hexe haben also Großes mit uns vor und stehen uns tatkräftig bei, wenn wir uns von ihnen helfen lassen. Das heißt nicht, daß sie für uns die Sache vollbringen. Denken wir an die Helden der Märchen. Es wird ihnen geholfen, aber erst, wenn sie bereit waren, die Herausforderung anzunehmen. Es wird ihnen entsprechend geholfen, wie sie vorher anderen ihre Hilfe zukommen ließen. Darin offenbart sich mit diesem Archetyp ein wichtiges kosmisches Gesetz: Alles Gute, das der Mensch selbstlos vollbringt, jede Freude und gute Tat, die er in die Welt setzt, leider auch alles Schlechte, kommt zur gegebenen Zeit zu ihm zurück. Die Kraft ist nicht knauserig: Begeisterung, Lust, Freude, interessante Beziehungen und sogar Materielles schenkt sie uns bereitwillig. Sie überhäuft uns mit dem Überfluß, den uns auch die Natur tagtäglich vor Augen hält.

Wichtig ist der *unerschütterliche* Glaube, daß in uns eine Kraft wohnt, die uns hilft und die Umstände auf ihre Weise so zurechtrücken kann, daß es für uns vielleicht vorerst unerklärlich erscheint. Das Schlußresultat allerdings fällt dann für uns und alle Beteiligten optimal aus. Ist allerdings der Sieg errungen, dann heißt es weitergehen und noch Größeres vollbringen, immer in dem Wissen, daß wir nur das Werkzeug, der Kanal sind, wodurch sich das Universum ausdrücken kann und möchte. Der bekannte Spruch »Hilf dir selbst, dann hilft dir Gott« (was auch immer wir unter Gott verstehen mögen) bringt es auf einen knappen Nenner.

Strecke die Hand nur empor im Gebet!
Gott faßt sie von oben,
und die Berührung durchströmt dich
mit geheiligter Kraft.

Emanuel Geibel

Meditation: Weiße Magie

Haben Sie ein gesundheitliches Problem oder eine Sorge, die Ihnen zu schaffen macht, und würden Sie den Schamanen eines Naturvolks aufsuchen, dann würde er die Heilung sicher durch ein besonderes Ritual einleiten und mit weiteren Ritualen vollenden. Mit dem ersten Ritual würde er die Reinigung Ihrer Gefühle und Gedanken vollziehen und mit den weiteren die inneren und äußeren Kräfte anhalten, Ihnen wieder Harmonie, Frieden und Kraft zu schenken, was gleichbedeutend ist mit Heilung, heil-sein, ganzheitlicher Gesundheit. Diese beinhaltet auch ein sinnerfülltes Leben, ein schönes Zuhause und die Fähigkeit, Frieden und Freude zu empfinden.

In alten Kulturen wird angenommen, daß über den Kontakt zum »Überbewußtsein«, auch Höheres Selbst oder Über-Selbst genannt, Heilung erfolgt. Heilung, gleich auf welcher Ebene, hat ihren Ursprung in der Neuprogrammierung des Unterbewußtseins, das sich an das Überbewußtsein wendet und sich dadurch mit den kosmischen Kräften verbindet.

Zuerst müssen wir das Unterbewußtsein für uns gewinnen und richtig einstimmen. Es spricht besonders gut auf Rituale, auf das Magische, an. Rituale werden überall eingesetzt, von den etablierten Kirchen bis zu den Chefetagen von Industriekonzernen. Der Zweck ist immer derselbe, auch wenn sich die Beteiligten dessen gar nicht bewußt sind: Dem Unterbewußtsein wird das richtige Programm eingegeben.

Um eine Heilung zu vollbringen oder um ein Projekt zum Gelingen zu bringen, können wir ein spezielles Meditationsritual einsetzen. Möglichst viele Ihrer Sinne müssen dabei angesprochen werden, denn sie sind die Kanäle zum Unterbewußtsein. Musik, Farben, Düfte, Blumen, Kräuter, Wasser, Lichter, Fasten oder Kultgegenstände, die für Sie eine besondere Bedeutung haben, können Sie dafür verwenden. Schaffen Sie sich einen magischen Ort der Stille und eine magische, besinnliche Stimmung. Vollziehen Sie zuerst ein Reinigungsritual (z. B. eine Dusche, eine Reinigung der Wohnung, Worte der Vergebung gegenüber sich selbst und anderen).

Begeben Sie sich in den Alphazustand
(siehe Seite 24)

Bitten Sie um eine reine Geisteshaltung, um reine und gute Absichten ... Tragen Sie nun Ihr Anliegen mit klaren konstruktiven Worten vor, und visualisieren Sie die dazu passenden Bilder ... Sie sehen und spüren jetzt die Wirkung, die Ihre erfüllten Wünsche auf Sie selbst und alle Beteiligten ausüben. Sie entwickeln ein Gefühl des Glücklichseins, das Sie haben werden, wenn Ihr Wunsch in Erfüllung gegangen ist ... Sie sehen das Gute und Schöne, das Sie damit in die Welt setzen ... Sie sehen sich und alle Beteiligten glücklich und zufrieden ... Horchen Sie nun still und achtsam nach innen, und seien Sie bereit, Botschaften von innen zu empfangen ... Beobachten Sie noch eine stille Weile den Atem. Sie sind einfach da ... und lassen sich von tiefstem Frieden und Freude erfüllen ... Sie sind sich gewiß, daß sich Ihr Wunsch erfüllt, wenn es für Sie das Richtige ist ... Jeder Atemzug verbindet Sie von neuem mit der gütigen, allmächtigen Schöpferkraft ... Danken Sie nun für alles, was Sie sind, haben und tun und für alles, was Ihnen die Zukunft bringen wird ... Kommen Sie nun wieder zurück, und recken und strecken Sie sich nach Herzenslust.

Du mein Gott, mein gütiger, allmächtiger Schöpfer.
Wirke in mir und durch mich. Dein Friede herrsche
in meinen Erinnerungen, Deine Intelligenz leite meine
Gedanken, Deine Liebe erfülle mein Herz, und Deine
Weisheit gestalte meine Wünsche und Erwartungen.
So sei es, und es ist gut so.   Peter Wenzel

Die magische Übungsreihe

Vielen klassischen Yogastellungen oder Übungsfolgen wird eine magische
Wirkung zugesprochen, weil diese von den indischen Rishis, die ein »besonderes« Wissen besaßen, entwickelt wurden. Wie dem auch sei, wer un-
erschütterlich daran glaubt, wird sicher eine »besondere« Wirkung erzielen.
Auf alle Fälle bringen sie Entspannung und somit neue Spannkraft.

Meine ersten Yogastunden verbrachte ich in einem von duftenden Räu-
cherstäbchen vernebelten, dämmerigen Raum. Rund um mich war feierliche
Stille. Der Lehrer war ganz in Weiß gekleidet. Neben ihm stand eine goldene
Glocke und eine rote Rose. Innerlich war ich voller Spott. Aber ich mußte
zugeben, daß mich diese Atmosphäre vom Alltag ablenkte und in mir eine
neue Welt weckte. Meine Sinne, die Kanäle zum Unterbewußtsein, wurden
geöffnet. Mein Unterbewußtsein konnte neu programmiert werden und in
Kontakt mit dem Überbewußtsein treten. Ich war danach noch lange wie be-
rauscht und glücklich.

In der folgenden Übungsreihe wird mit jeder Übung auf ein Chakra eingewirkt, indem sein Bereich gepreßt oder gedehnt und das Bewußtsein darauf gerichtet wird. Die Chakras sind die Nahtstellen und Transformatoren
der verschiedenen Energieebenen des Menschen und wirken im grobstoffli-
chen und im feinstofflichen Körper. Wird diese Reihe jeden Tag geübt, stellen
sich Ruhe und Kraft ein, die uns Selbstvertrauen und somit Gottvertrauen
schenken.

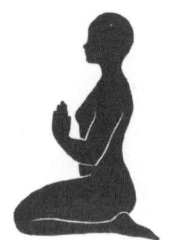

SAMMLUNG

Spüren Sie in die Auflagefläche der Hände, die sich berühren. Bleiben Sie so lange sitzen, bis Sie ganz ruhig sind.

»Ich wünsche von Herzen, daß mir jede Körperhaltung zu innerer Freiheit, Freude und Frieden verhilft.« (Setzen Sie wahlweise auch einen anderen speziellen Wunsch ein.)

DREIFUSS

Kopf- und Handstellung bilden ein Dreieck. Die Oberarme sind möglichst waagerecht, dann können die Beine mühelos daraufgelegt werden. Einige Atemzüge die Stellung halten und genießen, das Bewußtsein auf das Schädeldach konzentrieren.

»Ich vertraue meiner magischen Kraft. Sie soll das Beste für mich herbeizaubern.«

FLIEGENDE SCHWALBE

Bauchlage. Stirn auf den Boden und Arme neben den Körper legen. Einatmend Kopf, Arme und Beine heben, ausatmend wieder senken und die Stirn auf den Boden pressen. Mehrmals wiederholen. Lenken Sie dabei das Bewußtsein in die Stirn.

»Ich spanne an und lasse los – setze Ziele und lasse mir helfen.«

BALANCE AUF DEN ZEHEN
Lenken Sie das Bewußtsein in den Hals.

»In allem Tun und Lassen sind meine Absichten rein und klar.«

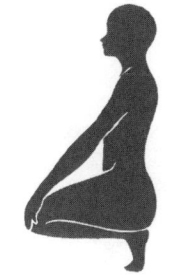

LIEGENDER HELD
Im Fersensitz den Oberkörper nach hinten beugen. Es entsteht eine tragende Brücke vom Hinterkopf zum Kreuzbein. (Falls nötig, ein großes Polster unter Kopf und Rücken legen.) Lenken Sie das Bewußtsein ins Herz.

»Meine Herzensbrücke verbindet alle meine inneren Kräfte, und sie wirken zusammen zu meinem Wohle.«

VORBEUGE
Konzentrieren Sie sich auf die Magengegend.

»Ich wünsche mir feurige Kraft, um Großes zu vollbringen.«

INNERES BAUCHKREISEN
Mit den Knien zeichnen Sie im Atemrhythmus eine liegende Acht, d. h., Sie schließen und öffnen dabei die Beine. Ihr Bewußtsein ist in den Bauch etwas unterhalb des Nabels gerichtet.

»Meine Beziehungen zu Männern und Frauen sind für alle Beteiligten eine Bereicherung.«

STERN

Ziehen Sie das Gesäß mit beiden Händen nach hinten, so können Sie sich leichter nach vorn beugen. Einatmend den Aftermuskel kräftig an- und einziehen und ausatmend wieder entspannen. Wiederholen Sie dies mehrmals. Richten Sie Ihr Bewußtsein in den Beckenboden.

»Mein inneres Potential von Fähigkeiten und Möglichkeiten soll mir voll zur Verfügung stehen.«

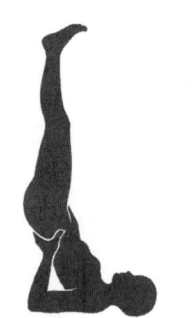

KERZE

Rückenlage. Die gebeugten Beine zuerst zur Brust ziehen und danach in die Senkrechte bringen. Viel Körpergewicht an die stützenden Hände abgeben. Einige Atemzüge in der Stellung bleiben. Sie wandern nun mit dem Bewußtsein einatmend vom Schädeldach zu Stirn, Hals, Herzen, Magen, Bauch und Beckenboden und ausatmend umgekehrt wieder zurück bis zum Schädeldach. Wiederholen Sie dies mehrmals. Danach halten Sie noch eine Weile die Knie mit den Armen umfaßt und wiegen sich sanft von Seite zu Seite.

»Den Widerständen begegne ich gelassen und zuversichtlich, denn sie sind die Tore zu weiterem Neuland.«

RUHELAGE

»Den göttlichen Kräften zur Ehre gestalte ich mein Leben sinnvoll und leiste mein Bestes. All meine Werke gereichen zu meinem Wohle und zum Wohle der Umwelt.«

Vollkommenen Frieden erlangt nur der,
dem das eigene Selbst Freund und Berater ist.
Wer zu viele Freunde hat, verliert sich selbst.

R. W. Emerson

Der Weise

Wie uns Pflanzen und Tiere durch ihr »weises« Verhalten erstaunen können, so auch Menschen, die im Leben auf einmal einen neuen Weg einschlagen und »weiser« werden. Fragen wir nach dem Grund, so wird oft von einem Gefühl, einer inneren Stimme oder Vision gesprochen, durch die diese Wandlung veranlaßt wurde. Andere kommen durch ihren Alterungsprozeß oder durch eine Krankheit zu neuen Einsichten und werden dadurch zu einer Neuorientierung in ihrem Leben gezwungen.

Viele kennen einen älteren Menschen – sei es Großmutter, Großvater, Tante, Onkel oder eine Person aus der Nachbarschaft –, der sich durch eine besondere Weisheit und Güte auszeichnet. In der Gegenwart solcher Menschen ist einem wohl, man fragt um deren Rat oder erzählt von seinem Kummer, wissend, daß jemand geduldig und wohlwollend zuhört, man sich nachher getröstet fühlt und wieder neuen Mut faßt. Solche Menschen sind für ihre Familie oder ihre Gemeinschaft ein echter Segen und üben auf ihre stille Art großen Einfluß auf ihre Mitmenschen aus. Wer hat nicht den Wunsch, selbst einmal so weise zu sein, geschätzt und geliebt zu werden?

Wir alle haben in uns die Kraft des Weisen, die mit den Jahren immer mehr zum Ausdruck kommt. Der Weise weiß um den tieferen Sinn unseres Lebens und hilft uns, diesen Sinn zu erfüllen. Je älter wir werden, umso mehr vollzieht sich eine innere Entwicklung, die meistens nicht in der Turbulenz der jungen Jahre zu finden ist. Darum hat auch das Altwerden seinen Sinn und ist nicht bloß eine Laune der Natur. Allerdings brauchen wir nicht zuerst alt zu werden, um mit dem inneren Weisen in Kontakt zu treten und seine Hilfe zu erfahren.

K. O. Schmidt, ein großer Lebensphilosoph, spricht oft vom inneren Helfer oder vom inneren Riesen, mit dem der Mensch in der Stille in Kontakt treten und sich Hilfe holen kann. Andere Lebensphilosophen nennen diese Kraft das Überselbst, das Überbewußtsein oder das Christus-Bewußtsein. Yoga hat den inneren Weisen dem Stirnchakra zugeordnet, und Meditationen auf das dritte Auge, wie dieses Chakra auch genannt wird, verleihen dem Menschen Hellsichtigkeit und Hellhörigkeit.

Diese Kraft weiß mehr als unser Tagesbewußtsein. Sie betrachtet unser Leben von einer höheren Warte aus und hat somit den besseren Überblick. Ich kann es auch so ausdrücken: Unser Tagesbewußtsein erkennt auf unserem Lebensweg nur, was direkt vor, neben uns und hinter uns liegt und was unmittelbar auf uns zukommt. Der innere Weise jedoch steht auf einem Berg und sieht den ganzen Weg. Er sieht, woher wir kommen und wohin wir gehen. So kann er uns seinen wegweisenden Rat erteilen und uns zeigen, wie wir am besten gehen oder auf dem Weg bleiben. Wir können nämlich tatsächlich auf Irrwegen landen und in tiefste Abgründe stürzen, wenn wir nie nach innen horchen und die Weisungen der inneren Stimme befolgen.

Der innere Weise drängt sich nicht auf, er wirkt still im Verborgenen und wartet auf uns, genauso wie weise Menschen. Er hilft uns immer, wenn wir ihn darum bitten und wir uns ihm anvertrauen. Aber er läßt uns die Wahl, unsere eigenen Entscheidungen zu treffen und unsere eigenen Wege zu gehen. Fügen wir uns dadurch körperliche oder geistig-seelische Schmerzen zu, so müssen wir das vor uns selbst verantworten und die Konsequenz auf uns nehmen. Aber der Weise wird uns auch dann seine Hilfe nicht versagen, wenn wir ihn darum bitten. In ihm wohnt der Raum – die Höhen, die uns beflügeln und Freiheit, Freude und Frieden vermitteln, ebenso die Tiefen, die uns dunkel erscheinen, einengen, fesseln und Gefühle der Sinnlosigkeit und Ausweglosigkeit vermitteln.

Je älter wir werden, desto mehr begegnen wir dem inneren Weisen. Im positiven Sinne tritt er voller Güte in Erscheinung. Leider kann sich auch sein Schatten zeigen als rechthaberischer Besserwisser und kleinlicher Schwarzmaler. Altersdepressionen, die sich immer mehr verbreiten, haben ihre Ursache weitgehend im fehlenden Wissen um den tieferen Sinn des Lebens und des Alterns.

In der Tiefe sitzen

Jeder, der weiß, was Depressionen bedeuten – sei es, daß er sie selbst durchstehen mußte oder daß ein geliebter Mensch davon betroffen ist –, weiß, wie schrecklich es ist, gefangen und gelähmt wie in einem tiefen Loch zu sitzen, in seelischer Dunkelheit, Verzweiflung, Schwäche, Hilf- und Ausweglosigkeit. Man sieht gelegentlich einen Lichtschimmer, um dann wieder umso tiefer in eine grenzenlose Einsamkeit und Trostlosigkeit abzustürzen. Wenn dann rundum nur noch Stille und Dunkelheit herrschen, kann es vorkommen, daß eine leise innere Stimme drängt: »Komm mit! Komm mit mir! Du bist nicht dazu bestimmt, in einem dunklen Loch zu sitzen. Ich zeige dir den

Weg in die Höhe, den Weg auf deinen Gipfel und schenke dir auch die nötige Kraft, ihn zu erklimmen. Ich zeige dir den Sinn deines Lebens, und wenn du den erfüllst, wirst du glücklich sein.«

Der innere Helfer

Selbstverständlich brauchen wir nicht zuerst so tief ins Tal zu steigen, auf Abwege gelangen oder krank zu werden, um mit dem inneren Weisen in Kontakt zu kommen. Gönnen wir uns im Alltag mehr Ruhe und Stille, horchen wir nach innen, und richten wir uns nach der inneren Stimme.

Wie, wann und wo hilft uns der innere Weise? Zuerst müssen wir jede Angst vor ihm fallenlassen. Vielen Menschen sitzt noch die Angst im Nacken, von dem Göttlichen »geprüft« zu werden, so daß einem Unmögliches und Schmerzliches abverlangt wird. Diese Meinungen wurden den Menschen während Jahrhunderten von machtgierigen kirchlichen Institutionen eingeredet, um sie in die Knie zu zwingen und gefügig zu machen. Gott oder die göttliche Natur in uns »prüft« uns nie und verlangt uns nie etwas ab, das wir nicht erbringen können oder uns Schmerzen zufügt. Leid fügen wir uns selbst zu, wenn wir nicht nach den Naturgesetzen leben, wenn wir vom Weg abkommen oder wenn wir nicht mehr dem Sinn des Lebens nachkommen und unsere Aufgaben lösen. Der Weise will uns das Leben nicht schwermachen, sondern im Gegenteil den leichtesten Weg weisen und uns beim Lösen unserer Lebensaufgaben helfen.

Wir können jegliche Schuldgefühle fallenlassen. Wenn wir bis jetzt die Hilfe des Weisen überhört oder abgewiesen haben, nimmt er uns das nicht übel. Er freut sich, daß wir jetzt zu ihm kommen – heimkommen sozusagen wie der verlorene Sohn im Neuen Testament. Wir können ihn vergessen, aber wenn wir wieder zu ihm zurückkehren, wird er uns immer von neuem herzlich willkommen heißen.

Wir müssen das nötige Vertrauen zu ihm aufbauen, daß in uns eine Kraft wohnt, die uns jederzeit hilft und uns zeigt, was für uns gut ist, Vertrauen, daß wir uns selbst helfen können. Wenn wir zum Weisen Vertrauen haben, dann haben wir auch Selbstvertrauen, um Großes und Gutes zu unserem Wohle und zum Wohle der Gemeinschaft zu leisten. Wir können unser Leben so gestalten, daß es uns und unsere Umgebung bereichert und Freiheit, Freude und Frieden in die Welt bringt. Der innere Weise zeigt uns wie. Er ist das Bindeglied zum Göttlichen. Wenn wir ihm vertrauen, dann vertrauen wir auch Gott – einem gütigen, liebenden, mächtigen Gott. Wer Gottvertrauen hat, kommt aus jedem Tal wieder heraus, er wird nicht in der Tiefe bleiben, sondern in die Höhen steigen – dem Licht entgegen.

Wir können uns mit den guten Qualitäten des inneren Weisen identifizieren und sie zu unseren eigenen machen. Wir betrachten dann die Welt von einer höheren Warte aus und entwickeln ein tieferes Verständnis für uns, unsere Mitmenschen und die Umwelt. Ich selbst sehe heute die Erde, die Elemente, die Pflanzen- und Tierwelt ganz anders als noch vor einigen Jahren. Ich nehme die großen und kleinen Zusammenhänge klarer, bewußter, intensiver wahr. Ich sehe auch hinter die Masken, die viele Menschen aufsetzen, und stelle fest, daß die Menschen nicht voller Lügen oder schlecht, sondern unglücklich, einsam, schwach, unwissend, verängstigt oder verzweifelt sind. Wenn wir ein höheres Verständnis den Menschen entgegenbringen, dann zeigen sie ihr wahres Gesicht, und wir begegnen ihrer Güte, Liebe und ihrer inneren Größe.

Der innere Weise ist immer bereit, uns mit Rat und Tat beizustehen, uns den Weg zu zeigen, uns über Brücken zu führen, oder er hilft uns, große Steine wegzuräumen. Er wird es aber nicht an unserer Stelle tun, sondern er hilft uns dabei. Er läßt sich auch nicht vorschreiben, wie er uns helfen soll – er tut das, was für uns das Beste ist. Oft wissen wir gar nicht, was für uns gut ist, besonders dann, wenn wir auf einem »Holzweg« sind.

Wenn wir nun bedenken, daß auch in jedem anderen Menschen ein innerer Weiser wohnt, können wir jegliche Sorgen um sein Leben fallenlassen. Betend können wir uns an den inneren Weisen des betreffenden Menschen wenden und diesen um Hilfe oder Schutz bitten.

Den Weisen können wir um alles bitten, egal ob wir ein Paar neue Schuhe kaufen oder entscheiden müssen, ob diese Arbeitsstelle die richtige für uns ist, ob wir eine neue Beziehung eingehen oder eine alte Beziehung neu aufbauen sollen oder ob wir diese oder jene Therapie beginnen sollen. An kleinen Dingen können wir das Vertrauen zu ihm üben, um dann in größeren Angelegenheiten die Gewißheit zu haben, daß uns jederzeit und überall geholfen wird.

Der Weise wird auch das Christus-Bewußtsein oder der innere Christus genannt. Viele Menschen tun sich schwer, zu Gott zu beten, weil er für sie zu gewaltig und unfaßbar ist. So wenden sie sich gerne an einen Vermittler. Sie beten lieber zu Jesus Christus und haben damit großen Erfolg. Der Name ist so zu deuten, daß die innerste Natur des Menschen göttlich ist, Gott in ihm wohnt (Jesus = Mensch, Christus = der Erleuchtete oder der göttliche Funke im Menschen).

Aus eigener Erfahrung weiß ich, daß der innere Weise nicht so kleinlich an einen bestimmten Namen gebunden ist. Wir müssen uns immer bewußt sein, daß das Göttliche nicht mit dem Verstand faßbar ist, auch nicht, indem wir es an einen Namen binden, der letztlich nur ein Produkt unseres begrenzten Verstandes ist. Ich rufe ihn öfters mit »He, du da« an, und dann habe ich das

Gefühl, als würde er nun schallend lachen. Er hilft mir immer und oft auf eine ganz humorvolle Art.

Vor einigen Tagen fragte ich mich, wie es kommt, daß Gott mich, einen kleinen Menschen auf einem kleinen Planeten dieses Universums, wahrnehmen kann und mir auf eine ganz persönliche und spezielle Art hilft. Da erzählte mir eine Freundin – von meiner inneren Frage wußte sie nichts – beiläufig: »Wenn ich bete, dann denke ich oft an meine Körperhaare. Es sind viele tausend, und wenn an einem gezupft wird, merke ich das – darum glaube ich, daß der Gott des Universums auch mich bemerkt.« Meine Frage wurde, wie so oft, auch diesmal von Gott wahrgenommen und beantwortet.

Besprechen Sie einfach alles mit dem »inneren Riesen«, und achten Sie auf die kommenden Botschaften und Begebenheiten, durch die er Ihnen Antworten und Hilfe zukommen läßt. Danken Sie für die Hilfe im voraus, denn er hilft immer. Wenn sich etwas nicht so entwickelt, wie Sie es gerne hätten, dann wartet sicher etwas Besseres auf Sie. Haben Sie etwas Geduld. Leisten und geben Sie in der Zwischenzeit Ihr Bestes, und das Beste wird auf Sie zurückkommen.

Alles fügt sich und erfüllt sich,
mußt es nur erwarten können
und dem Werden deines Glückes
Jahr und Felder reichlich gönnen.
                                    Christian Morgenstern

Meditation: Wünsche zur Erfüllung bringen

Das Denken wird dem Element Luft und der innere Weise dem Element Feuer bzw. dem inneren Licht zugeordnet. Ist unser Denken ruhig und klar, so können wir das mit einem klaren Himmel vergleichen, der uns die lebenspendende Sonne sehen und spüren läßt. Unruhige Gedanken sind wie Stürme, verbunden mit heftigen Gefühlen, die den Wolken gleichkommen, welche die Atmosphäre aufladen und sich oft erst bei einem Gewitter wieder entladen. Ein reinigendes, klärendes Gewitter hin und wieder ist ganz gut, aber was zuviel ist, schadet Saat und Ernte.

Mit der folgenden Bildmeditation wünschen wir uns Ruhe, Klarheit, Selbstvertrauen und die freie Sicht auf das Licht in uns und über uns. Haben wir Fragen an den inneren Weisen oder möchten wir uns sonst mit ihm unterhalten (beispielsweise Sorgen aussprechen, kommende Projekte und Ziele erörtern), so sprechen wir uns zu Anfang der Meditation aus. Dann horchen wir nach innen und lassen Ruhe im Körper, Stille im Geist und Frieden in unserem Gemüt zu.

*Begeben Sie sich
in den Alphazustand*
(siehe Seite 24)

Falls Sie sehr erregt sind
oder viele ungelöste Pro-
bleme und Sorgen haben,
stellen Sie sich anfangs
ein gewaltiges Gewitter
vor, das sich entlädt und
die Atmosphäre reinigt
und beruhigt.

    Nun stellen Sie sich vor, wie Sie auf einem hohen Berg-
gipfel sitzen, die Aussicht genießen und den Himmel betrachten ... Vor kurzem hat ein Gewitter stattgefunden,
und die Luft ist frisch und rein ... Sie genießen die wär-
mende Sonne, die die Welt in einem ganz speziellen Licht
erscheinen läßt und verzaubert. Lassen Sie sich auch ver-
zaubern ... Stellen Sie sich nun einen Regenbogen vor ...
Denken Sie an Wünsche, deren Erfüllung auch Ihr Leben
erfüllt ... Stellen Sie sich jeden Wunsch als Symbol vor,
und lassen Sie es über den Regenbogen zur Sonne aufsteigen ... Übergeben Sie es dem Sonnenlicht – dem göttlichen
Licht ... Bleiben Sie noch eine Weile in der Stille sitzen ...
Sie beobachten Ihren Atem, und jeder Atemzug ist ein Lob
und Dankeschön an Gott, der immer für Sie da ist, der
Licht und Leichtigkeit in Ihr Leben bringt – an das Licht,
das immer für Sie scheint ... Beenden Sie die Meditation
mit einem tiefen Atemzug und einem genüßlichen Recken
und Strecken.

Übungsreihe zur Rückenstärkung

Jeder wünscht sich ein »starkes Rückgrat« oder jemanden, der ihm »den Rücken stärkt« oder »Rückendeckung« gibt. Mit der folgenden Übungsreihe stärken wir uns selbst den Rücken. Wir treten dabei in Kontakt mit dem inneren Weisen und schaffen die richtigen Voraussetzungen, das Leben voller Kraft, Mut und Begeisterung anzupacken. Je mehr Kraft wir haben, um so leichter empfinden wir die Lebensaufgaben. Machen Sie diese Übungsreihe eine Zeitlang jeden Tag, Sie werden über die Wirkung staunen.

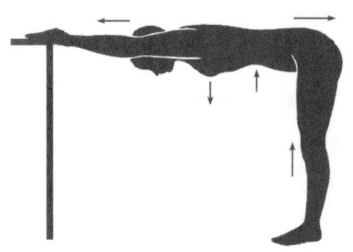

DEHNUNG AM FENSTERBRETT

Die Beine sind durchgestreckt; das Gesäß nach hinten dehnen und den Oberkörper kräftig durchstrecken. Den Oberkörper dabei durchhängen lassen, aber die Bauchdecke angespannt halten, damit kein Hohlkreuz entsteht. Mindestens 20 Atemzüge lang in der Haltung bleiben.

»Meine Körperräume weiten sich und füllen sich mit Energie, die mich stärkt an Körper, Geist und Seele.«

STERNE PFLÜCKEN

Mit jedem Atemzug strecken Sie sich abwechslend rechts und links genüßlich durch. Sie wollen weit in den Sternenhimmel greifen.

»Ich hole Licht und Energie in mein Leben.«

DREIECKZYKLUS

Weite Grätsche mit ausgestreckten Armen einnehmen, den Oberkörper und die Füße zur Seite drehen und die Arme zusammenbringen.

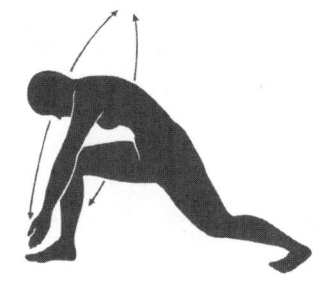

a) Sich 4 x einatmend nach hinten und ausatmend nach vorn beugen. Sich zu Mitte drehen und auf der anderen Seite wiederholen.

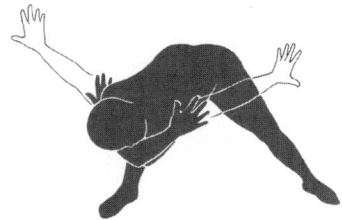

b) 4 x in der seitlichen Vorbeuge die Arme beim Einatmen weit öffnen und beim Ausatmen schließen. Auf der anderen Seite wiederholen.

c) 4 x im Wechsel einatmend den einen Arm heben und ausatmend zurück auf den Boden stellen. Mit der anderen Seite die Übung wiederholen.

»Ich stärke meinen Rücken und genieße die Kraft, die sich in mir entfaltet.«

TANZPOSITION

Den einen Fuß an das Gesäß bringen und fassen. Nun den freien Arm nach vorn und das gebeugte Bein nach hinten ausstrecken und den Oberkörper leicht nach vorn beugen. Blick auf einen Punkt (ein Ziel) richten und alle Sinne darauf einstellen. 15 Atemzüge auf dem einen und danach auf dem anderen Bein stehen.

»Mein innerer Weiser hilft mir, Ziele zu setzen und zu erreichen.«

Fuss im Mond
Sie bleiben 15 Atemzüge lang in dieser Haltung, ändern die Beinstellung und bleiben nochmals 15 Atemzüge in der Haltung.

»Höhen und Tiefen gehören in mein Leben und machen es interessant und spannend.«

Niederwerfen und Aufrichten
Einatmend die Arme hinter die Ohren bringen und das Brustbein nach vorn schieben. Ausatmend Knie beugen und Oberkörper nach vorn beugen. In die Kauerstellung gehen und Knie, Stirn und Hände auf den Bogen stellen. Arme nun weit nach vorn bringen und in die Bauchlage kommen. Arme noch weiter nach vorn strecken und einatmend den Kopf heben. Nun wieder zurück: Ausatmend den Kopf senken, Hände neben der Brust aufstellen und sich nach hinten ziehen. Hände neben den Knien aufstellen und in die Kauerstellung gehen. Einatmend Kopf heben, sich mit Schwung aufrichten und die Arme nach oben und hinter die Ohren bringen.
Den ganzen Zyklus mit Schwung und Tempo ausführen. Die Tibeter werfen sich 20- bis 60mal auf den Boden.

»Egal, wie tief ich im Tal sein mag, mein innerer Weiser richtet mich auf und weist mir den Weg zum Gipfel – zum Licht.«

BRÜCKE/KUGEL

Knie und Kinn so nah wie möglich zusammenbringen, die Hände liegen neben dem Gesäß. Einatmend Füße auf
den Boden stellen, Arme neben die
Ohren legen und Rücken anheben. Ausatmend wieder in die Ausgangsstellung
(Kugel) zurückkommen. Mehrmals wiederholen.

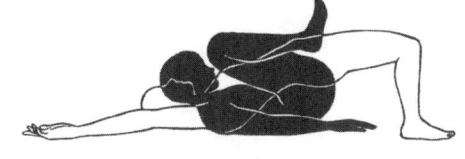

*»Ich lasse es mir wohl sein und fühle
mich in mir geborgen.«*

RUHELAGE

*»Alles, was mir mein Leben bringen mag,
lege ich in die liebenden Hände Gottes. Loslassen – Gott wirken lassen.«*

Ein jegliches hat seine Zeit,
und alles Vorhaben unter dem Himmel
hat seine Stunde.   Salomo

Weisheit

So wie der Weise in uns das väterliche Prinzip verkörpert, das uns dabei hilft, unsere Bestimmung zu erfüllen und unser Ziel zu erreichen, so verkörpert die Weisheit das mütterliche Prinzip, das uns geboren hat, liebevoll und nötigenfalls tröstend durch das Leben trägt und in dessen Armen wir alt werden, die letzten Stunden verbringen und sterben dürfen.

Alles hat seine Zeit. Der Rhythmus der Elemente und das Werden und Sterben der Pflanzen und Tiere sind einem bestimmten Zeitplan unterworfen. Auch der Mensch unterliegt dem gleichen Naturgesetz. Die innere Weisheit ist die Herrscherin über die Zeit. Sie bestimmt, wie lange ein Leben und wie lange die einzelnen Lebensabschnitte dauern. Neun Monate entwickelt sich der Fötus im Mutterleib, dann folgen die Lebensjahre, die einem bestimmten Rhythmus des äußeren Wachstums und der inneren Entwicklung unterworfen sind. Gegen Ende des Lebens, wann immer das auch ist, stellt sich der Körper auf den Tod ein und stirbt zur gegebenen Zeit. Da nützt kein Sträuben, Bitten und Betteln. Es kommt, wie es kommen muß. Jede Zelle, jedes Organ, jeder Körperteil ist einer gewissen Zeit des Wachstums und einer gewissen Zeit des Zerfalls unterworfen. Daß dieses Geschehen, besonders die Zeit des Zerfalls und des Sterbens, vielen Menschen Schmerzen, Leid, Sorgen und Ängste bringt, liegt nicht daran, daß es schlecht ist, sondern daß die Einstellung dazu verzerrt und falsch ist.

Es ist naturgemäß nicht vorgesehen, daß wir in manchen Lebensphasen glücklicher sind als in anderen. Mit der richtigen Einstellung können wir glücklich leben und glücklich sterben, in Würde leben und in Würde sterben. Egal, durch welche Lebensstürme wir hindurch müssen, wir können trotzdem Frohsinn und Freude erleben. Wie weit diese Behauptung stimmt, konnte ich auf meinen Reisen und in der Altersfürsorge erfahren, als ich vielen armen, kranken und doch fröhlichen Menschen begegnete.

Große Yogis demonstrieren in ihrem Leben bis zum Tod geistige Frische, ein gelassenes, frohes Gemüt und einen gesunden Körper. Yogis, die krank wurden, ertrugen Krankheit und Schmerzen mit einer bewundernswerten Gelassenheit und blieben frei und klar in ihrem Geist.

Was bedeutet das nun für uns gewöhnliche Sterbliche? In den Aussagen liegt eine frohe Botschaft, die verkündet: Wir sind darauf angelegt, geistig frisch und glücklich bis ins hohe Alter zu bleiben und eines schönen Todes zu sterben.

Ist die vorgesehene Todesstunde noch nicht da, wird uns die Kraft der inneren Weisheit von jeglicher Krankheit wieder zu heilen versuchen. Die meisten Krankheiten und Unfälle haben wir durch falsches Denken und Fühlen verursacht. Wird uns das bewußt, erkennen wir die tieferen Zusammenhänge, und ändern wir unser Denken, Fühlen und unsere schädlichen Lebensgewohnheiten (das ist nicht einfach, aber machbar), dann unterstützen wir damit die körpereigenen Heilungskräfte, denn unser Körper ist auf Heil- und Ganzsein angelegt. Wenn wir Geduld haben, uns die nötige Ruhe zugestehen und uns gesund ernähren, dann steht meistens einer Genesung nichts im Wege. Da vollbringt die innere Weisheit ihre Wunder. Ist allerdings unsere Lebenszeit abgelaufen, dann läßt uns die innere Weisheit barmherzig sterben und wird die Umstände so gestalten, daß unsere letzten Stunden und der Tod, der doch nur ein Übergang in das andere Leben ist, schön sein werden.

Die Kraft der inneren Weisheit kann uns während einer Krankheit oder einer sorgenvollen Zeit viel Trost geben. Während einer langsamen Genesung tröstet es uns zu wissen, daß alles seine Zeit braucht. Der Körper braucht eine ganz bestimmte Zeitspanne, um dies oder jenes zu heilen. Dies gilt nicht nur für die Heilung von körperlichen, sondern auch von seelisch-geistigen Verletzungen. Denken wir an eine Zeit der Trauer; auch sie verläuft in bestimmten Phasen, und nach fünf Jahren kann der Schmerz tiefster Seelenwunden um einiges verblaßt oder überwunden sein, wenn wir es zulassen. Zeit heilt Wunden. So kann diese Kraft tatsächlich auch unsere Trösterin und unsere Hoffnung sein.

Unser Leben ist also nach einem bestimmten Rhythmus und Zeitplan angelegt. Einerseits müssen wir es annehmen, erdulden und das Beste daraus machen, andererseits können wir es bis zu einem gewissen Grad auch beeinflussen. Hier heißt es: abwägen und erkennen, wie, was und wo ich aktiv an der Gestaltung meiner Gesundheit, meines Lebens mitwirken kann, wann ich mich auf meine innere Weisheit verlassen, geduldig warten und einfach darauf vertrauen soll, daß alles gut wird.

Zeit haben

Wir haben weitgehend die Wahl, ob und wie wir unser Leben nützen wollen. Mit dem Konsumieren von materiellen Gütern, Fernsehen und dem Lesen von Schreckensnachrichten wird oft die Zeit sinnlos totgeschlagen. Ist es nicht interessant, daß die gleiche Gesellschaft, die den Tod verdrängt, jede Stunde Nachrichten von Tod und Verbrechen in den Äther schickt? Der Tod läßt sich nicht verdrängen.

Überall entsetzt man sich über die vielen drogenabhängigen Menschen, die ihr Leben künstlich verkürzen, aber wie man eine sinnvolle, beglückende Lebensgestaltung angeht und eine optimale Lebensqualität erreicht, darüber wird wenig oder gar nichts verlautet. Oft wird geprahlt, wie lange man letzte Nacht noch gezecht hat, aber ob das wirklich beglückend war oder nur Raubbau am Körper, davon spricht niemand.

Ebenso schlimm wie die fahrlässige Verkürzung der Lebensdauer ist die künstliche Verlängerung der Lebensdauer. In der Altersfürsorge lernte ich Menschen kennen, die »erfolgreich« wieder ins Leben zurückgeholt wurden. Sie waren aber danach unglücklich und konnten sich an nichts mehr erfreuen. Sie waren zwar äußerlich noch da, aber innerlich doch nicht mehr.

Als vor Jahren eine Freundin von mir starb, hatte sie kurz vor dem Tod einen Traum. Sie sah sich in einem dämmrigen Raum eingeschlossen und wartete sehnlichst darauf herauszukommen. Endlich öffnete sich ein Tor, viel Licht strahlte von draußen herein, und sie war frei. Sie durchschritt die Pforte und war glücklich. Zur gleichen Zeit träumte auch ich von ihr. Ich sah sie apathisch in einem dämmrigen Mehrbettzimmer auf einem Bett sitzen und traurig und hoffnungslos warten – sie wußte selbst nicht auf was. Tatsächlich bekam sie kurz darauf einen Hirnschlag, lag zwölf Tage bewußtlos in der Intensivstation und konnte dann sterben. Wie in den Träumen war ihre Seele noch eine kurze Zeit gefangen im irdischen Körper. Die Begebenheit zeigt, wie leidbringend es für Menschen sein kann, wenn man sie nicht sterben läßt. Auch wenn ich über den Tod meiner Eltern oder näherer Bekannten nachdenke, muß ich erkennen, daß sie zur richtigen Zeit starben. Nachdenklich stimmt mich auch die folgende Begebenheit. Als meine Mutter nach schwerer Krankheit auf der Kippe zwischen Leben und Tod schwebte, stellte eine ihrer Freundinnen eine große, brennende Kerze auf den Marienaltar der Dorfkapelle und sagte zu ihr: »Wenn die Kerze erlöscht, dann kannst du sterben und bist erlöst.« Einige Tage später, als diese Frau vor der Kerze betete, erlöschte sie plötzlich, und zur gleichen Zeit starb meine Mutter. Da war wieder eine Kraft am Werk, die sich unserem Erfassen entzieht.

Die innere Weisheit unterliegt nicht der Macht des menschlichen Tagesbewußtseins, sondern wirkt im tiefsten Unterbewußtsein. Sie wohnt im Menschen, wirkt auf ihre natürliche und doch geheimnisvolle Weise und läßt sich nicht manipulieren oder gar bekämpfen. Auch wenn wir ihr den Kampf ansagen – sie wird auf alle Fälle siegen.

Die große Helferin in uns

Die innere Weisheit schenkt uns die Lebenszeit auf dieser Erde. Sie heilt uns an Körper, Geist und Seele, wenn wir uns ihr voll anvertrauen und wenn wir für die Heilung bereit sind. Wir brauchen die Krankheit nicht, um zu sterben. Wir können, wenn die innere Uhr abgelaufen ist, gesund und glücklich sterben. Wenn wir bereit sind, die Lebenszeit sinnvoll zu nützen, dann schenkt uns die innere Weisheit die nötige Gesundheit, Tatkraft und auch die nötige Zeit, unsere Lebensaufgabe zu erfüllen.

Jedes Projekt, das wir in Angriff nehmen, braucht seine Zeit, um zu wachsen und Erfolg zu haben. Sehen wir wieder, was in der Natur geschieht: Es wird etwas gesetzt – der Samen oder die Idee. Nach einer gewissen Zeit in der Ruhe und Dunkelheit keimt und wächst es. Es braucht gute Erde (Arbeit), Wind und Wasser (wachstumsfördernde Gedanken und Gefühle), das Licht und die Wärme der Sonne (Selbst- und Gottvertrauen). Wenn die Zeit reif ist, trägt die Pflanze (das Projekt) Früchte. Wie reich die Ernte ausfällt, hängt von Erde, Wasser, Wind und Sonne ab. Der Erfolg ist die Folge von rechtem Denken, Fühlen und Handeln.

Loslassen

Über die Qualität des letzten Lebensabschnitts mögen uns die folgenden Gedankengänge, die mir letzten Herbst durch den Kopf gingen, etwas Trost und Hoffnung geben. Es war ein trüber Oktobertag, und recht trüb war auch meine Stimmung, als ich mich, meiner Gesundheit zuliebe, zu einem Waldspaziergang aufmachte. Bald ging ich auf Wegen, die von einer dichten Blätterschicht bedeckt waren, und bei jedem Schritt raschelte es angenehm. Zu meinen Füßen lagen verwelkte Blätter, die abgeworfen wurden, weil sie nicht mehr gebraucht wurden. Verwelken bedeutet Sterben.

Ich fragte mich: Wie werden wohl meine eigenen letzten Jahre, Stunden, Minuten und mein Sterben sein? Wie könnte ich mit Hilfsbedürftigkeit, Bevormundung oder dauernden Schmerzen umgehen? Tief in Gedanken versunken, den Blick zum Boden gerichtet, beachtete ich nicht, wie sich lang-

sam die Wolken verzogen und die Sonne durchbrach. Auf einmal war der
Wald vom Sonnenlicht und den Blättern, die jetzt in allen Gelb- bis Braun-
tönen leuchteten, wie verzaubert. Die sterbenden Blätter – die einen noch an
den Bäumen und die anderen auf dem Boden – sie leuchteten im Licht wie
Flammen. Ich erinnerte mich an die Aussage einer Mutter, die ihr achtjähri-
ges Mädchen nach langer Krankheit sterben sah: »Mein Kind war die letzten
Monate seines kurzen Lebens wie ein leuchtender Stern für die ganze Familie, Freunde und Bekannte. Sein Tod hat uns alle gewandelt. Es hat uns getröstet und uns gelehrt, wie Krankheit und Sterben Hoffnung und Freude
sein kann.« »Werdet wie die Kinder!« waren die Worte Jesu.

Wie das »Ewige Licht« in den Kirchen, ist mir die Sonne das Symbol für
die Allgegenwart Gottes. Vielleicht könnte man die schwarzen Wolken, die
noch vor einigen Minuten den Himmel bedeckten, als Ängste und Zweifel
betrachten, die uns die klare Sicht für Gottes Wirklichkeit rauben. Könnte es
sein, daß man beim Loslassen dieser Ängste, wenn man sich ganz der Liebe
und Güte Gottes anvertraut wie das kleine Mädchen oder die sterbenden
Blätter, ein leuchtendes Licht wird? Ein Licht, das die Umgebung erhellt und
sogar wegweisend sein kann, das Wärme (Liebe) verströmt und die Herzen
der Mitmenschen erwärmt? Würde ich mein zu Ende gehendes Leben den
liebenden Händen Gottes anvertrauen, so könnte ich getrost dem Sterben
entgegensehen, so lernte ich. Sicher könnte ich dann Schwäche, Hilflosigkeit
oder Schmerzen leichter ertragen.

Ich schaute während meines Spaziergangs weiter in die Bäume und sah,
wie sich immer wieder Blätter lösten und sanft zu Boden glitten. Gesunde
Bäume können ihre Blätter loslassen, kranke Bäume haben nicht mehr die
Kraft dazu. Sie werden später vom Schnee niedergedrückt. Viele Menschen
können nicht sterben, weil sie noch Haß und Unfrieden in sich haben. Es ist
sinnvoll, wie der Baum jedes Jahr alles, was sich an unguten, leidbringenden
Gefühlen angesammelt hat, loszulassen, abzugeben, zu vergeben. Die Blätter
sterben, der Baum bleibt am Leben.

Der Baum wird im Frühjahr neu austreiben. Die alten verbrauchten Blätter werden zu Humus, und aus ihm holt sich der Baum die neue Kraft. Leidvolle Erfahrungen, die der Mensch macht und danach verarbeitet, können
ihm ebenso neue Kraft für die Zukunft geben.

Es scheint, als hätte Gott seine unendliche Weisheit in das Geschehen der
Natur verwoben, und wenn wir es wagen, unser Denken und Fühlen, unser
Leben nach seinen weisen Gesetzen auszurichten, so wie sich jeder Baum
nach dem Licht ausrichtet, so dürfen wir sicher voller Zuversicht und Freude
jeder Zeitspanne unseres Lebens entgegensehen.

Wir verlangen, das Leben müsse einen Sinn haben –
aber es hat nur ganz genau so viel Sinn,
als wir selbst ihm zu geben imstande sind.

Hermann Hesse

Meditation: Ein erfülltes Leben genießen

Wie gestalten wir unser Leben? Was machen wir mit unseren Stunden, Tagen, Jahren? Die Yogalehre sagt, daß jedes Menschenleben einen Sinn hat und daß es die Aufgabe des Menschen sei, den Sinn zu erfüllen. Es geht nicht darum, daß der Mensch »Großes« vollbringen muß (was heißt schon groß?), sondern in seine Ideen, seine Arbeit und seine Haltung die ganze Intensität seiner Gefühle und Gedanken einbringt, um sein Bewußtsein zu schärfen, an den Herausforderungen zu wachsen und sich innerlich zu entwickeln. Dabei soll er sich immer wieder von neuem mit den göttlichen Kräften verbinden, um einmal ganz eins mit Gott zu sein. Intensive Verbindung mit dem Göttlichen schafft man auch, wenn man nur denjenigen Menschen sieht und hört, der unmittelbar vor einem steht, wenn man nur diejenige Aufgabe löst, die direkt vor einem liegt, und wenn man den gegenwärtigen Augenblick lebt und voll auskostet.

Unseren Lebenslauf können wir mit einem Flußlauf vergleichen. In einem natürlichen Flußbett fließt das Wasser, welches Menschen, Tiere und Pflanzen direkt oder indirekt nährt, reinigt und erfreut. In einem kanalisierten Flußbett (wenn wir uns isolieren oder uns von der Umwelt abgrenzen) fließt Wasser, das kein Leben hervorbringt und gegebenenfalls der Umgebung schadet oder sie gar zerstört.

Verbinden wir mit der folgenden Meditation den Wunsch nach Weisheit. Wir wünschen, daß unser Leben wie der Fluß, den wir uns vorstellen, für uns und unsere Umgebung zum Segen wird. Er mündet ins Meer ein – wir gehen in die Einheit Gottes ein.

Begeben Sie sich
in den Alphazustand
(siehe Seite 24)

Sie stellen sich einen Fluß
von der Quelle bis zum
Meer vor ... Den Flußver-
lauf gestalten Sie so, daß
Insekten, Fische, Vögel und
andere Tiere, Wasser- und
Sumpfpflanzen im Wasser
und am Flußrand wachsen und gedeihen können ... Auch
Menschen erfreuen sich am Wasser, sei es, daß sie daraus
trinken und sich laben, darin baden, sich ruhige, erholsame
Stunden gönnen oder meditieren ... Lassen Sie Ihren Fluß
und seine Ufer zu einer lebenspendenden Oase werden, mit
schattigen Bäumen und sprudelnden Brunnen ... An Ihrem
Fluß läßt es sich gut und glücklich leben. Nachts lassen Sie
vielleicht sogar die Wassernixen singen und tanzen. Bringen
Sie nun Ihr Leben in Bezug zu dem Fluß ... Bei Ihnen fühlen
sich die Menschen wohl ... sie schöpfen bei Ihnen Kraft,
Mut und genießen Ihre Großzügigkeit, Ihr Wohlwollen und
Ihre Herzlichkeit. Sie können es sich leisten, denn Ihr kraft-
und lebenspendender Quell versiegt nie ... Sie sind verbunden mit den nie versiegenden göttlichen Kräften.

Übungsreihe zur inneren und äußeren Aufrichtung

Wir können uns »dem Schicksal beugen« oder uns »vom Leben beugen lassen«. Eine gebeugte Haltung kostet uns aber zusätzlich Kraft, die wir besser zur Meisterung des Lebens einsetzen. Die folgenden Übungen stärken die Muskulatur, ermöglichen eine aufrechte Haltung im Sitzen, Stehen und Gehen und vermitteln uns das Gefühl: *»Ich gehe und sitze aufrecht und werde von innen her immer wieder von neuem körperlich, geistig und seelisch aufgerichtet.«*

ZEHENBALANCE

»Jede Art von Schwäche fließt in meine Hände und Füße, und ich gebe sie ab an Mutter Erde.«

AUF UND NIEDER
Einatmend strecken Sie sich kräftig durch, indem Sie die Arme nach oben führen und auf die Zehen stellen. Ausatmend nehmen Sie die Hände wieder zur Brust und beugen die Knie. Wiederholen Sie dies mehrmals.

»Ich tauche tief ein in mein Kraftreservoir und komme gestärkt wieder hoch.«

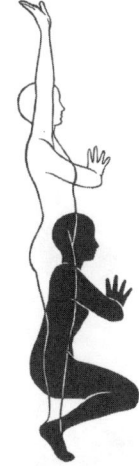

Seitendehnung

Mit jedem Atemzug wechseln Sie die Armstellung und beugen sich zur anderen Seite.
Die Arme sind durchgestreckt, und Sie dehnen sich bewußt in den Seiten.

*»Voller Zuversicht bin ich offen für die guten
Kräfte des Kosmos.«*

Vorbeugen mit Brustexpander

Im Stehen verschränken Sie im Rücken die
Hände, strecken die Arme durch, ziehen die
Schultern nach hinten und pressen die Schulterblätter zusammen. Nun beugen Sie sich
nach vorn und legen den Oberkörper auf
die gebeugten Beine. Der Kopf hängt locker.
Bleiben Sie einige Atemzüge in der Haltung.
Um die Haltung zu beenden, beugen Sie vermehrt die Knie, lösen die Hände, stellen sie
auf den Boden und legen sich auf den Bauch.

*»Ängste, die mir bewußt oder unbewußt sind,
sollen sich in Nichts auflösen.«*

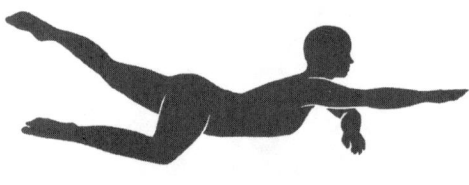

Halber Bogen

a) 6 x einatmend das rechte Bein und den
   linken Arm heben und ausatmend senken.

b) Die linke Hand faßt den linken Fuß,
   Sie ziehen Ihre linke Schulter hoch und
   bleiben 10 Atemzüge in der Haltung.

   Dann Arm- und Beinstellung wechseln
   und die andere Seite üben.

*»Meiner innewohnenden, aufrichtenden
Kraft will und kann ich vertrauen.«*

FLIEGENDER MILAN

Über die Wolken segeln – wie ein Milan –
wunderbar!
Breiten Sie die Arme aus, drehen Sie sich
nach rechts, und neigen Sie sich wie der
Milan in die Kurve – Sie segeln nach
links, nach rechts … immer weiter …

*»Meine inneren Kräfte lassen mich
immer höher steigen.«*

BOGEN

Sie bleiben in der Haltung, solange Ihre Kraft
reicht.

»Ich halte durch und bin der Sieger.«

DREHUNG AUS DEM VIERFÜSSLERSTAND

6 x einatmend den einen Arm heben und
beim Ausatmen wieder senken. Die Armstellung wechseln und mit dem anderen Arm
wiederholen.

*»Ich bin flexibel und kann mich den Lebens-
umständen anpassen.«*

VORBEUGE AUS DEM FROSCHSITZ

Lassen Sie jede unnötige Spannung los, und
genießen Sie eine Weile das Lösen und Weich-
werden in der Rückenmuskulatur.

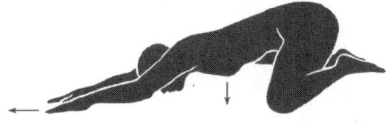

*»Ich bin voller Dankbarkeit für meine Le-
benszeit auf dieser Erde.«*

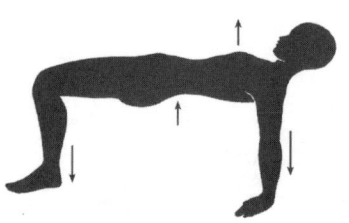

TISCH

Einatmend das Gesäß heben und ausatmend wieder auf den Boden stellen. Wiederholen Sie dies mehrmals.

»Ich habe die Kraft, aus meinem Leben das Beste zu machen.«

BALANCESITZ

Wenn Sie den richtigen Punkt auf dem Kreuzbein finden, können Sie in dieser Stellung Ferien machen.

»Das Leben ist ein Spiel, und ich spiele, so gut ich kann.«

RUHELAGE

»Ich genieße die Ruhe, ich genieße die Stille, und ich genieße die Zufriedenheit – den Frieden in meinem Herzen.«

Möglichkeiten werden nicht selbst zu Wirklichkeiten.
Jemand muß sie durch seiner Hände Arbeit oder durch
sein geistiges Ringen um sie und durch seine Hingabe
erst zu Wirklichkeiten machen.

José Ortega y Gasset

Bewußte Vollkommenheit

Hinter all den Archetypen steht unsere Urnatur, die mit der Urkraft des Universums, mit dem Göttlichen identisch ist. In ihm sind jede Dualität, jede Bewegung und jedes Karma (Ursache und Wirkung) aufgehoben. Für den Menschen ist diese Kraft unerhört, unvorstellbar und unfaßbar. Sie ist nach unseren Maßstäben passiv, und doch bringt sie das Universum hervor, vom Kleinsten bis zum Größten. Sie hilft uns nicht, und doch ist jede Hilfe nur durch sie möglich. Auch dieses Mysterium kann vom menschlichen Verstand nicht erfaßt werden. Im Christentum spricht man von der göttlichen Gnade, die dem Menschen, der sich selbst bemüht, geschenkt wird. Dieser Urnatur im Leben näherzukommen oder sie gar zu erreichen, in sie einzutauchen, um mit ihr zu verschmelzen, das ist das Ziel eines christlichen Mystikers, eines Yogi oder eines Menschen, der sich einer natürlichen Spiritualität verpflichtet hat. Das wichtigste Gebot Jesu war: »Du sollst Gott lieben mit ganzem Herzen und allen deinen Kräften.« Es ist eine Aufforderung an den Menschen, die Verbindung und die Einheit mit Gott anzustreben.

Die Yogis lehren, daß ein Mensch, der diesem Ziel nahe ist, mit übersinnlichen Kräften ausgestattet ist und schon rein durch seine Gegenwart die Menschen, Tiere und Pflanzen in ihrem Verhalten positiv beeinflußt. Seine Empfindungen »reine Liebe« und sein höheres Verständnis »reines Wissen« springen auf seine Umgebung über und führen Veränderungen im positiven Sinne herbei. Das erinnert an den Bewußtseinszustand der unbewußten Vollkommenheit, die ich in einem früheren Kapitel bereits vorgestellt habe. Wenn im Babyalter das Kind bloß durch sein Dasein das Gute und die Liebe in der Umgebung weckt, welche Macht muß dann erst in einem Menschen wohnen, der die bewußte Vollkommenheit erreicht hat?

Es gibt noch eine zweite Brücke von der unbewußten zur bewußten Vollkommenheit. Ein Baby nimmt die Umgebung als Ganzes wahr, und erst später unterscheidet und differenziert es die einzelnen Gegenstände und Menschen. Es fühlt sich vorerst als Einheit mit allem und jedem. Dasselbe erzählen Menschen, die erweiterte Bewußtseinszustände erlebten. Außerdem wird ein Mensch, der seiner Urnatur nahekommt, einfach und kindlich rein. Oft werden solche Menschen von der Gesellschaft gar nicht mehr ernst genommen, was ihnen allerdings wenig oder nichts ausmacht, denn sie genügen sich selbst; in ihnen wohnt ein unermeßlicher Reichtum. Solche Menschen wirken und leben oft im Verborgenen.

Ein großes Licht wirft einen großen Schatten

Jeder Mensch, der bewußt und achtsam seine Empfindungen wahrnimmt, stellt fest, daß er von Zeit zu Zeit unzufrieden ist, obwohl er anscheinend alles hat und seine Ziele erfüllt sind. Eine unbestimmte Sehnsucht, wie ich sie schon zuvor beschrieben habe, wirft ihn aber immer wieder aus seiner Zufriedenheit heraus. Er stellt sich daher bewußt oder unbewußt neuen Aufgaben, die ihn fordern und seine innere Entwicklung fördern. Der Weg zur Urnatur führt durch die vielen Herausforderungen eines Lebens, die der Mensch bewältigen darf oder muß. Da gibt es keine Abkürzung. Dabei denke ich an die Sage der betörenden Lorelei, die junge Männer in die Tiefe des Rheins, in den Tod lockte. Oder an Adam und Eva, die von den verbotenen Früchten aßen, um höhere Erkenntnisse zu erhalten, und mehr Freuden erleben wollten. Auch unsere Helden in den Märchen bekommen ihre Prinzessinnen und ihren Reichtum nur, wenn sie die gestellten Aufgaben lösen. Die bewußte Vollkommenheit muß also verdient werden, und Abkürzungen sind trügerisch.

Es gibt Meditationsmethoden, die trügerische Versprechungen machen, indem sie behaupten, daß durch sie Erleuchtung und übersinnliche Kräfte in kurzer Zeit erlangt werden. Mit den übersinnlichen Kräften sei das Leben leicht zu meistern, Reichtum, Erfolg und Ansehen würden mühelos erlangt. Leider ist es immer umgekehrt (einige wenige Einzelfälle ausgeschlossen): Erst durch die Meisterung des Lebens und die Integration der Archetypen entstehen höheres Verständnis, reine Wonne und die Kraft und Macht, im Leben zu handeln und dadurch die Tore zum verlorenen Paradies zu öffnen.

Einige Meditationsarten, besonders aber zu häufiges Meditieren, können süchtig machen, so daß die Aufgaben und Verpflichtungen, die das Leben stellt, einfach beiseite geschoben werden. Statt zu arbeiten und sich mit der Umwelt und dem Alltag auseinanderzusetzen, verlieren sich manche in Tagträumen.

Die Suche nach der Urnatur kann auch nicht mit Drogen angegangen werden. Sonst wird diese Suche zur Sucht, und der Mensch wird abstürzen. Jeder Weg, der bequem, leicht und kurz erscheint, führt in den Abgrund und wird statt dessen zu einem Umweg, der mit vielen Schmerzen verbunden sein kann. Aber warum eigentlich diese Eile? »Gott gab uns die Zeit, von Eile hat er nichts gesagt« meint ein altes Sprichwort.

Der Weg ist das Ziel

Schmerzlich muß der Weg nicht sein, wenn wir die richtige Einstellung dazu haben. Aber er stellt seine Forderungen, und diese fördern unser inneres Wachstum. Die Anforderungen des Lebens sind immer unseren Kräften angemessen und können sogar Spaß und Freude machen. Unsere inneren Kräfte, die Archetypen, sind gerne bereit, uns zu helfen und uns zu führen. Unsere Seele ist dazu bestimmt, wie jedes Kraut in der Natur dem Licht entgegenzuwachsen. Wie ich in den vorigen Kapiteln aufgezeigt habe, fügen wir uns leider die meisten Schmerzen selbst zu.

Mitmenschen, Bücher, Kassetten oder spirituelle Lehrer können unsere Wegbegleiter und Führer sein, aber nur bis zu einem gewissen Grad und für eine gewisse Zeit. Jeder Mensch hat seinen eigenen Weg zu gehen, und jeder Mensch muß seine eigenen inneren Weisungen befolgen. Den Weg sollen wir in innerer Freiheit begehen, nur dann bringt er uns Freude und Frieden.

Schmerz kann uns tatsächlich weiterbringen, weil wir oft erst durch ihn zur Umkehr und Einsicht gezwungen werden. Aber er ist nicht nötig, wenn wir auf unserem Weg bleiben und in angemessenem Tempo voranschreiten. Schicksals»schläge« brauchen wir nur, wenn wir den kleinen Stups nicht bemerkt haben, der uns wieder auf den Weg zurückdrängen wollte. Leiden und Schmerzen können den Ursprung auch im Karma eines Menschen haben. Darauf weiter einzugehen, würde den Rahmen dieses Buches sprengen. Für uns ist es wichtig zu wissen, daß wir das Leid der Mitmenschen so weit wie möglich zu lindern versuchen, und ebenso wichtig ist, daß wir niemandem Leid zufügen, auch nicht durch Unaufmerksamkeit.

Unser Lebensweg hat also ein Ziel, das wir immer im Auge behalten sollten. Auf dem Weg zum Ziel begegnen wir Aufgaben, die wir lösen müssen, um weiterzukommen. Und wenn wir die Herausforderungen annehmen und anpacken, dann wird uns geholfen, falls wir es wünschen und zulassen. Mit der richtigen Einstellung und der Verbundenheit mit den inneren/göttlichen Kräften wird unser Lebensweg ein Weg, der mit vielen Freuden und Glücksmomenten gesäumt ist.

Yoga hat für den Zustand der bewußten Vollkommenheit des Menschen ein sehr schönes Symbol, dem wir vielleicht sogar einen besonderen Platz einräumen können. Es ist der geschliffene Kristall, der Diamant. So durchscheinend und klar wie ein Kristall soll der Mensch werden. Die Umgebung spiegelt sich in ihm, aber kann ihn nicht beeinflussen. In ihm kann sich das Licht brechen, und alle Farben werden dadurch erzeugt. Übertragen Sie diese Gesetzmäßigkeit auf das Leben, so bedeutet das: Alles Gute und Schöne, das wir uns wünschen – und noch viel mehr – bekommen wir geschenkt, wenn wir unseren inneren Diamanten schleifen (durch die Lebensaufgaben) und rein halten (durch einen Lebenswandel, welcher der Ethik, den ökologischen Zusammenhängen und den Naturgesetzen entspricht).

Wenn in der Natur Vollkommenheit, Überfluß und Schönheit herrschen, warum sollten nicht auch wir auf unserem Weg innerem und äußerem Reichtum begegnen?

Es gibt Augenblicke im Leben,
wo wir aufgelegt sind,
jede Blume und jedes entlegene Gestirn,
jeden Grashalm und jeden geahnten höheren Geist
ans Herz zu drücken. Friedrich Schiller

Meditation: Einheit mit der Schöpfung und ihrem Schöpfer

Liebe zu uns selbst, Liebe zum Mitmenschen, Liebe zur ganzen Schöpfung und zu deren Schöpfer, das ist das erste Gebot aller Weltreligionen. Die Liebe ist ein Gefühl der Verbundenheit der Einheit mit jeder Kreatur der Schöpfung und somit auch mit dem Göttlichen, das in allem und jedem wohnt. Es werden von uns nicht in erster Linie heroische und große Taten verlangt (obwohl unsere Erde auch solche gebrauchen kann), sondern ein stilles, beharrliches Wirken im Kleinen. Wir sollen uns mit allem verbunden fühlen. In diese Verbundenheit sollen wir uns mit ganzer Inbrunst einbringen, alle Sinne, unser ganzes Denken und Fühlen darauf richten. Jeder von uns hat seine besonderen Talente, die er einsetzen kann. Jeder bringt sich auf seine ganz besondere Weise ein. Ich staune immer wieder, mit wieviel Freude diese Arbeit doch verbunden ist und welcher Reichtum dafür zurückerstattet wird. So sitzt im Augenblick mein Kater vor mir und will schmusen. Aus dem Garten dringt der Duft der Rosen in mein Zimmer, obwohl wir schon Ende November haben.

Mit der folgenden Meditation, die ich bei Elisabeth Haich lernte, können wir dem Göttlichen näherkommen und mit ihm verschmelzen, indem wir in ein Wesen seiner Schöpfung eintauchen. Diese Meditation wirkt kraftspendend und zentrierend. Eine Warnung muß ich noch anbringen: Mit der Meditation schaffen wir eine neue Beziehung und Vertrautheit zur Natur, die uns dann einige ihrer Wunder und Geheimnisse offenbart und unsere Liebe wie ein Feuer entfacht. Es kann Ihnen dann so ergehen wie mir: Sie können sich zu einem leidenschaftlichen, engagierten Natur- und Tierschützer entwickeln.

Stellen Sie einen Stein oder eine Pflanze vor sich hin. Sitzt eine Katze, ein Hund oder ein anderes Tier bei Ihnen, so können Sie auch dieses als Meditationsobjekt benützen, sofern es Ihnen nicht davonläuft.

*Begeben Sie sich
in den Alphazustand
(siehe Seite 24)*

Sie betrachten Ihr Meditationsobjekt
und machen sich Gedanken über sein
Aussehen und seine Beschaffenheit ...
Verbinden Sie sich mit Hilfe all Ihrer
Sinne, Gedanken und Gefühle mit
ihm ... Sie schlüpfen in das Innere des
Objekts und stellen sich vor, selbst
das Objekt zu sein ... Verbinden Sie
sich nun mit der Lebenskraft Ihres
Objekts ... und beobachten Sie Ihren

Atem ... Tauchen Sie ein in den Strom Ihrer Lebenskraft,
die identisch ist mit der Lebenskraft Ihres Objekts – mit
Gott ... Bleiben Sie noch einige Minuten sitzen, und beenden Sie die Meditation mit einem herzhaften Recken und
Strecken.

Zentrierende Übungsreihe

Das Leben kann mit einem Rad verglichen werden, dem Schicksalsrad. Sitzen wir auf dem äußeren Rand, dann brauchen wir unsere ganze Kraft, um uns zu halten, damit wir nicht abgeworfen werden. Sitzen wir aber in der Nabe, so ist es still; wir haben Ruhe und Kraft, um das Leben zu meistern. Es ist also nicht maßgebend, wie holprig der Weg oder wie schnell die Fahrt ist, sondern wo wir uns befinden. Ruhe, Kraft, Mut, Vertrauen, Sicherheit, Geborgenheit und heitere Gelassenheit stellen sich ein, wenn wir das Gefühl haben, in unserer Mitte zu sein. Unruhe, Zerrissenheit, Zweifel, Ängste und Schwäche empfinden wir, wenn wir »außer uns« sind. Die folgenden Übungen führen uns aus unserer Mitte und wieder zurück in unser Zentrum. Dieser Wechsel beeinflußt die Gehirnfunktion und bewirkt, daß wir »im Lot sind«.

Kriechgang zur Entspannung und Lockerung
Vierfüßlerstand. Sie setzen das eine Bein gekreuzt vor das andere und kriechen auf diese Weise nach vorn und wieder zurück, bis Sie sich locker und entspannt fühlen.

»Jede unnötige Spannung löst sich auf, und ich lasse eine angenehme Müdigkeit zu.«

Sammlung im geschlossenen Sitz
Setzen Sie sich nun zwischen die gekreuzten Beine, so bequem wie möglich (eventuell Kissen unter das Gesäß schieben). Sie bleiben 15 Atemzüge in dieser Stellung, wechseln die Beinstellung und bleiben nochmals 15 Atemzüge sitzen.

»Ich ruhe in meiner Mitte und schöpfe Kraft aus meiner Mitte.«

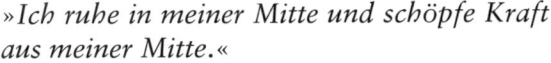

SEITENDEHNUNG
Lassen Sie in der geöffneten Seite ein Gefühl der Weite und Größe entstehen (über sich hinauswachsen). Sie bleiben 10 Atemzüge in dieser Position und dehnen dann die andere Seite.

»Ich bin mir meiner inneren und äußeren Größe bewußt.«

DREHUNG IM FERSENSITZ
Sie drehen sich einatmend nach rechts und kommen ausatmend wieder zur Mitte. Sie drehen sich einatmend nach links, ausatmend zur Mitte. Mehrmals wiederholen.

»Ich verlasse meine Mitte und kehre wieder zur Mitte zurück.«

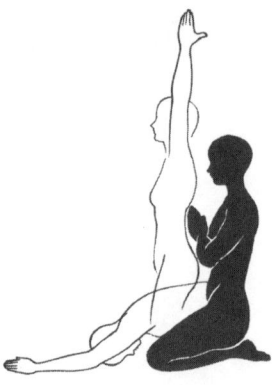

LOTOS
Fersensitz. Einatmend in den Kniestand und kräftig nach oben dehnen. Ausatmend wieder auf die Fersen setzen und sich einatmend nach vorn beugen und drehen. Ausatmend in den Fersensitz, einatmend in den Kniestand … Mehrmals wiederholen.

»Ich recke mich dem Licht entgegen und empfange es mit dankbarem Herzen. – Ich grabe meine Wurzeln tief in den Boden und fühle mich fest verwurzelt, geborgen und gehalten.«

KLINGE MIT DREHUNG

Einatmend Arme öffnen und Schulterblätter zusammenpressen, Atem anhalten und Körper zur Seite drehen. Ausatmend wieder zur Mitte kommen und Hände auf die Brust legen. Wiederholen Sie dies mehrmals zur rechten und zur linken Seite.

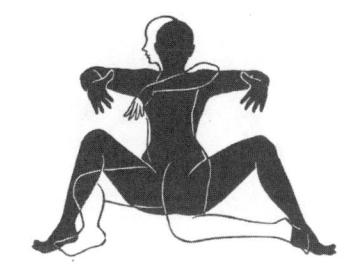

»Alles Handeln nach außen erfolgt aus meiner Mitte.«

DREHSITZ

Bleiben Sie 15 Atemzüge beidseitig in der Drehung.

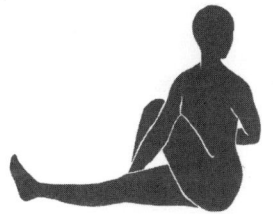

»Mit liebevollem Herzen begegne ich meiner Umwelt.«

SEITENBEUGE

Bleiben Sie 10 Atemzüge auf beide Seiten gebeugt, wechseln Sie die Beinstellung, und beugen Sie sich nochmals auf beide Seiten.

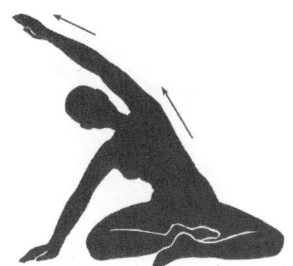

»Ich bin meinen Mitmenschen wohlwollend zugeneigt.«

WINKELHALTUNG

»Mein Zentrum ist meine Heimat.«

VORBEUGE
Ziehen Sie das Gesäß mit beiden Händen nach hinten, dann können Sie sich besser nach vorn beugen. Beugen Sie sich im Wechsel ausatmend über das rechte und über das linke Bein, je 6 x.

»Ich schaue voller Zuversicht in die Zukunft.«

BRÜCKE
Spüren Sie einatmend durch die Körpermitte vom Beckenboden bis zum Schädeldach und ausatmend wieder zurück.

»Jeder Atemzug schenkt mir Macht und Kraft.«

FÖTUS
Spüren Sie den Atem im Lendenwirbelbereich.

»Ich spüre meine Mitte umd lebe aus meiner Mitte.«

RUHELAGE

»Freiheit, Freude und Frieden strömen aus meiner Mitte und erfüllen Körper, Geist und Seele.«

Heiterkeit ist die äußerste Freiheit des Geistes.
Ludwig Börne

Narr

Wie tief der Humor oder das Närrische im Menschen verankert ist, beweisen weit verbreitete alte Bräuche, die Fastnacht oder der Fasching. Könige hielten sich früher neben ihren Beratern auch einen Hofnarren und Possenmacher, der am Hof eine einzigartige Stellung einnahm. Er konnte sich einerseits am meisten erlauben, aber ihn kostete es andererseits auch am ehesten den Kopf. In den Märchen finden wir oft die etwas einfältige, naive Person, die am Schluß trotzdem gewinnt. Auch im Kartenspiel kennen wir den Joker, der das Spiel maßgebend manipuliert und verrückt macht, durch seine launischen Einsätze eine Wendung erzeugen kann und ganz unerwartete Ergebnisse hervorbringt. Die großen, spirituellen Lehrer, Schamanen und Yogis haben oft einen feinen Humor und können so ihre Schüler für den spirituellen Weg und ernsthaftes Üben begeistern.

Es ist interessant, die Menschen einmal aus dieser Sicht zu betrachten: Wer hat Humor? Welche Art von Humor hat er? Was kann mit Humor erreicht werden? Eine Rede z. B. kann, in ernstem Ton gehalten, wenig Erfolg haben. Wird sie jedoch humorvoll vorgetragen, werden im Nu die Herzen der Zuhörer erobert, und der Erfolg ist gesichert.

Es gibt keinen Menschen ohne Humor, auch wenn er ihn noch so gut zu verstecken weiß. Dem Humor kann sich keiner ganz verschließen. (Gerade denke ich an die alten Menschen, die ich früher betreut hatte. Wir haben viel gelacht – obwohl es eigentlich nichts zu lachen gab.) Der Humor kann über schwere Zeiten hinweghelfen und sogar oft eine befriedigende Lösung herbeiführen. Ich konnte beobachten, daß alte, kranke und gebrechliche, aber humorvolle Menschen vom Pflegepersonal anders, menschlicher, »besser« behandelt wurden. Die Humorvollen machen es einem einfach leichter.

Närrisches können wir auch in der Tierwelt beobachten. Denken wir nur an die Jungtiere, die gerne miteinander herumbalgen. Einmal beobachtete ich einen Affenvater, der sein Junges heimlich kitzelte und sich dann wegdrehte, als ob er es nicht gewesen sei. Mein Kater, mit dem ich oft spiele, hat mich einmal voller Wut angegriffen, weil ich ihn auslachte. Ich glaubte, mich getäuscht zu haben. Einige Wochen später blieb etwas an seiner Nase kleben, das ihn ganz drollig aussehen ließ, und ich mußte einfach lachen. Da bekam er wieder seinen speziellen wütenden Blick, und ich konnte es gerade noch verhindern, daß ich seine aufsteigende Wut nicht zu spüren bekam. Er kennt also den Unterschied von mitlachen und auslachen. Erstaunlich! Vielleicht könnte man sogar das Närrische in der Pflanzenwelt finden.

Auch im Tarot, der oft der »Yoga des Westens« genannt wird, kennt man den Narren. Ihm ist die Zahl Null zugeordnet. So wie sie alleine die Leere, das Nichts bedeutet, so verändert sie andererseits den Wert jeder Zahl und beeinflußt die Mathematik wie kaum eine andere Zahl.

Wollen wir im Leben innere Freiheit, Freude und Frieden erfahren, spielt der Humor dabei eine große Rolle. Der Narr hat immer etwas mit Freude zu tun, und diese Kraft kann dem Menschen über schwere Zeiten hinweghelfen. Mit Humor kann tatsächlich vieles (fast alles) erreicht werden.

Auch der Humor hat allerdings, wie alles auf dieser Welt, seinen Schatten. Er kann dem Menschen schaden oder helfen. Wie einerseits jeder den Humor liebt, so wird andererseits jemand gemieden, der nichts und niemanden mehr ernst nimmt. Schwarzer Humor kann Kummer und Schmerzen auslösen. Interessanterweise hat die Hirnforschung herausgefunden, daß Menschen, deren rechte Gehirnhälfte nicht mehr tadellos funktioniert, oft einen seltsamen Humor entwickeln. Sie reagieren beispielsweise auf eine Hiobsbotschaft mit einem trockenen Scherz und verschließen sich der Realität. Sie können ihr tragisches Schicksal nicht mehr wahrnehmen, was allerdings für den Betroffenen vielleicht sogar von Vorteil ist.

Das Wesen des Narren in uns

Freiheit, Unabhängigkeit, Spontaneität, Unfaßbarkeit, Einsamkeit, Naivität und Gerissenheit, Freude und Traurigkeit, Frechheit und Sensibilität sind einige der Eigenschaften des Narren. Obwohl er die Freiheit verkörpert, dürfen wir ihm nicht alle Freiheit einräumen, sonst schadet er uns. Menschen, die sich zu viel Freiheit herausnehmen, die zu unabhängig oder zu spontan sind oder die sich in einem gewissen Maß nicht anpassen können oder wollen, werden von der Gesellschaft gemieden und mit der Zeit ausgeschlossen; sie vereinsamen. Es stecken im Narren auch die Gegensätze: Klugheit und Dummheit, Freude und Traurigkeit.

Welch geheimnisvolle Faszination geht doch vom Harlekin mit dem weinenden und dem lachenden Auge aus. Gestern erzählte mir eine Freundin von ihrem Nachbarn, der als großer Spaßmacher bekannt war und sich eines

Tages kurzerhand erschoß. Im Narren stecken viele Widersprüche. So spricht man ja auch vom Galgenhumor, der einem zugute kommt, wenn man in einer miesen Situation steckt. Da hilft oft kein Jammern und Toben, nur der Galgenhumor erhebt einen über die Misere. Oft haben wir uns schon selbst zum Narren gehalten, oder wir ärgerten uns, weil man uns zum Narren hielt.

Dieser Archetyp kann uns zum treuesten Helfer werden. Ich behaupte sogar, daß mein Leben eine deutliche Wende genommen hat, seit ich meinen Narren wirken und spielen lasse. Wie beim Kartenspiel springt er immer da ein, wo es nötig ist, wo ich eine Brücke brauche – eine Überbrückung. Er hilft mir im Umgang mit den vielen Menschen, die ich im Yoga unterrichte oder bei Vorträgen und Seminaren kennenlerne. Er hilft mir, wenn ich in meinen Projekten einmal nicht mehr weiterweiß. Er hilft mir auch, wenn ich Menschen in schwerem Leid tröste und ihnen wieder Mut mache. Er tröstet mich, wenn ich traurig bin. Er schenkt mir seine blutrote Rose mit dornigem Stiel. Er legt mir seine Hand auf die Brust, dann kann ich mich ausweinen, mir wird wieder wohler, und ich kann wieder das Leichte, das Licht sehen. Die kindliche, zarte, feine Unfaßbarkeit des Humors läßt mich ahnen, daß es etwas Unfaßbares und Unsichtbares hinter der sichtbaren Welt gibt, das mich stützt und trägt. Er ist der Bote unfaßbarer Wirklichkeit – nur ein Hauch.

Lassen auch Sie sich auf Ihren Narren ein. Egal, in welcher Misere Sie vielleicht einmal stecken mögen, er hilft Ihnen heraus, wenn Sie es zulassen. Geizen Sie auch in Ihren Beziehungen nie mit dem Schalk. Jeden Tag sollten wir versuchen, mindestens einmal den Partner, die Partnerin, die Familie zum Lachen oder Schmunzeln zu bringen. Das gibt den Beziehungen das gewisse Etwas, das zu Loses bindet und zu Enges löst. Versuchen Sie öfters, Situationen zuerst mit Humor zu lösen. Falls das nichts bringt, können Sie immer noch mit Strenge und Ernsthaftigkeit die gewünschte Wirkung zu erzielen versuchen.

Die Tiefe ist im klaren und heiteren.
Hermann Hesse

Meditation: Den Narren ans Licht locken

Da uns der Humor oft wie ein flüchtiger Hauch vorkommt, der unverhofft da ist und wieder verschwindet, kaum daß wir ihn wahrgenommen haben, ist es gut, wenn wir in der Meditation mit ihm konkret in Kontakt kommen. Willentlich können wir ihn – solange wir uns konzentrieren – festhalten, betrachten und erforschen. Noch interessanter wird dieses Kennenlernen und Vertrautwerden, wenn wir den Narren mit den anderen Archetypen zusammenbetrachten und uns vorstellen, wie er mit ihnen zusammenarbeitet. Er kann mit jedem zusammenarbeiten, sogar mit dem Krieger oder dem Verstand.

Das Leben bekommt durch den Narren eine neue Qualität, es wird leichter. Sogar Traurigkeit kann sich in süße Melancholie verwandeln, und Sorgen können gebannt werden. Sorgen und Schmerzen werden uns immer wieder im Leben heimsuchen, aber niemand zwingt uns, unverwandt auf sie zu starren. Wie die Fröhlichkeit, so gehört auch die Traurigkeit in unser Leben. Mit Humor, Gelassenheit, Selbst- und Gottvertrauen können wir jede Zeitspanne beschwingten Herzens überbrücken. Versuchen Sie, Probleme auf humorvolle Weise und mit Hilfe eines klaren Verstandes und liebenden Herzens zu lösen. Sie werden staunen!

Begeben Sie sich
in den Alphazustand
(siehe Seite 24)

Sie sitzen im Theater, und vorn auf der Bühne hebt sich langsam der Vorhang. Die Bühne ist leer, und nun kommt Ihr Narr oder Ihre Närrin auf die Bühne. Zuerst betrachten Sie ihn in aller Ruhe – die Kleidung, sein Gesicht oder seine Maske. Auch das Aussehen ist für Sie von Bedeutung. Denken Sie darüber nach.

Stellen Sie nun folgende Fragen, und warten Sie nach jeder Frage geduldig auf eine Antwort.

- Warum bist du so, wie du bist?
- Was möchtest du mir sagen?
- Hast du Wünsche an mich?
- Wie kannst und wirst du mir helfen?

Lassen Sie nun andere Archetypen auf der Bühne erscheinen. Es werden sich schon die richtigen, für Sie im Moment wichtigen, einfinden. Zusammen bilden sie ein Helferteam, das Sie auf dem Weg des Lebens unterstützt, das Ihnen den Weg weist und Ihnen hilft, die Steine aus dem Weg zu räumen. Vielleicht ist der Weg manchmal beschwerlich. Heftige Stürme (Gedanken) und starke Regengüsse (Gefühle) kommen auf, Kälte (Verlassenheit) und Hitze (Streß) machen Ihnen zu schaffen. Inmitten Ihrer inneren Helfer können Sie sich immer geborgen, geschützt und gestützt fühlen. Sie wissen, daß alles ein Ende hat, das Unangenehme wie leider auch das Angenehme.

Die Übungsreihe zum Erwecken »närrischer« Kräfte

In der indischen Mythologie wird der Narr mit Nataraja, dem kosmischen Tänzer, in Bezug gebracht. Legenden berichten, daß Shiva einmal in größter Gefahr einfach zu tanzen begann und damit die zerstörerischen Kräfte nicht nur besiegte, sondern sie in kreative und schöpferische umwandelte. Was wäre bei uns ein Karneval ohne Tanz? Da machen wir dem Winter den Garaus und locken die Frühlingskräfte. Vielleicht können wir mit der folgenden Übungsreihe auch innere Stürme und Kälte vertreiben und die warmen, schöpferischen und freudebringenden Kräfte wecken. Üben Sie mit beschwingter Musik!

BAUCHTANZ
Stellen Sie sich vor, ein(e) Bauchtänzer(in) zu sein – dann machen Sie es goldrichtig.

»Alle Finsternis und alles Negative in meinem Inneren lösen sich auf.«

AFFENGANG
Den Oberkörper auf die Oberschenkel legen, den einen Arm nach vorn und den anderen nach hinten strecken. Einatmend einen Schritt nach vorn gehen und ausatmend die Armstellung wechseln. Marschieren Sie so locker und beschwingt wie möglich.

»Alles Bedrückende und Belastende fällt von mir ab.«

DIE INNEREN KRÄFTE WECKEN

Einatmend strecken Sie die Arme und das eine Bein von sich weg. Ausatmend legen Sie die Hände entspannt an die Brust und stellen den Fuß auf den Boden. Sie strecken Arme und Beine nach allen Seiten, als wollten Sie sich aus einem Netz befreien. Sie nehmen einen großen Außenraum in Anspruch und schaffen sich damit größere Innenräume. Alle inneren Energien können sich dadurch frei entfalten.

»Sei gegrüßt, meine närrische Kraft – ich heiße dich herzlich willkommen.«

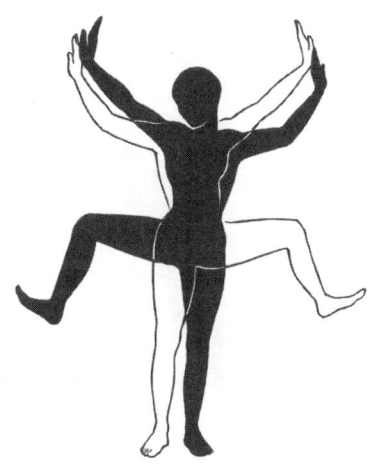

SEITENDEHNUNG

Weite Grätsche einnehmen und die Arme ausbreiten, rechten Fuß nach rechts drehen, sich nach rechts beugen, Fuß fassen und den linken Arm nach rechts ziehen. Blick nach oben richten. 15 Atemzüge die Stellung halten und dann die andere Seite üben.

»Ich liebe deine bekannte und deine unbekannte Seite ...«

DREHSTAND

Bis zur Taille stehen Sie fest und stabil. Einatmend sich kräftig nach oben strecken, Atem anhalten, sich nach rechts drehen und ausatmend zurück zur Mitte kommen. Ebenso mit der anderen Körperseite. 6 x wiederholen.

»... und lasse mir von dir in jeder Lebenssituation helfen.«

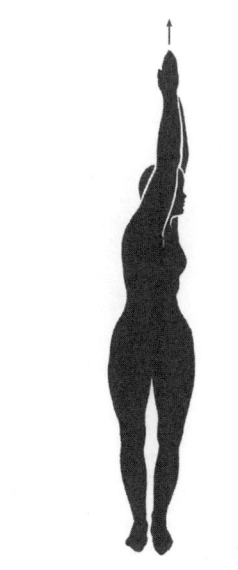

Dehnung durch die Mitte
Die Hände verschränken und sich kräftig nach oben strecken.

»Das Leben, die Liebe, die Last und die Lust – ich will sie leben und lieben.«

Göttertanz
Einatmend die eine Hand nach oben drehen und die andere nach unten. Ausatmend still-halten. 8 x wiederholen, nun das Bein wech-seln und die Handbewegung wiederholen.

»Ich tanze wie Shiva, und alle negativen und zerstörerischen Kräfte verwandeln sich in positive und schöpferische Kräfte.«

Balancestand

»Ich setze mir Ziele, und meine närrischen Kräfte lassen mich meine Ziele erreichen.«

HERZÖFFNENDE STELLUNG

Schieben Sie das Brustbein nach vorn, ohne
in ein Hohlkreuz zu kommen. Ihr Brustraum
soll weit und groß werden.

*»Ich öffne mich auch den göttlichen Kräften
und lasse mir helfen.«*

PYRAMIDE

Beine und Arme sind kräftig durchgestreckt.

»Mit Humor geht alles besser.«

NARRENSITZ

Locker den hängenden Fuß und die erhobene
Hand kreisen. Wackeln Sie ein wenig mit dem
Kopf, und lächeln Sie dabei.

*»Ich wünsche mir von Herzen Leichtigkeit
und Licht im Leben.«*

RUHELAGE

*»Körper, Geist und Seele baden und laben
sich in himmlischer Ruhe – den seinen gibt es
Gott im Schlaf.«*

Vierter Teil

Zu den Archetypen

Menschenwürdig ist es aber, die Kräfte, die wir besitzen,
zu entwickeln, zu gebrauchen, nicht nur um unseretwillen.
Henriette Goldschmidt

Die verwandtschaftlichen Verhältnisse in der Archetypen-Sippe

Sie haben nun einiges über das Wesen und Wirken Ihrer inneren Kräfte gehört, und es könnte sein, daß Sie sich schließlich fragen: »Wer, was und wie bin ich wirklich?« Als ich mich vor einiger Zeit dasselbe fragte, stellte sich während der Meditation folgendes Bild ein: Ich stand an einem Sandstrand, betrachtete das Meer, den Wolkenhimmel und die Sonne. Es wurde mir bewußt, wie der Sand ein Teil der Erde ist, die Wellen das Meer ausmachen, Luft und Wasser die Wolken bilden und die Lichtstrahlen Ausläufer der Sonne sind. Ebenso bilden auch unsere inneren Kräfte und Charakterzüge die einzelnen Elemente unseres Bewußtseins und füllen gleichzeitig das Ganze aus. Weiter wurde mir bewußt, daß die einzelnen Teile – seien dies nun die Lichtstrahlen, Wellen, Wolken oder der Sand – eng miteinander verbunden sind, miteinander in engster Beziehung stehen und einander unterstützen und ergänzen. Zusammen vollbringen sie Großes und bilden eine Macht.

In uns findet das gleiche Zusammenwirken statt. Aber dieses harmonische Zusammenspiel kann gestört werden, wenn in uns ein Archetyp dominiert. Um so mehr ziehen sich dann andere zurück oder werden verdrängt. Diese Tendenz zeigt sich besonders beim *Schöpfer* und beim *Zerstörer*, beim *Treiber* und *Hemmer*, bei *Gefühl* und *Verstand*, beim *Krieger* und der *Fürsorge*. Demzufolge kann es vorkommen, daß sich ein Mensch mit einem geschwächten oder verdrängten Archetyp einen Partner sucht, bei dem derselbe Archetyp dominiert. Sanftmütig erscheinende Menschen haben häufig kriegerische, streitsüchtige Partner. Gerade mit einer sanftmütigen Haltung werden die Umgebenden zur Weißglut getrieben. Gefühlsbetonte oder magisch ausgerichtete Menschen geraten oft an trockene Realisten, »Opfer« suchen ihre »Täter« usw. So können wir teilweise unsere verdrängten Archetypen als dominierende Kräfte im Mitmenschen wiederfinden.

Je besser wir jeden unserer Archetypen akzeptieren und in unser Leben integrieren, umso besser können wir auch das Verhalten der Mitmenschen akzeptieren und respektieren. Wir können noch einen Schritt weitergehen und uns mit den Archetypen der Mitmenschen verbinden und zusammen ein Team bilden. Jeder lebt und nutzt seine eigenen Neigungen und Stärken und bringt sich nach seinen besten Fähigkeiten und Möglichkeiten in ein Projekt ein. Unser Verhalten entspricht dann »zufälligerweise« den Prinzipien des modernen Managements. Die Auseinandersetzung mit unseren eigenen Archetypen kann also auch das Zusammenleben und Zusammenarbeiten mit den Mitmenschen maßgebend bereichern.

Schlecht und ganz gegen die Absicht des Buches wäre es, wenn das neue Wissen eingesetzt würde, um Mitmenschen in die eigene Richtung zu drängen und zu manipulieren. Geduld, Toleranz, Achtung, liebevolles Verständnis und verständnisvolle Liebe wenden wir im Umgang mit uns selbst und mit unseren Mitmenschen an.

Aber kehren wir wieder zurück zu unserem eigenen inneren bunten »Völklein«. Wir können unser Innenleben auch mit einem Königreich vergleichen. Ein guter König weiß, daß er nur mit den Frauen und Männern, welche die Familien bilden und das Land bestellen, und mit seinen Ratgebern, die alle ein bestimmtes Ressort verwalten, erfolgreich sein Reich regieren kann. Frieden und Wohlergehen herrscht, wenn jeder an seinem Platz sein Bestes leistet und wenn alle zusammenarbeiten. Die gleichen Gesetze herrschen auch in unserem Innenleben. Alle inneren Kräfte sollten zusammenarbeiten, jeder soll seinen Platz voll einnehmen und ausfüllen können und sein Bestes leisten, dann sind wir kreativ, begeisterungsfähig, belastbar und stark auf jeder Ebene – körperlich, seelisch und geistig.

Es gibt allerdings im Leben Zeitspannen, wo der eine oder andere Archetyp dominiert, denn alles ist zyklisch und rhythmisch angelegt. So werden wir beispielsweise der *unbewußten Vollkommenheit* immer wieder aufs neue begegnen, bis sie kurz vor dem Tod, wenn der Mensch wieder hilflos und hilfsbedürftig ist, ganz deutlich zum Ausdruck kommt. Oder denken wir an die *Fürsorge* und den *Krieger*, die sich schon bei Kleinkindern, später bei Jugendlichen im Heiratsalter oder auch wieder im Alter vermehrt bemerkbar machen. Aber jede Kraft ist nötig, jede Kraft hat also ihre volle Berechtigung. Unsere innere Einstellung zu den Kräften macht uns glücklich oder eben nicht – das ist der springende Punkt.

Über das Zusammenspiel oder die verwandtschaftlichen Grade könnte man ein weiteres Buch schreiben, denn die Varianten sind vielfältig – ganz so, wie es der Natur und dem Leben entspricht. So stelle ich Ihnen zum Schluß in den beiden folgenden Kapiteln noch zwei Bilder vor, die Ihnen vielleicht zusätzliche Impulse zum Weiterdenken geben.

Das erste Bild soll Ihnen bewußtmachen, wie die alten Kult- und Volkstänze Beziehungen und Zusammenarbeit der Archetypen widerspiegeln. Die Tänze der alten Völker haben sich aus einem Urbedürfnis des Menschen entwickelt, nämlich dem Bedürfnis, mit sich und der Natur in Einklang zu leben und zu wirken.

Im zweiten Bild beschreibe ich das Wesen und Wirken der balinesischen Götter und die Beziehung zwischen Menschen und Göttern. Auch die Götterwelt ist archetypisch. Ob es nun die römischen, griechischen, afrikanischen, keltischen, indianischen oder die Götter der Balinesen sind, ist egal, denn ihre prägnanten Wesenszüge sind immer die gleichen, nur die Namen sind verschieden. Die Beziehung der Balinesen zu ihren Göttern und ihr glückliches Leben auf dieser paradiesischen Insel, das sie ganz auf ihre Götter ausgerichtet haben, hat mich tief beeindruckt – für mich sind sie ein großes Vorbild. Wenn wir es schaffen, mit unseren inneren Gottheiten ebenfalls so in harmonischem Einklang zu leben und nie vergessen oder zweifeln, daß sie uns jederzeit mit Rat und Tat beistehen – jeder auf seine Weise –, dann können wir die Gegenwart in gelassener Gewißheit, Vertrauen und Harmonie erleben und in hoffnungsvoller Erwartung in die Zukunft blicken.

Der kosmische Tanz der Archetypen

Wenn ich Mittwochabend mit einer Gruppe Frauen tanze, denke ich oft an meine Archetypen und inneren Kräfte, die mit dabei sind, und wünsche für meine inneren Tänzer dieselbe Harmonie, dasselbe beschwingte, lustvolle Zusammenspiel und denselben flotten Rhythmus.

Neben den besinnlichen Tänzen stehen auch alte Kult- und Volkstänze vieler Kulturen auf dem Programm – vielleicht tanzten früher die Hexen in der Walpurgisnacht genauso. Neben dem Kreislauf bringen die Tänze meinen Geist und meine Seele in Schwung. Die meisten Tänze heben die Stimmung, und je gehobener die Stimmung ist, um so großzügiger und weiter werden Bewußtsein und Herz – eine bezaubernde Begeisterung erfüllt mich ganz und gar. So glaube ich, daß diese Tänze auch meine inneren Kräfte auf Trab bringen und sie beflügeln.

Mich fasziniert, wie diese Tänze aufgebaut sind und welche Muster daraus entstehen, wenn man sie aufzeichnen würde. Meistens tanzt man im Kreise, oft um einen Mittelpunkt, was auch immer er ist: Blumen, ein Stein, ein Baum, ein Feuer, ein Kultgegenstand oder ein Mensch. Man tanzt meistens von rechts nach links, einige Schritte nach vorn und wieder zurück. Trotz der vielen Schritte, die man in die Gegenrichtung macht, kommt man flott voran. Wir tanzen im engen Kreis, ganz nah beieinander, oder im weiten Kreis, wo der Abstand zum Nächsten sich vergrößert. Wir tanzen mit haltenden Händen oder genießen die Freiheit des Alleingangs. Wir bewegen uns der Mitte zu und wieder zurück und spüren die Weite des Raumes, oder wir stampfen am Ort.

All diese Tanzschritte und Figuren spiegeln das Verhalten unserer Archetypen wieder. So steht immer wieder eine anderer Archetyp im Mittelpunkt, oder sie arbeiten zusammen. Bei allem Fortschritt müssen die vielen Rückschritte berücksichtigt werden. Während des Tanzes lebt man ganz im Hier und Jetzt, und auch das entspricht den Archetypen. Sie lassen sich ebenfalls nicht auf später vertrösten. Sie wollen ihren Einsatz im Hier und Jetzt leisten.

In Indien begegnet man öfters einer der wichtigsten religiösen Darstellungen, der Figur des »Nataraja der Tänzer«. Seine Haltung erinnert an ein Kreuz (wie Jesus am Kreuz), und er ist eingespannt in einen Kreis. In der einen Hand hält er das Symbol des *Schöpfers*: eine Trommel, die auf das »aller Anfang war Klang« hindeutet, in der Hand gegenüber hält er ein Feuer, das alles wieder zugrunde richtet, das Symbol des *Zerstörers*. Er steht stabil auf einem Bein, während das andere in Bewegung ist; dies weist auf die Bewegung und die Stabilität, die Inhalte des *Erhalters*, hin. Mit der dritten Hand macht er die Geste der Furchtlosigkeit, die den *Krieger* anzeigt, und die vierte Hand zeigt zum Boden, die Geste des Elefanten, der die Fruchtbarkeit symbolisiert und auf die *Fürsorge* hindeutet. In der Krone trägt er das Symbol des Mondes – das *Weibliche* –, und der große Kreis mit den züngelnden Flammen weist auf die Sonne – das Symbol des *Männlichen* – hin. Die Figur zu seinen Füßen können wir mit der *unbewußten Vollkommenheit* und den Tänzer selbst mit der *bewußten Vollkommenheit* in Verbindung bringen.

Die dargestellte Haltung und die Gesten vollführen wir oft auch unbewußt während des Tanzes und bringen so unsere Kräfte, die unser Leben maßgebend beeinflussen, in Bewegung und in Einklang. Besonders Kräfte, die wir im Leben nicht gebührend einsetzen, können sich dadurch offenbaren und sogar »erlöst« werden. Kult- und Volkstänze wirken daher harmonisierend und heilend auf allen Ebenen. Die alten Völker spürten und wußten das.

Es gibt auch Tänze, die destruktiv sind und sogar eine zerstörerische Wirkung haben. Diese Tänze – mit entsprechendem Rhythmus, der immer gleichbleibend und hackend ist – peitschen die inneren Kräfte auf oder lassen eine einzelne Kraft dominieren. Oder sie verursachen ein Chaos, bis *Harmonie* und *Ordnung* in Körper, Geist und Seele so sehr zerstört sind, daß sie zerbrechen.

Das Tanzen in einer Gruppe ist sicher wunderschön, aber Sie können es auch alleine. Vielleicht haben Sie Lust, einmal richtig zu stampfen, was Sie beispielsweise als braves Kind nicht durften. Dabei können aufgestaute Energien, (die sich während der letzten Stunden, Tage oder auch schon vor vielen Jahren aufgebaut haben,) und Verspannungen, die innere Unruhe verursachen, zum Auflösen und Abfließen gebracht werden. Sehr wohltuend und heilsam! Aber dabei darf es nicht bleiben. In *Harmonie* und *Ordnung* sind wir erst wieder, wenn wir im Gleichklang mit uns und der Welt sind. Beenden Sie also eine Tanzrunde immer mit harmonischen und beschwingten Klängen.

Was die Musik anbetrifft, so finden wir entsprechende Stücke besonders in Kompositionen der Barockmusiker oder der Klassiker. Am wichtigsten bei der Musikauswahl ist, daß sie uns gefällt, anregt, beschwingt und ein ruhiges, harmonisches Gefühl erzeugt und hinterläßt. Heute gibt es auf dem Markt auch wieder vermehrt Musik alter Völker, die von Generation zu Generation weitergegeben wurde und weit in die Vergangenheit reicht. Besonders die griechische, lettische, irische oder die Musik der Oststaaten und des Balkan, die auch als archaisch bezeichnet wird, spricht unsere inneren Kräfte an und beeinflußt sie positiv.

So wünsche ich Ihnen, liebe Leserinnen und Leser, schlicht und einfach viel Spaß, wenn Sie sich das nächste Mal beschwingt im Kreise drehen und mit Ihren inneren Göttern ein Tänzchen wagen.

Aus dem Verborgenen schöpft das Leben neue Kraft.
Harald Kruse

Die Balinesen und ihre Götter

Es ist sicher kein Zufall, daß seit einigen Jahren so viele Menschen aus dem Westen nach Bali reisen. Es gibt noch viele andere Inseln mit wunderschönen Stränden, die aber weit weniger bekannt sind. Die Faszination der Insel liegt sicher einerseits in ihrer Schönheit, aber andererseits auch in ihrer eigenartigen Schwingung, die unbeschreiblich wohltuend und etwas geheimnisvoll-magisch ist. Wenn man in Bali die Strände verläßt, zeigt sich auch heute noch eine Insel, die sich ihre Mystik bewahrt hat. Die Insel ist wie ein grünes Paradies, die Vegetation ist üppig und fruchtbar, viele Häuser und Tempel sind eine Augenweide, und die Menschen sind offen und freundlich. Vielleicht werden diese Menschen nicht ganz so alt wie wir, aber sie machen einen zufriedenen und glücklichen Eindruck, und sie sterben in Würde.

Was macht nun diese magische Faszination eigentlich aus? Es ist zum größten Teil sicher die einzigartige Beziehung der Menschen zu den unsichtbaren Mächten, zu ihren Göttern. In ihren unzähligen Tempeln und Festen spürt man eine spirituelle Lebendigkeit, die man im Westen schon lange nicht mehr kennt und vielen Touristen bewußt oder unbewußt das Herz rührt. Würden wir einen Balinesen fragen, warum es ihm so gutgeht, würde er uns bestimmt und lächelnd versichern: »Das verdanken wir unseren Göttern.«

Als ich die Kapitel dieses Buches zusammenstellte, lebte ich in Bali in einem hinduistischen Haushalt und ließ mir erklären, warum die Götter hier den Menschen so wohlgesinnt sind. Ich denke noch heute gerne darüber nach, denn darin kann ich den Schlüssel zu meinem eigenen Glück finden.

Daß die Götter Balis den Menschen gut gesinnt sind, sieht man an ihrem fruchtbaren Land, an ihrem Reichtum – äußerlich und innerlich – an ihrer offenen unbeschwerten Fröhlichkeit, enormen Talentiertheit und Kreativität. Die Balinesen gehen davon aus, daß die Götter mit ihnen auf das engste verbunden sein möchten. Die Menschen bringen ihnen jeden Morgen Opfergaben dar als Zeichen der Dankbarkeit für ein reiches und glückliches Leben und als Bitte, daß es so bleiben möge. Die Opfergaben beinhalten Reis, das beste Gemüse, die größten und schönsten Früchte der gegenwärtigen Ernte und duftende Blumen, Räucherwerk und geweihtes Wasser. Weiter sind Kunsterzeugnisse aus Naturalien, Stein und Holz, ebenso Musik, Tänze und Dramen zum Lob und Dank der Götter bestimmt. Den Göttern zuliebe pflanzen die Balinesen nur den besten Reis an, die köstlichsten Gemüsearten und Früchte, und in ihren Gärten hegen und pflegen sie Blumen und blühende Bäume. Die Götter sind sehr anspruchsvoll, sie wollen nur das Beste vom Besten, wovon natürlich auch die Menschen profitieren, denn die Naturalien werden nachher selbst gegessen, und die blühenden Bäume verströmen einen lieblichen Duft in ihre Gärten und Häuser.

Die Künste zu Ehren der Götter, die in den Dorfgemeinschaften gemeinsam gepflegt werden, halten das soziale Gefüge lebendig, und niemand leidet unter Einsamkeit. So profitieren auch hier die Menschen von den alten Bräuchen, die verlangen, daß die ganze Sippe oder Dorfgemeinschaft zusammen ihre aufwendigen Tempeldekorationen und kunstvoll angeordneten Opfergaben aufbaut und ihre Kulthandlungen (Tänze, Dramen, Musik) darbietet. Nach den Festen werden die Kunsterzeugnisse verbrannt, kompostiert oder ins Meer geworfen (der zerstörenden Macht übergeben). Über die Jahrhunderte hat sich dadurch eine beachtenswerte Fertigkeit und künstlerische Begabung entwickelt, die nun von vielen haupt- oder nebenberuflich ausgeübt wird.

Die Balinesen wissen, daß sie alles den Göttern verdanken – den Göttern in den Tempeln – oder sind es die Götter in ihren Herzen?

Wenn auch wir uns bewußt sind, daß wir alles, jede Freude, jede Lust und Begeisterung, unseren inneren Göttern verdanken, die ihrerseits wie Marionetten an den Fäden der einen großen Kraft als Ausdruck der Lebenskraft, der göttlichen Kraft, hängen, dann wird unser Leben innerlich und äußerlich reich: erfolgreich – ausgefüllt – sinnvoll.

Jeder sei vollendet in sich.
Goethe

Nachwort

So beende ich nun das Buch in der Hoffnung und dem Vertrauen, daß Lust und Begeisterung immer mehr Ihr Leben bestimmen und ausfüllen, daß Sie alle Möglichkeiten, die das Leben für Sie bereithält, noch mehr sehen und ausschöpfen. Ich hoffe, Sie spüren nun, Ihnen wird immer geholfen, egal welche Aufgabe Sie anpacken, denn in Ihnen wohnen die verschiedensten Kräfte, die Ihnen ihre Hilfe anbieten.

Während des Schreibens an diesem Buch machte ich eine verblüffende Feststellung: Ich konnte geradezu beobachten, wie die Umwelt meine Gedanken und Gefühle, die ich wie ein Laserstrahl auf den betreffenden Archetypen gerichtet hatte, reflektierten. Heißt es nicht treffend: »Die Geister, die ich rief...«

So habe ich beispielsweise während der Ausarbeitung der *Weisheit*, bei der ich mich ganz intensiv mit dem Sterben auseinandersetzte, eine tote Amsel vor meiner Gartentür gefunden, während des *Magier*-Kapitels streikte aus unersichtlichem Grund mein Schreibsystem, und als ich die Meditation zum Kapitel über den Weisen schrieb und das Wort »Regenbogen« auf dem Bildschirm stand, sah ich tatsächlich einen wunderschönen Regenbogen direkt über dem Wort auf meinem Bildschirm, verursacht durch eine Glaskugel auf dem Fenstersims. Diesen Regenbogen habe ich nie zuvor und nie mehr danach gesehen. Ich könnte noch mehr Beispiele anbringen, aber lassen wir es. Es zeigt einmal mehr, wie unsere Innenwelt mit der Außenwelt auf das engste verbunden ist. Lassen wir es in unserem Innenleben Heil und Licht werden. So tragen wir zur Heilung der Umwelt bei, und mehr Licht und Freude zieht auch in das Leben unserer Mitmenschen ein. Lassen wir unsere *Liebe* zum Vorschein kommen, so entstehen liebende Verbindungen. Lassen wir nie das eigentliche Ziel und den höheren/tieferen Sinn des Lebens aus den Augen, aber die *bewußte Vollkommenheit* erreichen wir nur, wenn wir auch an die Welt unseren Beitrag leisten. Wir werden sehen, daß dies eine spannende und freudvolle Aufgabe sein kann, und wenn wir ihr nachkommen, hält das Leben und die Welt unvorstellbaren Reichtum für uns bereit. Also – worauf warten wir noch?

Vielleicht möchten Sie sich noch weiter in diese oder verwandte Themen vertiefen? Dazu finden Sie einige Bücher im Literaturverzeichnis. Oder Sie möchten sich den Archetypen auf der meditativen oder körperlichen Basis intensiver nähern, dann besuchen Sie doch einen Wochenend- oder Ferienkurs in meiner Yogaschule bzw. in den Schweizer Bergen. Die Ferienkurse sind sehr beliebt, weil nach der Körperarbeit und Meditation vormittags viel Zeit übrig ist, um in Gottes freier Natur zu wandern.

Weitere Informationen:
Yogaschule am Wildbach
Felsenstraße 12 A
CH-8008 Zürich

Dank

Meinen inneren Kräften möchte ich von Herzen danken, daß sie mir in diesen vielen Monaten des Zusammenstellens der Themen, des Aufzeichnens des Materials und der Korrekturen geholfen haben.

Ein herzliches Dankeschön an Ito, der die vielen Figuren und Abbildungen zeichnete, an Beate Kuhnt, die das Manuskript las und mich durch ihre kritischen Anmerkungen veranlaßte, das Geschriebene von verschiedenen Standpunkten aus nochmals zu hinterfragen. Besonderen Dank auch Karin Vial, meiner Lektorin – keine bessere könnte sich ein Autor wünschen –, die dem Buch bereichernde Ergänzungen zufügte. Dankbar bin ich auch Frau Schuler, die dem Manuskript den letzten Schliff gab und Herrn Schüller, der daraus wieder ein schönes Buch gemacht hat.

Literaturverzeichnis

Asistent, Niro Markoff: *Das heilende Ja. Die Geschichte meiner AIDS-Heilung*. Grafing 1990.

Chopich, Erika / Paul, Margaret: *Aussöhnung mit dem inneren Kind*. Freiburg 1995.

Chopich, Erika / Paul, Margaret: *Das Arbeitsbuch zur Aussöhnung mit dem inneren Kind*. Freiburg 1995.

Dorsch, Friedrich: *Psychologisches Wörterbuch*. Hrsg. von Hartmut Hacker und Kurt-Hermann Stapf. Bern 1994.

Ferrucci, Piero: *Werde was du bist. Selbstverwirklichung durch Psychosynthese*. Reinbek 1985.

Hirschi, Gertrud: *Yoga für Seele, Geist und Körper. Übungen für 52 Wochen*. Freiburg, 1993.

Jung, Carl Gustav: *Archetyp und Unbewußtes*. Olten 1984.

Jung, Carl Gustav: *Archetypen*. München 1992.

Miller, Alice: *Das Drama des begabten Kindes*. Frankfurt 1979.

Nichols, Sallie: *Die Psychologie des Tarot. Tarot als Weg der Selbsterkenntnis nach der Archetypenlehre C. G. Jungs*. Interlaken 1989.

Pearson, Carol S.: *Der Held in uns*. München 1993.

Pearson, Carol S.: *Die Geburt des Helden in uns. Transformation durch die 12 Archetypen*. München 1993.

Schmidt, K. O.: *Der geheimnisvolle Helfer in dir. Dynamik geistiger Selbsthilfe*. Freiburg 1983.

Stone, Hal und Sidra: *Du bist viele. Das 100fache Selbst und seine Entdeckung durch die Voice-Dialogue-Methode*. München 1994.

Vaughan, Frances: *Heilung aus dem Inneren. Leitfaden für eine spirituelle Psychotherapie*. Reinbek 1993.

Wittmann, Ulla: *Ich Narr vergaß die Zauberdinge. Was Märchen für das eigene Leben bedeuten*. Freiburg 1995.

Woodman, Marion: *Leben aus der Kraft der Göttin. Eine psychologische Studie über die Neugeburt des Weiblichen*. Interlaken 1988.

Verlag Hermann Bauer · Freiburg im Breisgau

Gertrud Hirschi

Yoga für Seele, Geist und Körper

Übungen für 52 Wochen

269 Seiten mit 581 Abbildungen, gebunden
ISBN 3-7626-0463-0

Yoga lehrt, daß Körper, Geist und Gemüt des Menschen natürlichen und kosmischen Gesetzen unterworfen sind, die es zu beachten gilt, will man ein glückliches und erfülltes Leben führen.

Dieses neuartige Yogabuch zeigt Ihnen, wie Sie das »Glücklichsein« und das »Glückhaben« selbst erarbeiten und weitgehend beeinflussen können. In 52 dem Jahreszyklus zugeordneten Wochenthemen werden die verschiedensten Aspekte des Lebens angesprochen. Ganzheitlich angelegte Übungsfolgen machen es Ihnen leicht, diese Erkenntnisse zu leben. Über 500 Körperübungen – alle rückengerecht und für den durchschnittlichen Menschen auszuführen – hat die Autorin aus ihrer langjährigen Erfahrung als Yogalehrerin für dieses Buch ausgewählt und zusammengestellt. Die Körperübungen werden mit positiven Visualisationen, mit Meditationen und Affirmationen verbunden. Damit greift die Autorin etwas auf, was Bestandteil indischer Yoga-Tradition ist, aber erstaunlicherweise bisher im Westen kaum eine Rolle gespielt hat.

Ein schön gestaltetes Buch für Einsteiger, aber auch für Fortgeschrittene und Yogalehrerinnen.

Verlag Hermann Bauer · Freiburg im Breisgau

Verlag Hermann Bauer · Freiburg im Breisgau

Gertrud Hirschi

Lust auf Yoga

Set mit 80seitigem Buch und 84 Farbkarten im Schuber
ISBN 3-7626-0534-3

Dies ist ein Yoga-Kartenset mit unendlich vielen Kombinations-
möglichkeiten. »Yoga nach Lust und Laune« ist es, was Gertrud
Hirschi, die erfolgreiche Autorin und Yogalehrerin, ihren Lesern
ermöglichen möchte. Hier bestimmen die momentanen seelischen,
geistigen und körperlichen Bedürfnisse darüber, wie die individuelle Übungsfolge für den Übenden aussieht. Das Verblüffende:
Trotz des »lockeren« Ansatzes entspricht jede selbstgestaltete
Reihe den Grundsätzen des klassischen Yoga.

Auf jeder der 84 Karten erfährt der Übende das Nötigste zur
Übung, ohne auf das Wesentliche verzichten zu müssen: eine Affirmation, die Beschreibung der statischen, dynamischen und opti-
malen Durchführung der jeweiligen Übung und ihre Wirkung auf
körperlicher, seelischer und geistiger Ebene. Das Begleitbuch stellt
darüber hinaus die Ergänzungsmethoden vor, die dabei helfen, die
Wirkung der einzelnen Übungen zu vertiefen.

»Lust auf Yoga« – mit diesem Kartenset macht Yoga richtig Spaß!

Verlag Hermann Bauer · Freiburg im Breisgau

Verlag Hermann Bauer · Freiburg im Breisgau

Gertrud Hirschi

Mudras –
Yoga mit dem kleinen Finger

192 Seiten mit 80 Zeichnungen und zwei Tabellen, kartoniert
ISBN 3-7626-0567-X

Mudras sind symbolische Fingerstellungen, die im Sitzen, Liegen, Stehen und Gehen jederzeit und an jedem Ort ausgeführt werden können. Nach buddhistischer und hinduistischer Auffassung fördern diese kleinen »Fingerübungen« die Kommunikation mit dem Göttlichen. Sie werden aber auch ganz gezielt zur Heilung körperlicher Beschwerden und für mehr Wohlbefinden eingesetzt.

Gertrud Hirschi zeigt in ihrem Buch, wie Mudras ganz praktisch helfen können: So bei der Vergangenheitsbewältigung, der Verbesserung unserer Beziehungen, der Lösung alltäglicher Probleme, der Charakterbildung und Zukunftsplanung. Sie erklärt, wie Mudras in Verbindung mit Musik, Farben, Atmung, Affirmationen, Visualisierungen, Mantras und der richtigen Ernährung wirken und noch verstärkt werden können.

Ein Buch, das zeigt, daß die Mudras wahre Kraftwerke für unsere Gesundheit sind. Für alle, die mit einfachen Mitteln und ohne großen Aufwand etwas Wirkungsvolles für ihr Wohlbefinden tun möchten.

Verlag Hermann Bauer · Freiburg im Breisgau